春风如沐 永不言别

——陈章太先生纪念文集

《陈章太先生纪念文集》编委会 编

创于1897
商務印書館
The Commercial Press

图书在版编目（CIP）数据

春风如沐　永不言别：陈章太先生纪念文集 /《陈章太先生纪念文集》编委会编．-- 北京：商务印书馆，2024. -- ISBN 978-7-100-24255-4

Ⅰ. K825.5-53

中国国家版本馆 CIP 数据核字第 20249MC368号

春风如沐　永不言别

——陈章太先生纪念文集

《陈章太先生纪念文集》编委会　编

商　务　印　书　馆　出　版

（北京王府井大街 36 号　邮政编码 100710）

商　务　印　书　馆　发　行

三河市春园印刷有限公司印刷

ISBN 978 - 7 - 100 - 24255 - 4

2024 年 10 月第 1 版　　开本 710 × 1000　1/16

2024 年 10 月第 1 次印刷　　印张 $28^{1}/_{2}$　插页 8

定价：118.00 元

陈章太先生

20世纪30年代，
陈章太先生和母亲

1955年，厦门大学中国语言文学系毕业纪念。第三排左七为陈章太先生

1978年，陈章太先生与吕叔湘先生及其家人在无锡。前排左一为陈章太先生，左三为吕叔湘先生

1986年，全国语言文字工作会议上与胡乔木同志的合影。左二为胡乔木同志，左三为陈章太先生

1986 年，在全国语言文字工作会议上讲话。右起：周有光、陈章太、陈原

1986 年，语用所部分研究人员。前排：陈章太、龚千炎、王均、陈建民、周四川，后排：田树生、于根元、曹先擢、佟乐泉、傅永和、李乐毅

1988 年，语用所研究生毕业照。第一排右一为陈章太先生

1991 年，陈章太先生在首尔。右二为陈章太先生

1992 年，陈章太先生在日本一桥大学

1995 年，陈章太先生和夫人邓庆春在香港

2004年，陈章太先生（左四）与李宇明（左一）、冯志伟（左二）、柯彼德（左三）的合影

2004年，纪念吕叔湘先生百年诞辰国际学术研讨会上的合影。右二为陈章太先生

2007年，陈章太先生与弟子在商务印书馆门前。前排为陈章太先生

2007年，在永春县仙夹镇与家乡人的合影。前排右四为陈章太先生

2007 年，陈章太先生在安徽绩溪紫园审稿

2010 年，周有光先生生日合影。左起：邓庆春、周有光、陈章太

2010 年 5 月，陈章太与夫人邓庆春金婚纪念

2011 年 11 月，陈门弟子在徽商故里为陈章太先生庆祝 80 岁生日

2015 年，陈章太先生和夫人邓庆春在北京古北水镇

2016 年，陈章太先生及家人。前排左二为陈章太先生

2017年，北京宽沟招待所，绿皮书审稿会间隙合影。左起：戴庆厦、徐悉艰、邓庆春、陈章太、马真、陆俭明。

2018年，陈章太先生与朋友在东四民芳餐厅的合影。前排左二为陈章太先生。

2019 年，商务印书馆，绿皮书审订会。右起：陆俭明、陈章太、戴庆厦

2020 年，“中国语言生活皮书”编纂十五周年暨第三届中国语言生活学术研讨会

2021 年 3 月，绿皮书审订会。前排右五为陈章太先生

2021 年 7 月底，陈章太先生与朋友在家中。左三为陈章太先生

目　录

前　言

2021年10月17日凌晨，著名语言学家、国家语言文字工作委员会（简称“国家语委”）原副主任陈章太先生因病医治无效，永远地离开了我们，享年90岁。10月19日上午，陈章太先生遗体告别仪式在北京隆福医院举行。第九届、第十届全国人大常委会副委员长许嘉璐，教育部部长怀进鹏、副部长宋德民，原国家教育委员会副主任柳斌，国家语委原党组书记朱新均等领导同志，国家语委、教育部语言文字信息管理司、教育部语言文字应用研究所、商务印书馆等单位敬献花圈。教育部相关领导，学界部分专家，陈先生家人、生前好友、学生近百人在萧瑟秋风中从大江南北赶来送别。

一

1931年11月28日，陈章太先生出生于福建永春著名的侨乡仙夹镇。因家境贫寒，在他很小的时候，父亲就远下南洋去菲律宾做苦工；后来在亲友的资助下，陈先生才得以上学读书。而苦难的经历也培养了他乐观、顽强、奋斗的人生态度，经过不断努力，终于在1951年考入了协和大学（后来并入福建师范大学）中文系，1953年大学院系调整时转入厦门大学中文系。在导师洪笃仁先生的指导下，他逐渐对文字研究产生了兴趣，本科毕业论文《从汉字形音义的矛盾看文字改革的必要性和可能性》就针对文字改革问题阐述了自己的见解。由于论点新颖、资料充实、论述得当、结论科学，论文被评为“优”。

1956 年，陈先生被分配到中国科学院语言研究所（1977 年后改属中国社会科学院）工作，从此开始了他一生的语言研究之路。在随后的岁月里，他先是被派往北京大学中文系进修，跟随王力先生学习古代汉语；后又到教育部与语言研究所合办的“普通话语音研究班”学习，师从丁声树、李荣先生开始汉语方言的调查和研究，先后参加了河北昌黎方言、福建闽方言的调查工作。1960 年以后，他先后协助丁声树、吕叔湘先生主编《中国语文》杂志，筹建中国语言学会。由于业务精进、能力突出、踏实肯干，他深得老一辈学者和领导的赞赏，曾先后任中国社会科学院语言研究所副所长、《中国语文》副主编，并兼任中国语言学会副会长、中国地名委员会副主任等职。

1983 年，陈先生调任“中国文字改革委员会”（后改称“国家语言文字工作委员会”）工作。他在时任中共中央政治局委员、中国社会科学院院长胡乔木同志的直接领导下，组建新的领导班子，主持国家语委日常工作，负责起草“全国语言文字工作会议”文件，组织讨论、制订新时期语言文字工作方针任务和有关的重大问题；并负责筹建教育部语言文字应用研究所和中国社会科学院研究生院语言文字应用系，与此同时参与筹备中国应用语言学会，组织召开全国语言文字应用学术研讨会，筹办学术刊物《语言文字应用》等。曾先后任国家语委副主任、中国社会科学院语言文字应用研究所所长，并兼任中国应用语言学会（筹）会长、国家语委咨询委员会委员等职。

1991年陈先生应日本文部省的聘请，前往日本国立一桥大学任教两年。其间受邀在日本广播协会（NHK）电视台做了一个访谈节目，向日本民众介绍了新中国语言文字政策的发展历程及其背景知识，引起海外媒体的极大关注。他还先后出席了“东洋三国语言政策国际学术会议”（韩国首尔）和“第二届汉字文化圈国际学术研讨会”（日本横滨）。

1995年退休后，陈先生仍笔耕不辍，与于根元先生共同组编了应用语言学系列教材，并主编其中的《语言规划概论》，随后又出版了文集《语言规划研究》；他不辞辛劳地常年为《语言文字应用》杂志义务审稿，担任国家语委绿皮书《中国语言生活状况报告》审订……他还在年近古稀之时担任北京广播学院（现中国传媒大学）与语用所合办的语言学及应用语言学博士点的博士生导师，陆续培养了11名社会语言学方向的博士生，这些学生大都成为国内某领域的专家学者，桃李满天下。

二

陈章太先生长期担任我国语言文字工作的领导职务，在他看来要做好我国的语言文字工作，必须有扎实的科学研究作为基础支撑。为此，他在繁忙的行政工作之余，始终坚持进行语言研究，而研究重点由汉语方言调查研究逐渐转向了应用语言学和社会语言学研究，特别是语言规划研究。

陈先生早年关注方言研究，特别体现在对闽方言概况的研究与描写、闽方言分区的研究、边界方言和方言岛的调查研究上。过去学术界不少人把闽语分为闽南方言和闽北方言，陈先生对此持有不同的看法。他在进一步调查研究的基础上，先与潘茂鼎等合作撰写了《福建汉语方言分区略说》，后与李如龙合作撰写了《论闽方言的一致性》和《论闽方言内部的主要差异》，以翔实、可靠的资料，深入具体地论述了闽方言是统一的一大汉语方言，在现代汉语七大方言区中仅占一区，闽方言内部可以分为闽东、闽南、莆仙、闽北、闽中五个次方言区。这些成果引起了语言学界的广泛重视，有的教科书和专著据此改写了相关内容。

北方话是普通话的基础方言，北方话词汇是普通话词汇规范的重要依据，但是过去对北方话词汇从未做过普遍的调查。1985 年陈先生提出北方话词汇调查计划，并成立了课题组，组织近百位方言学者参加，共调查了北方话地区 106 个地点的方言音系和 3500 条基本词语。调查结果表明：北方话词汇的一致性大于差异性；北方话词汇同普通话词汇关系密切，是普通话词汇的基础。1996 年，陈章太和李行健先生主编的《普通话基础方言基本词汇集》（五卷本）出版，该书荣获第二届国家辞书奖一等奖和第三届国家图书奖。

研究方言就要进行方言调查，也自然要接触社会，研究方言变化与社会变化的关系。陈先生是我国社会语言学研究的先行者，也是国内第一批社会语言学硕士研究生导师。他较早提出语言生活的理念，倡导开展对现实社会语言生活的调查研究。其中《语文生活调查刍议》是他 1993 年提出的研究课题"我国语言文字使用情况调查"的具体设想，也是我国关于语言生活调查问题较早的一篇文章；《再论语言生活调查》一文，进一步阐述全面调查我国语言生活的重要意义，具体论述我国语言生活调查应当确定的内容，为中国语言文字使用情况调查打下了坚实的理论基础。

在我国，几代同堂是家庭生活的传统模式，陈先生早在 1980

年代末就关注了家庭语言生活的研究。他的《四代同堂的语言生活——陈延年一家语言使用的初步考察》，可以说是为研究方言复杂地区的家庭语言生活探索路子。“叫卖语言”是一种单向的言语交际，属于领域语言研究范畴，过去很少有人从语言学角度涉猎这方面的问题。陈先生在1980年代中期就与胡士云、徐幼军等年轻学者一起，对北京、天津、上海、武汉、广州、成都等地的叫卖语言进行广泛的调研，录制了相当数量的叫卖音档，发表了《叫卖语言初探》一文，还合写了一部专著初稿，开拓了社会语言研究的新领域。

陈先生在进行社会语言学研究时，重视并观察了我国语言生活状况和语言变异情况，探索社会语言学的理论问题，早在1988年他就与陈建民联合发表《从我国语言实际出发研究社会语言学》的长篇论文，为我国社会语言学学科的建立和发展做出了贡献。《语言变异与社会及社会心理》一文，集中论述什么是语言变异，语言变异的情况，语言变异与社会、社会心理的复杂关系，还对我国语言变异的发展趋势提出预测性意见。《略论我国新时期的语言变异》一文，集中论述我国新时期的语言变异：新词语的大批产生，新的社会方言正在逐渐缓慢地形成，普通话在社会生活中的主导作用越来越大，汉语方言和少数民族语言发生较大变异，双语双方言更加普遍更加发展等。

在语言规划研究方面，陈先生著述亦颇丰。他最早提出汉语口语规范及普通话水平等级划分与测试的设想，并做了大量研究工作。《略论汉语口语的规范》论述了口语的重要性，提出普通话水平分三级标准和口语表达的不同要求，1986年“全国语言文字工作会议”主题报告采纳了该文关于普通话水平分级的设想。《论普通话水平测试等级标准》全面讨论了普通话水平测试等级标准的由来、背景和已有的几个主要方案，是论述普通话水平测试等级标准最有价值的文章之一。此外，陈先生在语言立法、语言规划理论的研究上也做出了贡献，发表了《论语言规划的基本原则》《语言文字立法是社会进步的需要》等理论性文章。

三

陈章太先生是一位有着 65 年党龄的老党员。他不忘初心、牢记使命，不顾近 90 岁高龄坚持参加党支部活动，带头学习党的创新理论和一系列方针政策，一直是支部的先锋模范。为了能够上网参加学习，他克服种种困难，学会了电脑打字和发微信。他成为（其所在党支部）参加党支部活动的党员中年龄最长的一位。2021 年 5 月 7 日，他被评为教育部离退休干部局优秀共产党员。第二天他这样写道："昨天支部大会推选优秀党员，我也被选上了，对此我深感支部同志们对我的厚爱和信任，特此致谢！过去我表现一般，今后我会表现更好一些，坚持入党时的誓言，一辈子为人民服务。"从中我们能感受到一位老共产党员的拳拳之心。

陈先生学风严谨，平时一贯注重对语言文字基本事实的调查，一切从事实出发，不尚空谈，是我们从事社会语言学研究的楷模。他的研究课题大多与实际工作紧密结合，是实际工作的研究总结与理论升华，而且他善于从宏观方面观察、分析问题，善于把握全局，立足于材料而不囿于材料，重视理论概括和理论探索，所发表的论著大多材料丰富，内容充实，达到了相当的高度和深度。他密切关注语言生活热点，如移民语言的使用及问题，农民工的语言使用及问题，农村城镇化的语言问题，西部大开发的语言关系、语言使用及问题，新的社会群体和弱势群体的语言问题，各种语言、方言的关系、变化和问题，等等。

陈先生对工作高瞻远瞩，勤恳敬业，对同事坦诚宽厚，仗义助人。他秉持做老实人、办实在事和宽以待人、严于律己的人生观念。工作起来像拼命三郎，而且善于组织力量，调动年轻人的积极性，平等待人，从不摆架子。当年组建语言文字应用研究所时，他求才若渴，跑遍全国，从各地的科研院所、高等院校引进相关人才；为解决引进人员的住房、编制、职称及子女安置等后顾之忧，他多次亲自跑到相关部委“求”来指标……他住在国家语委的家属院里，每天坚持清扫所住单元楼的楼道，从三楼一直扫到一楼，几十年如一日，从不间断。直到今天，一些当事人回忆这些往事时仍饱含深情，让人唏嘘不已。

陈先生对家人包容关爱，对学生鼓励提携。他与老伴儿邓庆春大夫在一起生活了半个多世纪，难免会有磕磕碰碰、吵吵闹闹，但彼此从不计较，而是互相理解，互相包容，互相照顾。为了满足年幼儿子对蟋蟀的好奇心，他在河南某地出差时，看到路边的男孩抓到了蟋蟀，就请求男孩送给他一只，他把这只蟋蟀装到小瓶子里，辗转两天带回了北京。他修改研究生的文章严格把关，弟子们的毕业论文初稿上，都留下了陈先生或是铅笔或是红笔写下的修改意见，大至文章框架，小到标点符号，一丝不苟，一页不落。那写满导师评语的稿子被学生们珍藏至今，时时以此激励自己，唯恐辜负了老师的悉心培养。

陈先生对国家语言文字事业饱含感情，对培养语言文字应用研究的后备人才寄予厚望。在“中国语言生活皮书”编纂十五周年学术研讨会上，他深情地说：看着 15 年前大家精心栽下的这株幼苗，今天已经长成一棵枝繁叶茂的大树，作为一名老兵，我感到特别高兴。我很赞佩中国语言生活皮书有一支伴随着成长起来的学术队伍，他们被称为“语言生活派”，我们的事业后继有人，“语言生活派”越来越大，我感到特别的欣慰。

安息吧，敬爱的陈章太先生！

《陈章太先生纪念文集》编委会

我将永远怀念章太先生

许嘉璐

编者按：第九届、第十届全国人大常委会副委员长许嘉璐先生获悉陈章太先生去世的消息后，表示非常惋惜。他请秘书通过教育部语言文字应用管理司周道娟处长对陈章太先生的不幸逝世表示哀悼，对陈先生的亲属表示慰问，并请向陈先生敬献花圈。

章太先生是一位好同志、好伙伴，研究方言建树多多，令人钦佩。章太先生长我五岁，与我共事犹如提携小弟。我将永远怀念他！

（许嘉璐：第九届、第十届全国人大常委会副委员长，
曾任国家语言文字工作委员会主任）

悼陈章太先生

李宇明

2021年10月17日凌晨，陈章太先生与世长辞！这是一个多么令人伤心落泪的消息！章太先生早年研究方言，特别是关于闽方言、北方话词汇的研究，实乃此领域的扛鼎之作！先生从社科院语言所衔命调任国家语委，主持新时期国家语言文字工作，拨乱反正，操盘建业，推动国家语言文字事业迈上了法制化和规范化、标准化、信息化的新台阶！先生立足中国大地，致力于语言应用、语言规划研究，热情支持语言生活的各种学术活动，创宗立派。先生培养了一批应用语言学专业博士生，立德树人，桃李满天下。先生高风亮节，乐于助人，无数学人得其帮助，有口皆碑。而今，先生永别，天人两隔，但其精神不逝，其学术成果是连接天人两界的桥梁！章太先生，千古！

秋寒焉使人心颤？驾鹤仙翁永别情！
政业学术石刻久，狂风袭面泪双行！

（李宇明：北京语言大学教授，曾任国家语言文字工作委员会副主任、教育部语言文字信息管理司司长、语言文字应用研究所所长）

九十高龄的优秀共产党员

于 芳

惊悉陈章太老师今日凌晨不幸去世，我代表支部老同志表示沉痛哀悼。

陈老师是位有65年党龄的老党员。他不忘初心、牢记使命，坚定中国特色社会主义道路自信、理论自信、制度自信、文化自信。他不顾近90岁高龄坚持参加支部活动，带头学习党的创新理论和一系列方针政策。为能上网参加学习，他克服种种困难，学会了打字和发微信。他成为参加（本）支部活动的党员中年龄最长的一位。

陈老师90岁高龄一直是支部的先锋模范。在2020年防疫抗疫形势很紧张的情况下，他也没有放弃工作，一方面宅在家里审阅书稿，另一方面为制订有关语言文字方针政策出谋划策。他为去年召开的全国语言文字大会欢欣鼓舞，决心把余生贡献给祖国的语言文字事业。今年“七一”前还被评为局优秀共产党员，没想到仅过了三个月陈老就离开我们了。

愿陈老一路走好！望邓老师及家人节哀！

（于芳：教育部离退休干部局15支部书记、

教育部督导办原副主任）

我与章太在“五七”干校

侯精一

编者按：侯精一先生是陈章太先生在中国社科院语言所的老同事、老朋友。由于疫情原因，编者委托侯先生女儿就《陈章太先生纪念文集》一事与侯先生进行了交谈。女儿问：如果请您写陈章太先生的回忆录，您想写些什么呢？侯先生答：我会写“五七”干校时的事情，可能文章不止写这些。以下是女儿对侯先生谈话内容的梳理，感觉他印象最为深刻的是“五七”干校那段时间。

当时语言所有20多人下放到河北省藁城县（今石家庄市藁城区），章太是这20多人的领头人，他需要把上面的精神贯彻下去。要把这份工作做好不容易，因为知识分子很有个性，在干校做的又都是自己不熟悉的工作，难免产生各种想法、情绪。

在工作中，章太首先是身先士卒，不怕脏不怕累，起到了很好的带头作用，不会像有些人那样把重活推给别人，自己躲在后面。其次，他体恤下情，与同志们之间的关系很融洽。他能够章法有度地把工作布置下去，再通过几个小组的负责人，把整个工作带动起来。我当时是基建排的排长，章太就是我上面的领导。在“五七”干校的工作中，章太表现出非常好的领导才能和管理能力。这种才能和能力一直延续到他之后在语言所的工作中。

在那个时代，章太具有研究方言（家乡话）的独特优势，加之他很聪明，能够很快理解各位大老师的指点，并从语料中找到比较恰当的研究例子。在语言所的工作中，他也是不怕苦不怕累，肯下功夫。

（侯精一：中国社会科学院语言研究所研究员）

忆章太

熊正辉

陈章太同志，语言所同辈都习惯叫他章太。我也习惯叫他章太，这样称呼好像有一种特别的亲切感。章太比我大两岁，来语言所的时间也比我早两年。跟语言所同辈的其他同志比，我和他似乎有更多一点的相似经历。他大学毕业之前就调出去工作了，来所前已经入党。我是十七岁入华北人民革命大学学习，又在内蒙古法院工作三年后考的大学，在大学期间入的党。

1958 年我大学毕业分配到语言所，副所长吕叔湘先生原想让我到他领导的语法组，是丁声树先生把我要到了方言组。那时候语言所党员很少，各研究组的组长都是党外的专家。为了加强党的领导，开始建立一种组秘书制度。每个研究组设一名秘书，由党员研究人员担任。组秘书参加所务会议，参与研究计划的讨论和决策。方言组那时只有我是党员，所以到研究所没多久就担任了方言组的组秘书。章太那个时候正带领一批大学毕业生在河北藁城劳动锻炼。不然的话，我想方言组秘书由他担任更合适。章太完成劳动锻炼任务回方言组后，并没有介意此事。他主动找到我，要我大胆放手工作，并表示会很好地配合我，协助我。

我与章太在语言所共事有二十多年，一直亲密无间，关系融洽。

不过我们俩却没有共同做过什么科研项目。

1959年，方言组全体去河北昌黎调查方言。忘了是因为什么，章太和李荣先生两人去得很晚。他们到昌黎的时候，重点调查都做完了。李荣先生后期主抓了昌黎方言地图的设计和调查工作，这个我记得。章太具体做了些什么，我已经没印象了。

1960年，李荣先生去南方几省，推动当地总结方言普查成果，编写方言概况，我一同随行。结果不是很理想，只有《江苏省和上海市方言概况》首先编成并正式出版了。这是在李荣先生亲自指导下，并且有方言组贺巍等好几位同志参与下完成的。另外一个编成的就是《福建省汉语方言概况》，但没有正式出版，有一个油印的本子。福建省的这个概况正是由章太领导和主持、跟福建当地同志一起协作编成的。我跟李荣先生先去的福州，与省推广普通话办公室的领导和福建师大中文系的先生们商谈概况的工作，然后特地绕道厦门去看望章太他们的具体编写组。记得他们共有十几二十人，有方言组的张盛裕，福建师大的梁玉璋，建瓯的潘渭水，长泰的林宝卿，邵武的危一心。还有很多人，我已经忘了他们的名字。

不知是1963年还是1964年，记不清具体是哪一年了，因为中央要求加强党对报刊的领导，章太就被调到《中国语文》编辑部去担任领导工作了，离开了方言组。我跟李荣先生去南方一趟之后，也没有多少时间做研究工作。带第四批大学毕业生到烟台劳动锻炼近一年，去山东海阳参加“四清”运动又一年，还被借调到公安部八九个月，然后“文化大革命”就开始了。

1969年底，工宣队、军宣队进驻语言所，1970年下干校。中国科学院哲学社会科学部（今中国社会科学院）各研究所去了河南息县。语言所、文学所的基地在东岳公社一块叫“塘陂（音同坡）”的荒地。当地人都知道，一发大水那里就会被淹。干校撤离后不久，果然被大水冲了。干校劳动分两拨，一拨人种大田，一拨人种菜园。章太是菜园队的队长。他带领队员拼命苦干，很有成果。大田队种了50亩水稻，因为过于密植，地又没弄平整，浇水时有的淹死有的旱死，结果颗粒无收。我刚到干校就被调去当地农村参加党建工作，这些事都是别人告诉我的。

粉碎“四人帮”后，语言所开始恢复科研工作。章太还是忙他的《中国语文》，我则忙于协助李荣先生创办和编辑《方言》杂志。我们失去的时间太多了，大家都拼命工作，跟章太交往的时间比过去少多了。现在记得清楚的一次是我跟章太去太原参加过一次山西省语言学会成立大会，帮助他们组织起来，开展山西省的汉语方言调查。会后回京时，坐的小型飞机伊尔 -14，只有48个座位。途中飞经一个像是公社在开会的院落，院子里摆了好多自行车，看得非常清楚。这时候我想起抗战时期躲日本飞机。我们躲在大树下、草丛中、沟壑里，其实日本鬼子在飞机上是看得清清楚楚的。

章太是1983年调到中国文字改革委员会（后更名为“国家语言文字工作委员会”）的。后来章太又从语言所调去了好几个，都是很熟的人。陈建民，跟我同一年到语言所的，曾在吕叔湘先生的语法组。龚千炎，跟我是老乡，《中国语文》的老人。于根元，来所晚点儿，也是章太在《中国语文》时的部下。

2009年10月，在河南开封开丁声树先生百年诞辰纪念会暨第五届官话方言学术研讨会，章太和我都去参加了。一天晚上，几个老熟人在街上一家饭馆小聚。章太夫妇、我和我老伴，好像还有张振兴、张惠英、周磊、李琦。印象很深的一件事就是嫂夫人邓庆春，出于职业习惯，坐定后就拿出一小瓶酒精和一包药棉，不光她自己把筷子、碟子、勺儿擦了一遍，还要大家都这样做。

章太调离语言所后，除了上面说的开封那一次，几乎就没有怎么见面。最后一次见到章太是在学兄曹先擢的追思会上。会后我开车送他回家。下车时看到他步履缓慢，明显感觉到他老了，我也老了。当时还曾相约有时间去他家看他，没想到那竟是最后一面。

章太，安息吧！我们还会再见的，在“马克思那里”见。

（熊正辉：中国社会科学院语言研究所研究员）

深恩永志我心中

——深切怀念陈章太老师

张振兴

10月17日上午8点过后不久，接到商务印书馆周洪波兄发来的微信，“泣告：陈章太老师于17日0点32分与世长辞，享年90岁”。我跌坐在座椅上，虽然有思想准备，但还是觉得突然，还希望这不是真的。我4月去他家里看望，他已经不像往年一样行动自如，扶着墙拖着小步慢慢地从房间里走出来接我，身上还挂着尿袋。大概是7月份的时候，师母在微信里告诉我说，陈老师已经完全不能自理了。本来我应该尽快再去看望他，但接着我自己身体有点毛病住院了，出院后遵医嘱静养，竟一拖就过了两个多月。我心里想着，以陈老师先前那种壮硕的身体底子，坚强的意志和毅力，还不至于就走了，哪料到没等到我再去见他一面，就遽归西去了……

10月19日上午，洪波兄接我到医院最后送别章太老师。一走进告别室，我就在遗体前伏地拜告，祈愿陈老师天堂路上一路走好。他是我的师长，是教诲我成长的老师之一；他于我有大恩，在我的人生旅途中，是我前行的一位领路人；他还是我的挚友，在他面前我可以袒露心扉，他总是无私地帮助我。现在，他闭着双眼，一脸安详地躺在那里，身上覆盖着鲜红的党旗。他走了，以后再没人用闽南话叫我“小张”或“振兴”，我也只能在心里用闽南话叫着“陈生”（闽南话管“老师”叫“先生”，合音叫“生”）。短短几秒钟的时间里，失去亲人似的悲痛涌上心头，我忍不住哭了起来。

时间回到距今将近六十年的1963年，那是我在厦门大学中文系就读即将毕业的时候。大约在5—6月的一天，一位老师带着我到厦大招待所，说是去看看一位北京来的校友，也是前几届从中文系毕业的，你就叫他陈老师。见面的时候，他们一口永春一带的闽南话谈笑风生。我很拘谨，坐在椅子的边角上，不敢多说话。过了一会儿，陈老师问我喜欢不喜欢语言学的课程，都看了哪些语言学的书，特别问如果让我一辈子都做语言学的工作是否愿意？我如实地一一做了回答。这是我第一次见到陈章太老师。穿着白色的衬衫，年轻英俊，说话时轻轻挥动着大手，给我留下了非常随和、亲切的印象。到了8月初接到中文系毕业分配通知，我被分配到中国科学院哲学社会科学部（中国社会科学院的前身）语言研究所，同时分配到哲学社会科学部的还有刘再复，他后来成为著名的文学理论家、文学评论家。我开心极了，我可以见到心底仰慕已久的吕叔湘、丁声树、李荣等大学者了，在语言学的殿堂里学习和工作是我的愿望。我忽然顿悟到，上次陈章太老师对我的问话，实际上是一次面试。后来老师也告诉我，陈老师来厦大是来要人的。是陈章太老师把我带进了语言所，带进了我一生从事的语言学研究事业。这是大恩，终生不忘，陈老师是我的恩人。

1970年代初期，我们终于从“干校”返回北京，语言所暂居当时的文改会大楼大厅。不用上班，因为无班可上。大概在1975年的时候，有朋友告诉我，北京师范大学数学系有两位刚从美国返归的台湾人，我萌生了找他们调查台湾闽南话的念头，免得无所事事，空耗光阴。见面的时候，我把这个想法报告了陈章太老师。他鼓动我说，这是好机会，不要错过了，尽快动手。那时两岸来往很少，我们只知道台湾说的主要是闽南话，具体的情况完全不了解。用了两三个月的时间，我就记录了两位台湾居民的基本语料，恰好他们一位是台北人，另一位是台南人。他们也基本闲着，所以时间充足，配合得很好。我把记录的材料给陈老师审阅。过了没几天他就告诉我，材料本身没有什么问题，现在需要去福建，那里台胞多，去核对材料，方言调查一定要事实可靠。他还说，福建是对台前线，还可以看看能不能联系实际，为对台工作做些什么。他的这些教导对我来说都是非常重要的。我当即要求他亲自带我去，他很快就答应了。那一次出行，陈老师带着我走访了福州军区政治部，决定为他们编写一个“台湾话会话课本”；在泉州一个部队的电台收听了金门的闽南话广播；在泉州、漳州、厦门分别召开了台胞座谈会，核对了词汇和语法的记音材料，补充了长篇语料记音。记得当时正是盛夏，我们住在福州的西湖宾馆里，房间里只有顶上的一台电风扇，实在热气难耐，我们每个钟头都轮流冲凉一次，然后光着膀子工作或说话。后来福建人民出版社出版《台湾闽南方言记略》的时候，我对陈老师说，您应该署名在前，我在后。他坚决不同意署他的名字，他说他没有做具体工作，不能署名，又说独立署名对我今后的进步和成长有好处。这就是陈章太老师对事为人的风格！但是我心里一直记着这段宝贵的经历。他是把我带进汉语方言学研究领域的师长之一，我一直把他看成我最尊敬的老师，在任何场合我只尊称他“老师”或“陈生”！

其实陈章太老师是出身方言学的，得到方言学的熏陶，受到丁声树、李荣的深刻影响。他一生历练无数，视野开阔，睿智达观，再加上他的勤奋努力，很容易接受新鲜事物。所以他后来的应用语言学、社会语言学、规划语言学等学问，基本上都是在长期实际工作中提炼和升华而成就的。他一生最重要的成就和贡献还是在汉语方言学方面。他是闽语研究专家，与李如龙老师合作出版的《闽语研究》（语文出版社，1991）是闽语研究领域的重要经典之一。这是一部论文集，其中《论闽方言的一致性》《论闽方言内部的主要差异》《闽西北七县市的方言》三篇是陈章太和李如龙两位老师合著的。陈老师独著的是《大田县内的方言》《邵武市内的方言》《顺昌县埔上闽南方言岛》三篇。大田、邵武两地所涉及的方言都十分复杂，陈老师的论文，是首次记录这两地方言的最详细调查研究报告。邵武地处闽赣两省交界处，其方言归属在1990年代时多有争议，我在主编第二版《中国语言地图集》（2012）时曾亲自征求过陈老师的意见，他还是认为划归闽语更合适。后来陈老师长期主持国家语委的工作，所以他的方言研究更多地关注官话方言，代表作是他与李行健主编的五卷本《普通话基础方言基本词汇集》（语文出版社，1996）。这是"七五"国家社科基金重点课题项目成果，包括93个官话地点方言音系，3200条语汇对照，63幅语言地图，全面反映了官话方言的语言事实。吕叔湘先生在序言里说："对我们制定和推广普通话的有关规范以及其他有关工作必将起重要的作用，这是毫无疑义的。"组织实施大规模的方言调查，以及编纂出版《普通话基础方言基本词汇集》的全过程，证实了陈章太老师在方言学方面极其深厚的功力。

说起来陈章太老师还是我的挚友与兄长。1963年8月底我到语言研究所报到，第一个周日他就带我到家里认门。语言所在当时的西直门内端王府大院，他家就在近旁的翊教寺大院内。这是院内唯一的两层筒子楼的一个朝南的单间，大约20平米，里面摆放着一张大床，一个两门的碗柜，一个小书架，一张两屉桌和两把椅子。我后来才知道，这是语言所当时给成家职工发放的“标配”。除了这些以外，两屉桌旁还有一张玻璃压着桌布的圆形小桌，这是房间内唯一“豪华”的家具。陈老师说这是他们结婚时丁声树先生送的。那一天我第一次见到师母邓庆春，一看就知道这是一个非常干练、平实、爽快的人。我也不知道什么原因，从第一次见面开始，一直到现在，我都叫她“小邓”，从没有叫过“师母”。说来真是大不敬！吃午饭的时候，陈老师和“小邓”频频往我碗里夹菜，陈老师一边给我介绍语言所和方言组，一边问我是否适应，告诉我有困难就直接找他。下午从他家里走出来的时候，我心里暖暖的，一种有亲人，有依靠了的感觉！

往后的一段日子里，我就成了陈老师家里的常客，一到礼拜天有事没事都往家里说说话。陈老师那时主持《中国语文》的工作，又是语言所党支部的委员，所以平时非常忙。他们的儿子陈坚就在端王府幼儿园，有时陈老师时间赶不上了或临时外出了，我就把小陈坚接了跟我在一起。1963年底到1964年秋，我到山东黄县（今龙口市）参加劳动实习，行前陈老师帮我一起准备行装，嘱我好好锻炼；1965年底，我们一起到江西丰城参加“社教”工作队，陈老师是带队领导，住在一个生产大队里，我是他的队员，在一个偏远的生产小队里。平时偶有见面，他总是详细询问工作情况，嘱咐我应该注意的地方。1966年4—5月我们返回研究所参加“文化大革命”，他是党支部的“四支委”之一，属于“批判”对象。我们的联系曾一度被迫中断，见面了只能对视一下点点头。1967年5月我和张惠英结婚的时候，暂住在一个临时借用的小平房里，陈老师和小邓还专门来看了我们，记得还给我们送了一对铁壳的热水壶，这在当时算是高级礼品了。1970年语言所下放河南息县“干校”，记得那时陈老师担任语言所连队的连长，我们都是跟着他劳动的。他非常能吃苦，耐劳，不知疲倦，重活累活总是抢在头里，因此有“拼命三郎”的美号。他后来的几十年行政、研究工作极其繁重，这个雅号就始终陪伴着他。陈老师孝心很重，记得大概是在1970年代中期，陈老师把漂泊海外的老父亲接回北京养老。老父亲不会普通话，于是我经常去陪他说说话，解个闷儿。去世的时候，我陪着陈老师到东郊火葬场送了老父亲最后一程。

陈老师调任国家语委以后，我们见面的机会就少了。不过心里总是记挂着，有一次我专门到国家语委他的办公室，向他报告我的学习工作情况。他的大著《闽语研究》和《普通话基础方言基本词汇集》出版后都是第一时间送我学习的；我参与编纂的《中国语言地图集》和《现代汉语方言大词典》也及时呈送他指正。最近这些年来，我每年几乎定时到他家里向他和小邓候安，说说话，然后一起在外面的餐馆里吃个便饭；每逢年节尤其农历新年，我一定提前给他和小邓打电话恭贺。我一定是用闽南话叫着“陈生”，陈老师也一定用闽南话叫我“小张”或“振兴”！

陈老师和我半个多世纪的来往就像过电影似的，历历在目。陈老师走了，这一切都没有了，怎不让我伤悲欲泪？“厚谊常存魂梦里，深恩永志我心中”，陈老师还在我心中，我永远怀念陈章太老师！

（张振兴：中国社会科学院语言研究所研究员）

章太同志，大家永远怀念你！

李行健

章太离开我们快一年了，几次动笔想写一点怀念他的文字，但都未写成。因为我要说的内容很可能有点儿不合时宜。直到最近周洪波同志提醒我，纪念章太的文集已经初步编好了，并把文集的目录发给了我，希望我一定写一篇文章。因为洪波以前在语言文字应用研究所工作时，我们共过事，深知章太同我的关系。

一

我认识章太是在1959年初，时光匆匆，一晃有60多年了。我当时在中国科学院河北分院语言文学研究所工作，地点在天津，分管语言研究工作的副所长是著名语言学家朱星先生。他对地方研究所的研究方向和研究内容拿不定主意，于是找丁声树和吕叔湘两位先生请教。他们两位的一致意见是地方研究机构最好搞为地方服务的项目，具体建议搞河北方言调查研究，丁先生还希望先搞词汇调查。为帮助地方研究所开展工作、培养方言调查的人员，丁先生让熊正辉同志问我愿不愿意随他们一起去昌黎调查方言，我真是求之不得。到昌黎后认识了陈章太同志，后来我从事河北方言词汇调查，也常到语言所去请教，同章太有了更多的交往（好像当时他担任方言研究室的秘书）。但我同章太更多的接触还是在“文革”之后。

二

1981 年 10 月，中国语言学会在成都召开第一次学术讨论会时，章太来信问我能否参加会议，并说这是吕叔湘先生的意思（章太当时负责筹备会议的工作），并希望我写一篇论文。吕先生是我上大学时的老师，也是我多次当面请教的前辈大师，我自然很高兴地满口答应参加。后来凡是语言学会或方言学会，只要我受到邀请，在会上大多会见到章太同志，并彼此聊聊工作情况。

1983 年 5 月在合肥参加方言学会议，章太十分郑重地约我谈话。他告诉我国务院已经批准建立语言文字应用研究所，拟从外地调两三名骨干。研究所的任务是进行语文应用研究，为国家语言文字工作方针政策作科学论证。那时章太已调中国文字改革委员会任秘书长，负责筹办此事，希望我去北京工作。听章太说完，我有些犹豫，怕不能胜任工作，在天津工作了 20 多年也没想过离开。章太看出了我的顾虑，他说这是吕叔湘先生的意思，吕先生希望我能到北京工作，住房、全家户口等也都能解决。叔湘老师和章太等老朋友们的雅意盛情，难以拒绝，于是我就答应了去北京工作。

当时办调动手续繁多，处处都有把关的，所以前后费了半年多时间，直到 1983 年底我才到文改会报到，参加筹备研究所工作。我算第一个到所报到的人，当时研究所尚未正式成立（1984 年成立），章太正忙着到处招募人才，组织建立机构。除了请语言所（李荣先生任所长）支援，先后调来了于根元、陈建民、刘连元等研究人员，又从外单位调来了龚千炎、冯志伟和佟乐泉，还从北京大学语言专业毕业生中要来刘一玲、徐幼军、亓艳萍、胡士云等同志，加上文改会原有的相关同志组成了五个研究室的大框架。

三

国务院批准成立语言文字应用研究所时，胡乔木同志和吕叔湘先生属意陈章太同志任所长。我到所后，章太对我说，很希望能请一位老领导来主持工作，他们经验丰富，有领导和组织工作的能力，我们（中青年人）有机会多学习提高，多做研究工作。他想请商务印书馆的陈原同志来担任所长，陈原同志很愿意来研究所工作，但一时离不开。章太怕发生变化，于是我跟着章太到商务三请陈原同志。

在筹备研究所时，章太同志还有一项更重要的工作，就是要让文改会（后改为国家语委）恢复正常工作。当时各职能部门缺乏人手，原有的老领导、老同志大多身体不佳，或早就转到别的岗位了。章太出于谦虚和对早年参加革命的领导同志的尊重和信任，通过乔木同志设法请原负责科学院学部工作的一位老领导先来主持工作。老领导来语委担任主任、党组书记，章太任常务副主任、副书记。上级这样安排，显然包含着接班人是陈章太的意思，因为老领导已经 70 多岁了！

研究所成立不久，吕叔湘先生调我去出版社协助他工作。语文出版社成立时，吕先生就任社长，但一直缺乏助手。他自嘲自己是“光杆司令”。我去语文出版社时，还兼着语用所应用语言学研究室主任，还带着研究生，与章太有不少共同工作的机会。即使我到出版社后，我们配合得也很默契，他给分来的人我照单接收，我要的人他全力支持。当时语委房子不多，机构未建立、扩充时，还可容纳，随着语委、研究所和出版社都处于建立机构、扩充队伍阶段，房子就格外紧张了。出版社曾两次让出一些房子给研究所，因为我知道研究所新建立，比出版社更缺房子。自然，章太作为语委领导，也很关心支持出版社。我和章太还合作主持了一个国家项目，调查普通话基础方言中的基本词汇，共用了近10年时间。

四

国家语委组建后，整体工作比较顺利和谐，但矛盾却也慢慢儿地暴露出来并逐渐激化。而章太是一个党性很强的人，他从不向人说心中的委屈，只默默地做自己的研究工作。他不断撰写论文，尽力完成自己的专著。他不少重要著作都是在这之后完成的，如《闽语研究》（合作）、《语言规划研究》、《语言规划概论》（主编）以及《普通话基础方言基本词汇集》（合作）等等。他还倾力与许嘉璐教授共同主编了“语言文字应用研究丛书”（8本），与于根元教授共同主编了“应用语言学系列教材”10种，这两套书都产生了很大的影响。这些成果充分展现了章太在重大挫折面前不气馁、意志不消沉的优秀品德。他把自己的精力放在学术研究上，取得了丰硕的成果。所以有同志说这对一个学者来说是“因祸得福”了。

我要特别说说我们共同主持的《普通话基础方言基本词汇集》的情况。我到语委工作，几次听到吕叔湘先生念叨这个选题。他认为推广普通话要搞清家底，而推普过去对词汇注意不够，应摸清普通话基础方言中词汇的情况。但由于任务大，需要大量人力去实地调查，然后要细致比对后把各地调查点的词语汇编起来，所以迟迟没有人领受这个任务。章太找我商量可否由我们牵头把任务承担起来，既了却吕老多年的心愿，也为推普工作在词汇方面打下坚实的基础。这个项目在吕老指导下，搞了将近10年，组织了40多位专家学者，进行了实地调查，最终完成了任务。课题立项时，就被列入了国家社会科学基金资助项目，后来又被列为国家社科“七五”规划项目，出版后荣获了国家图书奖，直到庆祝新中国成立70周年举办的书展，还作为重要成果展出。我说这件事主要是说章太的为人和工作作风。这是我和他具体合作的科研项目，所以有许多切实的感受。在这个项目中，许多艰难的任务他都主动担当起来。比如开始时组织人力，邀请专业工作者，他凭自己在方言学界朋友多、人望高的优势，组织到了全国需要调查词汇点的几十位专家。中期检查调查质量，后期汇编统一条目、互相对比等繁难工作，他都主动承担起来。这项成果章太付出了很多心血和辛劳，我只协助他在课题设计和出版以及经费等方面尽了微薄之力，参加过调查工作的相关会议等等。我充分感受到章太具有能团结人一起工作的难得的优秀品格。他从不训斥人，没有高高在上与人谈话、研究问题的习气，即使有的调查点或有的同志质量不合要求或有什么错误，他也都是耐心与人研究讨论原因和改进的办法。我从来没有见过他为这些事发过脾气，连对人红着脸说话的事我都未见过。在出版定稿前，章太又带领一些同志反复核对检查，力争没有失误。

1987年日本文部省聘请章太、曹先擢和我分别先后去日本国立一桥大学任教。先擢当时因公事去不了，我们极力请章太先去，想让他改变一下环境，可能对他的心情和健康都有好处，加之他外事活动方面也有经验。他却坚决让我先去，因为我在大学教过二十多年的书，熟悉教学过程。他一定要认真准备后再去。除了谦让的精神外，我想这也是他一贯认真对待工作的态度。后来章太在日本的学术文化交流工作，不仅工作上赢得了赞誉，结交了一批日本朋友，还到日本国家电视台（NHK）介绍我国的语文工作，在不少会议上宣讲我国语言文字工作的成绩。

五

回忆与章太的交往，有几件事总是难以忘怀。首先是他对工作尽心尽责，全力投入，以至到了忘我的境地。他从语言所一直到国家语委，都是一个人住在办公室，周六才回一趟家。家中有老有小，都由夫人邓大姐照顾，他一心工作。我们搞普通话基础方言调查研究时，一个词的常用说法或别称，词义或一个音的差异，只要有疑点，他都一定要向当地同志问清楚，有时甚至派人去核对，所以在出版他和李如龙同志的《闽语研究》时，我对校对的编辑说，凡是章太看过的稿子你们可以放心。他细心认真的态度我是深有体会的。

章太对老师和前辈十分敬重和爱戴。他对丁声树先生敬爱有加，不仅如此，对别的老先生和前辈也都向来彬彬有礼、恭恭敬敬。厦门大学黄典诚先生来北京，每次指定要章太去车站接他。他们师生情谊不一般，热情周到的安排使黄先生难忘。我到出版社后，每周大约有一两次要去吕叔湘先生家汇报工作。章太有时同我一起去，主要是去看望吕老，向他请安。有时也因工作同我一起去汇报，如办《语言文字应用》，乃至请吕老题写的刊名，也是我和章太一起去取回的。调查普通话基础方言时，也不时去向吕老请教一些问题的处理。该书吕老写的前言也是我和章太一起去拿回来的，书上吕老那张照片就是当场拍摄的。语言学会有一次换届，用通讯方式投票，章太作为秘书长起草了一个通知送会长吕老审阅。事前章太郑重其事地让我先看一遍，尽量避免存在什么错误。那天吕老让我们坐在一起读一段讨论一段。当读到选票超过应选人数（差额选举）以“废票论处”，吕老笑着问：“你们怎么‘论处’，我看别‘处’了，作为废票论就行了。”读到选票必须在 10 月底前寄回，过期无效，吕老说，正式行文不能模糊，要说明白准确，几月几号。当读到结尾一段，每人一次交 ×× 元会费，作为“终身会员”，吕老说这里有歧义，是只一次交这么多会费，往后就不用再交会费了，还是每一次都要交这么多才成为终身会员？章太和我听了吕老的意见，深感愧疚，一份短短的通知，出了这些差错和不准确的地方，对吕老的语言修养敬服得五体投地，难怪《毛泽东选集》编辑时请他任语言顾问。

章太对朋友更是坦诚，热情有加，经常仗义助人，从不求回报。所以在语言学界老一辈中可谓“天下谁人不识君”。年轻同志对这点体会尤深。我在来语委前，同章太交往不多，但我凭直觉感到他是一位可以信赖的兄长（他比我年长三岁）。同他交往中除了感到坦诚、热情、平易外，还感到他话语中从没有夸张、不切实际的词语。我在调任语委的过程中，两次来北京向他汇报情况。他当时在二楼一间小办公室，每次总要留着吃饭，并且还不在食堂吃，要到外面吃点好的。当时南小街只有北头东边有一家叫“红岩”的小饭馆，否则就要向南走到快到北京站时才有卖饭的。红岩地方小，人又多。每次我们一人拿两个碗去饭馆排队，买两份饭菜回来，在他办公室边吃边聊，其乐趣和友情尽在不言中。我们有不少共同的外地朋友，他们来了我和章太都会共同请他们吃饭。章太已经身居高位了，但他对朋友的感情仍然丝毫不减。他特别念旧，所以老朋友来了双方都很高兴。在他去世前几个月，老友李如龙夫妇从厦门来，先到章太家给我打电话，当时还下着雨，我说马上过去。由于疫情和下雨只好买回几份外卖，在章太家共进午餐，虽没什么好菜，但气氛很亲切；亲切中我又夹着一点沉重感，因为如龙夫人陈老师患了帕金森病，行动和语言不便。章太当天身体也不好，用北京话来说有些“打蔫”。这次大家的合照成了诀别的留念了！不久章太病重住院，陈坚（章太长子）告诉病情平稳了，希望他会平安出院，没想到两天后病情恶化，匆匆地离开了我们！

章太，你为国家语文工作做了很多贡献，你对语言的研究也成果累累，你培育的人才也满天下。你辛劳了一生，应该无憾了！大家会永远怀念你的！

（李行健：教育部语言文字应用研究所研究员，
曾任语文出版社社长）

永远怀念好友章太兄

戴庆厦

10月17日上午，突然收到商务印书馆原总编辑周洪波君发来的章太兄逝世的噩耗，我一下子吓呆了，立刻就告诉我的老伴徐悉艰。不禁泪湿眼目，往事也一件件涌现在眼前。

我与章太兄的结交是从20世纪60年代初开始的。那时，我和吴启禄合写了一篇《闽语仙游话的文白异读》稿投给《中国语文》，《中国语文》决定刊用。1961年6月的一个下午，时任《中国语文》编辑的章太兄，亲自来中央民族学院（今中央民族大学）16号楼，找我商量论文修改的事。那时，他才30出头，显得干练、忠厚、诚实。一见面就说“你的论文编辑部审了后，决定刊用，但有几处要改一下”。又说，“我是永春人，和你们仙游县只隔了一个小山，我们也算是老乡，又是同行，以后多联系”。这次初次认识和交谈，相同的闽南普通话口音、共同的闽语兴趣，把我们联结在一起。随后的半个多世纪，我们有缘常在一起审稿、开会、参加答辩，逐渐成为相互关照、互相帮助的难得好友。

2002年，为适应高校语言学教学的需要，章太兄与于根元教授共同策划编写一套应用语言学系列教材，让我主持《社会语言学概论》一书。这样，在多次的规划会、审稿会上，我与他有了更多的接触，彼此都有了更多的了解。从审稿会上，我学习到他关于语言规划的思想，了解到语言规划在语言生活中的地位。我决定在《社会语言学概论》一书中专门设立了“语言规划”一章，请他操刀，我一开口他就欣然应允。我们这套书后来成为高校语言学专业的重要教材。《社会语言学概论》于2004年由商务印书馆出版，近日接到责编的通知，第八次印刷即将见书。我首先想到的是章太兄付出的心血。

进入21世纪，构建和谐语言生活成为国家语言文字工作的新理念。2006年9月，由教育部语信司和商务印书馆策划的《中国语言生活状况报告》（绿皮书）问世，章太兄、俭明兄和我被聘为审订。15年来，每年都要举行一两次审稿会（2至3天），多在北京举行，也有在外地的。这期间我们接触较多。每天都专心致志地看稿、改稿、讨论稿，紧张工作之后在一起休息，倾吐心言。我们三人中章太兄是长者，常常是来得最早、看的稿子最多的。我们审稿中拿不定主意的都向他这位“老大”请教，他总是谦逊地与我们一起讨论，尊重我们的看法。他那种对工作认真负责、实事求是、一丝不苟的工作态度，牢牢掌握党的方针政策，显示出一个老共产党员、老语言学家的优秀品德。每年春季，我们都期待审稿会的到来，盼望绿皮书“大家庭”兄弟姐妹的团聚。我们三位年老的成员，被年轻的成员誉为“语言学三兄弟”。

我们这套由三代人共铸的语言生活绿皮书是我国第一本关注语言生活的绿皮书。目前已连续出版了14部，已有英文、韩文、日文和俄文的精华译本。章太先生是我们这个集体的最长者、领头人，他的敬业精神和工作态度对整个集体起到引领和模范作用。大家都会记住他对绿皮书编写的特殊贡献，都会回忆绿皮书编写的美好情景。

章太兄有个非常值得我们学习的优点：识大体、顾大局。在绿皮书整体框架、认识高度的把握上，他总是牢牢地从国家的利益、中华民族共同体的大局来判断是非、思考问题，发表自己的见解。为了保证绿皮书的质量，他甚至在患重病期间，也还坚持挂着尿袋参加审稿。

章太兄的又一功绩是培养了一批有真才实学的社会语言学博士生，如今这批学生已成为我国语文战线的一支研究中国语言生活的生力军。因为我做过社会语言学研究，只要我在北京，他的博士生答辩都会请我参加。我目睹了他的博士生做社会语言学研究做得好，有事实，有理论，有原创性，有创新性。如今，他们都已活跃在我国语言生活各条战线，关注语言生活，研究语言生活，成为语言生活研究的骨干。陈老师的事业，将由他们继续奋斗。有的学生对我说："没有陈老师的培养，就没有我的今日。"

他还有一个值得学习的优点是：心中有他人，关心、成全他人。我们每年的绿皮书审稿，大家都能看到他是充满着欢乐之情来聚会的。审稿中，遇到一些难处理的问题，我们都乐意向他请教，而他都会尽心帮助解决。会后休息时，大家像一家人一样交谈。在一次会议结束的联欢夜晚，主持人要求每人唱一首歌，他虽不善于唱歌，也应着大家的要求认真唱几句；大家为他敬酒祝寿，尽管师母管得严不许他喝，但他也要抿一下，以示对他人、对集体的尊重。

章太兄已故去，我们这个曾经长期并肩作战的审稿组已"三缺一"，再也没有机会与他在一起讨论问题、审稿、参加答辩了。此刻我想，人在世间，能有互相了解、互相支持的好友是幸福的，也是难得的，值得加以珍惜、怀念。

（戴庆厦：中央民族大学教授）

深切缅怀挚友章太先生

陆俭明

10 月 17 日上午，我从微信里得知章太不幸病逝的噩耗，马上告诉了我老伴儿马真，她听了很吃惊地说了一句："怎么？章太走了?!"我们一时都难以控制，立时悲泪盈眶，感到十分悲痛。

我老想着写一点追思章太的文字，可是这一段时间，语言学界的几位好友——北大俞士汶教授、上外周上之教授、郑大张静教授——也接二连三地走了，让我一直沉浸在悲痛之中，难以释怀。今天章太离开我们整整一个月了，我起了个大早打开电脑击键疾书缅怀我们的章太兄，以寄托我的哀思。

我第一次认识章太是 1961 年秋天在中关园三公寓朱德熙先生家。我 1960 年毕业留校任教，头一年主要讲授外系的"写作"课和"语法修辞"课，第二年，教研室要我给 1961 级汉语专业和古典文献专业新生合班上"现代汉语"课。我去朱先生家是要向朱先生请教一些教学上的问题。我敲门后，朱师母打开门把我引进朱先生的书房。只见书房里除朱先生外还有一位客人，个儿不高，穿着白色衬衣。朱先生连忙向我介绍："这是语言所《中国语文》编辑部的陈章太同志。"又向他介绍我："这是我们教研室陆俭明同志，我们都随他的同学叫他'老六'。"我听到"陈章太"三个字，立刻想起去年年底曾收到过陈先生一封短信，内容很简单："俭明同志，你和侯学超同志合写的文章《对〈关于"和"的用法〉的一些意见》一文，我们准备刊用。欢迎你们今后继续投稿。"落款是"陈章太"。原来眼前这一位就是陈章太同志。我立刻伸出手与他握手。他握着我的手也热情地说："哦，你就是陆俭明！我知道你前年在我们《中国语文》上发表过讨论语助词'看'的文章。去年年底我还给你写过信。"我佩服他的记忆。他当时给我的印象是精神、干练、热情。

真正与章太相交是从80年代开始的。1980年10月在武汉成立了中国语言学会，名誉会长是王力先生，会长是吕叔湘先生；秘书长是陈章太先生，邢福义和我任副秘书长。从此我和章太接触就比较多。我们一起筹备了1981年10月在成都举行的中国语言学会第一届年会，我们也经常一起出席各种学术讨论会。我觉得他知识面很广，在语音、词汇、语法、方言诸方面都有很好的功底，而非我所能及；他又特别能干，且十分热诚、谦逊。我们相处得很愉快，逐渐成为挚友。

80年代中期，章太调离语言所，出任国家语委副主任。后来我们在龚千炎先生领衔下跟苏培成等一起参加标点符号修订工作，时常在南小街国家语委开会研讨。该修订工作主要由国家语委副主任曹先擢先生负责抓，但我们每次去开会，休息时间章太都会来看望我们，并总是关切地说："你们有什么需要随时提出来，别客气。"一点架子也没有。

后来，章太应聘去中国传媒大学任教，担任博士生导师。好几次他的博士生学位论文答辩会，他都让我去参加。学生都反映，"陈老师对我们特严，同时对我们总热心指导与帮助；看我们的论文，从内容到标点，一丝不苟，特认真"。学生的评价正反映了章太高度的教育责任心。我记得特清楚的是那次参加周洪波博士学位论文的答辩会。答辩会一开始，章太就风趣地说，“洪波是我2001年最早招收的博士生之一，但他在商务印书馆的工作实在太忙了，而他对自己的论文要求又高，总想搜集更多的语料，要一遍又一遍地修改，竟长达九年，成了最后一位博士学位论文答辩者”。大家都笑了，周洪波当时都有点儿不好意思了。洪波主要从事现代汉语新词语的研究，论文内容相当充实，写得非常好，答辩委员会给了很高的评价，顺利通过了论文答辩。

2005年，教育部语信司在李宇明司长领导下启动组建《中国语言生活状况报告》皮书的研制团队，每年编写一本，由商务印书馆正式出版。语信司委任中国社会科学院民族学与人类学研究所的周庆生教授任主编，让章太以及中央民族大学的戴庆厦和我三人任审订。我们三个人，章太年龄最大，老戴与我同岁，可他月份比我大。很自然地，章太称为老大，老戴称为老二，我是老三。16年的皮书审订工作，进一步加深了我对章太的了解，增进了我与章太的情谊。

在每次审订中，凡是有关语言文字工作的方针政策方面、国家和省部级相关单位的关于语言文字工作状况的“工作篇”“专题篇”，都交给章太审订。因为他曾任《中国语文》副主编、国家语委副主任，对全国语言文字工作了如指掌，能高瞻远瞩，所以他会高屋建瓴地对书稿提供指导性的修改意见与建议。他承担的任务是最重的，但他从不计较和推辞，每次都认真审读，出色完成任务。章太也确实很善于从宏观的视角进行思考与把握。记得我们每次审订会，在开始和结束时，会议主持人总要求我们三个审订表示意见。我们当然都推老大章太先发言。而他事先都有准备，一、二、三、四，有条有理，发表的意见常常带有指导性。譬如有一次他说：

> 入选皮书的语言生活，首先要求如实求真；其次要求能从中提炼出新的理念和“标志性概念”；更重要的一点是，发表后能在语言生活方面起良好的导向作用，能为国内外学术界提供可靠的学术资源，能引导国内外展开研究和讨论。（大意如此）

这段话给我的印象特深刻，当时我在纸上约略记了一点，时至今日还依稀记得。这具有指导性的话语，大家都赞赏。然而他在整个审订过程中从不以“老大”自居，对所有人都很谦虚。在审订会过程中，老戴和我都乐意向他请教，而他都尽心帮助解答，完了常常会说一句：“我这看法不一定对，你再考虑考虑。”我们三人，一般章太坐中间，老戴坐他左边，我坐他右边。有一次他侧过头来给我看段文字：“虽然现在普通话通过率已近70%，但是我们依然要抓紧推普工作，一刻也不能放松。”并问我：“老六，你看这句话用‘依然’好还是用‘仍然’好？”我说：“章太，从你的问话可以猜到你已经有倾向性，你倾向于用‘仍然’。是不是？我也觉得用‘仍然’好。因为‘依然’和‘仍然’虽然意思差不多，但语体色彩有差异，‘依然’好像更文一些。在文绉绉的话语里，譬如‘依然故我’‘依然如故’‘景色依然’，这些说法里都不用‘仍然’；反之在一般书面语中似‘仍然’用得多。就这句话来看，确实用‘仍然’更合适。”他谦虚地说：“是，我也这样想，不过没把握，所以要问你。那我就改了。”

我们这个审订会团队是由好几部分不同单位、不同层次、不同年龄的人员组成的。但是关系融洽，配合默契，形成了一个温暖的大家庭。这个团队，充满了家国情怀，充满了信任，充满了凝聚力，充满了活力，充满了欢乐，充满了幽默，亲密无间。在每次审稿讨论会上，发言没有考虑你是司长、你是总编、你是老教授、我是年轻人什么的，大家都各抒己见，畅所欲言。这就形成了皮书审订会特有的产物——“语言生活派”！大家平时难得相见，工作时各自都认真、紧张地工作，会下大家就非常活跃，充满了欢乐，犹如家人团聚那样无拘无束地交谈，取笑。有时我们也起哄叫章太唱歌，他虽说“我是五音不全”，但拗不过大家，最后推不掉也就来一段，大家报以热烈的掌声。每次审订会结束会有一次聚餐，不知谁带来了两瓶白酒，要我们三个老家伙也都满上一杯。章太夫人邓大夫就急了：“他高血压，不能喝！”而章太为了不扫大家的兴，表示对大家的尊重，也会“我行我素”，端起酒杯，稍微抿一口。

章太走了一个月了，可一直活在我们心中，而且我想他会永远活在每个人的心中！

（陆俭明：北京大学教授）

怀念我的至交好友章太先生

李如龙

编者按：陈章太先生与厦门大学中文系教授李如龙先生既是同乡、同学，也是多年的至交好友。陈章太先生去世后，厦门大学中文系博士生赵树元、张远洋登门拜访李如龙教授，就陈章太先生的学术人生进行了访谈。访谈由赵树元同学（以下简称“赵”）提问，李如龙教授（以下简称“李”）回答，张远洋同学录音。以下是根据录音整理的访谈内容。李先生深情回忆了许多鲜为人知的往事，让我们得以更全面、更深入地了解到陈先生的学术生涯、工作经历和人格魅力。

一、投身方言调查，浇灌闽语之花

赵：李老师好！我们知道您和陈先生是同辈，都出生于20世纪30年代，都是福建泉州人，也都是研究方言的大家，特别是在闽语研究领域做了许多开创性的、无可替代的贡献，你们还曾多次进行学术合作。据了解，1960年至1963年，您一边教书，一边整理方言普查资料，负责组织编写《福建省汉语方言概况》。这项工作当时得到了中国科学院语言研究所的指导，李荣先生曾两次来考察工作，也派了一些研究人员来协助，这其中就有陈章太先生。请您帮我们回忆一下当年陈先生来协助工作的情况，以及陈先生当年在工作过程中给您留下的深刻印象。

李：我讲几段。陈章太先生是1953年从福州大学就是现在的福建师范大学合并中文系的一个班到厦大来的，他一、二年级是在福州上的。我1953年考入厦大，所以从1953年起，我们就是同一个系的上下年级的同学，又是老乡，就很熟了。他1955年毕业后离开厦大，我1958年2月毕业。实际上，在毕业以前我就开始参加全国方言普查工作了。从1958年开始，到1960年，基本上全省每一个县、每一个点都调查完了，于是省教育厅就组织了《福建省汉语方言概况》编写组。

李荣先生说福建的方言很复杂——赵元任先生当时想用五年时间调查福建方言，后来没有完成。所以李先生说：你们力量不够，正好陈章太讲闽南话，张盛裕是潮州人，也是小年轻刚毕业，派他们去锻炼一下，参加闽语的调查工作。章太先生做邵武那一片四个县，持续了两年多，到1962年基本上就做完了。

1963年编写《福建省汉语方言概况》时，召开了全国性研讨会，其中参加会议的九位同行后来成了好朋友，共同切磋方言学，学界称我们为"方言九兄弟"。按年龄排行，章太先生是老四。

1963年，我们（潘茂鼎、李如龙、梁玉璋、张盛裕、陈章太）联合撰写了《福建汉语方言分区略说》，这篇文章影响很大。那几年，参与调查的章太先生等住在厦大，我和他又是老同学，所以有事情我就经常和他商量。这是一段很值得回忆的合作过程。

章太先生1955年去科学院语言研究所之后，进了语音研究班，听了丁声树先生的课，也参与了昌黎方言的调查。他得到了李荣先生的指导训练，后来还调查了非母语。邵武话不是他的母语，长汀话也不是我的母语，我们的母语是闽南话。

后来，章太先生在语言研究所当了副所长、《中国语文》副主编，他就申请了一个课题继续研究闽方言。当时还没有全国性的课题，那个课题名称就叫"闽方言研究"，就是为《福建汉语方言分区略说》那篇文章做注脚。为什么说闽语是一个大区，具体要分几个区？就用两篇文章来说明这个问题。第一篇是《论闽方言的一致性》，发表在《中国语言学报》第一期（1983 年）创刊号上。中国语言学会是 1980 年成立的，1981 年开始举办第一次学术年会，我们那篇文章是在第二次学术年会上宣读的，后来登在了 1983 年的《中国语言学报》上。1985 年又发了一篇《论闽方言内部的主要差异》。这两篇都是我和他合作发表的文章。

赵：李老师，1991 年语文出版社出版了陈先生和您合著的《闽语研究》这本著作后，在学界影响很大，请您介绍一下当年你们合作著书的情况。

李：这次合作是建立在《福建省汉语方言概况》调查的基础上的，我们重新抽出重点条目，再到一些重点的地方去进行核对。总共收了 24 个点，字音 1000 多，词汇也是 1000 左右。因为之前调查的时候有一些疏漏，不太放心，所以重新下去做调查。这次调查工作我做得多一些，他也去了，但因为后来他当了副所长，行政工作繁重，调查工作承担得相对少了一些。我带学生去做一些补充核对调查，最后主要是我整理的，前后做了一年多到两年的时间，到 1991 年由语文出版社出版了《闽语研究》。这其中，我们合作了 3 篇，他单独执笔的有 3 篇，我有 4 篇，两个人通力合作。从《福建省汉语方言概况》到《闽语研究》是我们主要的合作过程和成果。之后在编写方言志的时候他又写了3种，永春、邵武和大田。所以他的方言学工作是从六十年代一直做到了九十年代，做了二三十年。

二、创建新平台，耕耘新领域

赵：李老师，后来陈先生的研究领域逐渐拓展到应用语言学，想请您谈一谈这方面的情况。

李：1984年章太先生调到中国文字改革委员会当常务副主任并兼任秘书长。1984年以后他就筹备成立语言文字应用研究所、创办语文出版社，稍后又成立普通话测试中心、筹办《语言文字应用》杂志。这都是他主要参与组织和发起的，为学界搭建了新的平台。

1985年底中国文字改革委员会更名为"国家语言文字工作委员会"，他还是常务副主任，主任是陈原先生。那以后，他的研究方向转到了应用方面，包括社会语言学、应用语言学等，在语言规划和语言政策领域也做了许多研究，出版了语言规划研究的专著，在这方面起了先导作用，为应用语言学的发展打下了基础。

三、工作学术齐修，为人为学双馨

赵：李老师，您觉得陈先生在为人和学术研究上，有哪些我们后学晚辈可以学习的地方？

李：做方言工作，第一步是要做实地调查，他当然是我们这帮人中很厉害的一位同志了，也是一个通病：坐不住，一有机会就下去调查了。其实当时的情况是很艰难的，我到长汀去，要坐两天的汽车：第一天到龙岩睡一个晚上，第二天坐三四个小时的车才能到长汀，现在去长汀两个多小时就到了。搞方言一定要下去做调查，这是一个。

再一个，章太先生从学生时代就做学生干部，做一些组织工作，擅长团结人。他手下的这些年轻人，都对他有很深刻的印象。他善于组织力量，能调动年轻人的积极性，作风也很好，平易近人。这是一个领导者的最重要的素质。所以他一过世，这一批人，很多人都非常怀念他。这个绝不是偶然的。他作为副所长也好，国家语委副主任也好，跟我们一起吃饭，一起住宿，从来不摆架子。后来他在语用所与李行健先生共同主持"北方话基本词汇调查"项目，并编写了《普通话基础方言基本词汇集》。他很善于组织力量，当时组织了全国多省市区的方言研究者进行调查，整理资料时又抽调了十几个人，有中年人，也有年轻人，就住在语用所，同吃同住同劳动。这本书共 5 卷，是语文出版社出的。这也是章太先生的主要成果。后来因为工作需要，他又转到了词汇学规范问题方言。应用语言学是他扶持起来的，成立大会我也去了。我想这在中国语言学史上也是重要的一笔。在应用语言学方面，章太先生是做出了重要贡献的。

章太先生的工作和研究就像是打绳结，是交织在一起的，自己的研究工作和承担的职务工作都是相结合的。有人研究是研究、工作是工作，不搭界；有的人是专做研究；有的人只顾工作。他是以工作为主，因为当了一方领导，肩负责任，就要全盘考虑，同时在业务上也不放弃，在工作和学术研究关系的处理上，他处理得不错。他的人际关系，包括上下级的关系处理得都不错，为人平易，待人真诚。

赵：李老师，非常感谢您为我们深情回顾了陈先生卓绝的学术道路和非凡人生。也让我们了解到了陈先生和您的深厚情谊及学术合作经历。我们这些晚辈十分敬佩和感动，向你们致敬！也请您多保重身体！

（李如龙：厦门大学教授）

怀念挚友陈章太

冯志伟

不久前，我接到大连海事大学的邀请，拟于 2021 年 10 月 18 日乘高铁从北京到大连讲授自然语言处理的课程。我与老伴购买了当日的高铁票，大连海事大学已经安排好了我们的住宿和我的讲课日程。

正当我们准备出发到大连的时候，挚友章太病情严重，住进了隆福医院抢救。我们担心章太的病情，立即退了高铁票，于 10 月 16 日赶到隆福医院看望他。这时章太卧病在床，我含着泪水在他病床边说，“章太，我是志伟”。他听到我的话，顿时激动起来，但是，他已经叫不出我的名字了。我看到他眼眶里闪耀着泪花，流出了眼泪。我看一看病床边的监控，他的心率每分钟高达 160 多次，说明他身体的器官已经严重衰竭了。我和老伴在病房外面守候了很久，期望章太能闯过这一关，不幸的是，章太在 10 月 17 日凌晨合起了双眼，永远离开我们了。

我和章太是 60 多年的老朋友了。1961 年我在北京大学中文系读书时，吕叔湘先生应邀到北大给我们讲课。课间歇息时，我问吕叔湘先生能否帮助我认识语言所的一些语言学家，吕叔湘先生说，你可以与陈章太联系。经吕叔湘先生介绍，我到语言所认识了章太。章太当时还年轻。第一次见面，我就感到他是一个非常干练的人，做事情非常果断。他热情地接待了我，并说，今后可以经常与他联系，有问题就问他。于是，我常常到语言所去，与他讨论语言学的问题。章太知道我正在采用数学方法研究语言的结构，想搞机器翻译，还介绍我认识了做机器翻译研究的刘涌泉和高祖舜，从此我与语言所的朋友们逐渐熟悉起来。

1964年我从北大中文系本科毕业，因为我有理科的背景，吕叔湘先生想要我毕业后去语言所搞机器翻译。我觉得自己还应当在业务上进一步提高，报考了北大中文系岑麒祥教授的研究生，并且居然还考取了。因此，大学本科毕业后我没有去语言所。吕叔湘先生对我说，“你先读研究生也很好，毕业后欢迎你到语言所来研究机器翻译”。在北大读研究生期间，我与章太、刘涌泉、高祖舜一直保持着密切的联系，在语言学上得到他们的很多帮助。

1967年我从北大研究生毕业，遇到“文化大革命”，语言所的研究工作完全停止，我不可能到语言所工作，也不可能在北京找到任何工作。我先被分派到天津唐口三中教英语，后来又到云南昆明五中教物理。我离开了语言学的队伍，彻底地改了行。

改行之后，我发现在北大苦苦学到的那些“高大上”的语言学知识，什么汉语的“的”字有3个，汉语的“了”字有2个，等等，到了基层根本没有任何用处。在基层的10年期间，我没有继续研究这样“高大上”的学问了，也不想再研究语言学了，因为这样的学问，尽管在大学里显得很高雅，但是，老百姓并不买账，在基层确实没有任何用处。

我彻底改了行。我学会了电工技术，学生家里的电灯坏了，我能够帮助修好；我学会了修收音机，指导学生自己装收音机；我学会了给自行车补胎，在学校门口帮助老师们修理自行车；我学会了蹬三轮车，为学校搬运东西；我还学会了化学的微量分析，在学校办起了小工厂，生产医用的高精度硫酸亚铁，卖给昆明市化工原料公司。我发现，在基层，这些实际的本领比语言学的那些“高大上”的学问有用多了。

“四人帮”垮台之后，1978 年恢复高考，我的理科基础不错，于是我干脆彻底改行，报考了中国科学技术大学研究生院改学理科，接着又到法国格勒诺布尔理科医科大学应用数学研究所学习数学和计算机科学。1982 年回国之后，我被分派到中国科学技术信息研究所（ISTIC）计算中心当软件工程师，我在 TK-70 中型计算机上用 BOL 语言编写程序，在 IBM-4381 大型计算机上用 CMS 操作系统做信息处理。我隐瞒了我过去曾经在北大中文系读过书的经历，变成了一个地地道道的理科人，再也不想搞语言学了。

1985 年，中国文字改革委员会更名为国家语言文字工作委员会（简称“国家语委”），直属于国务院，中心工作是：面向现代语言文字生活的需要，面向应用语言学的学科建设，研究语言文字的实际问题与理论问题，研究语言文字的规范化和标准化，研究语言政策和语言规划，为社会各界提供有关语言文字的评测与咨询服务，编辑出版《语言文字应用》和《语文建设》，进行有关语言文字的现代化的信息服务，培养研究生和其他人才。其中，“语言文字的现代化的信息服务”与计算机密切相关。

当时，国家语委的负责人就是我的老朋友章太。章太是语言所的研究人员，后来他晋升为语言所的副所长和《中国语文》副主编。为了加强领导，在胡乔木的安排下，章太于 1983 年调任中国文字改革委员会担任副主任兼秘书长，1985 年中国文字改革委员会改名为国家语委之后，章太担任国家语委副主任。此外，他还担任中国社会科学院语言文字应用研究所所长、中国社会科学院研究生院教授，兼任中国语言学会副会长、中国应用语言学会会长，成了中国语言学界的掌门人。章太雄心勃勃，决心干出一番宏大的事业。

章太深知，人的因素是最重要的因素，没有高素质的人才是什么也干不成的。为了把国家语委和语用所办好，他确定的首要任务就是网罗天下英才。

章太与我是老朋友了。由于"文化大革命"，我离开了北京，改行到天津、昆明教中学，"四人帮"垮台之后，我又到中国科学技术大学研究生院学习，到法国留学，已经离开了语言学界。十几年来，我与章太的交往完全停止了，而在这十几年时间内，章太已经从一个语言学研究人员成了著名语言学家，而我则成了一个彻底改行从事软件开发的科技人员。由于专业的差距太远，我们之间已经没有任何联系了。

为了开展语言信息处理的研究，章太打算在语言文字应用研究所成立一个计算语言学研究室。为了网罗计算语言学的人才，章太想到了十多年前的我这个老朋友，他到处打听，终于知道了我的下落。

当时我家住北京和平里中国科技信息研究所的职工宿舍，他亲自登门找到了我。见到章太，我觉得非常意外，阔别十几年的老朋友久别重逢，感到分外高兴。于是我们谈起了往事。

章太是方言学家，我首先谈到了方言的话题。我对章太说，我离开北大在昆明五中教书时，发现昆明方言中保留了元杂剧中的许多词语，元朝曾经在昆明驻军，派来很多蒙古士兵长期驻扎，我猜测这是元代的蒙古语残留在昆明方言中的"底层现象"。章太对于方言问题特别敏感，马上产生了浓厚的兴趣。他高兴地说："志伟，你现在虽然是软件工程师，还没有忘记语言学呀！”

接着，章太话锋一转，谈到了“语文现代化”问题。他说，语文现代化就是要在语言研究中搞一场鸟枪换炮，不是换旧时的加农炮，而是要换最先进的火箭炮。章太对我说：“我们国家语委要搞鸟枪换炮，我们在语言文字应用研究所设置了一个机构，叫作计算语言学研究室。这个机构的任务是：语言信息处理的理论研究和应用项目开发；为国家语委的其他研究项目提供计算机支持；负责中国语言文字现代化的建设、日常管理和维护；组织语料库的开发与建设。这项任务，我想请你来承担，这个机构，我想请你来负责。这是我今天来找你的主要目的。请老朋友支持！”

章太坦率地提出：“希望老朋友回到语言学的队伍，重启旧业，到语言文字应用研究所工作，开展计算语言学的研究。”

我感到非常意外，笑着说：“谢谢章太的信任与器重。到语言文字应用研究所工作，责任重大，我离开语言学队伍已经多年了，觉得我的能力不够，难以胜任。还有，我现在是中国科技信息研究所的职工，我还得先向领导请示，看他们是什么意见，然后再做决定。好吗？当然，老朋友的情谊我是很珍重的，我会认真考虑。”

老朋友专程拜访，诚意可嘉。我被章太的诚意感动了，但是，我知道语言文字应用研究所是一个文科单位，资金支持和计算机设备都比中国科技信息研究所差得多，到那里肯定很难开展像中国科技信息研究所这样的高科技研究，因此，我心里感到左右为难。

我到中国科技信息所办公室向领导做了汇报。领导一听感觉很惊讶，接着慎重地说：“等我们研究研究再说吧！”

接着，中国科技信息所的几位领导对于这件事开展了摸底调查，他们了解到我本人并不想调走。于是，主要负责人找我谈话，他对我说:“志伟同志,你是法国留学回来的科研骨干,所领导经过郑重的研究,你不能走啊!”

几天之后,我要调走的消息在中国科技信息所传开了,引起了各种各样的议论。有人说,冯志伟要走,那是聪明人犯傻,我们所是“科”字打头的单位,科研经费拨款大大的,工资福利高高的,国际学术交流多多的,那个什么语言文字应用研究所是文科单位,能跟我们所相比吗?

章太三天两头地给我打电话,催着我表态。碍于老朋友的情面,我的回答是“让我再考虑考虑!”或者回答“我正在考虑呢!”

我一次又一次考虑的结果是越来越倾向于“不去”。因为所有的亲戚、朋友、计算机界的老同学都持反对态度,只是我不好直接对老朋友章太说出那个“不”字。

章太一而再再而三地邀约我面谈,不断地打电话,还托朋友找我旁拉侧引,让我深深地感觉到章太沁人肺腑的真诚。我想自己过去在北京大学学习过多年的语言学,回到语言学界也许还能够为国家做一些有意义的事情。为了回报老朋友的情谊,最后,我只好恭恭敬敬地点头向章太应允了。

但是,中国科技信息所仍然没有同意我的调动,调动的问题一直僵持着,事情一前一后经过了三个月的时间,终于出现了转机。

这时,中国科技信息研究所这边分配来了一位刚刚从法国南锡大学学成回国的博士,年轻有为,正好适合接替我的工作。中国科技信息研究所领导才松了口,终于同意我的调动。

就这样,1985 年 10 月,在章太的一再催促之下,我离开了中国科技信息研究所,正式调入语言文字应用研究所工作,担任计算语言学研究室主任。

与此同时，章太还从语言所调来了龚千炎、于根元、陈建民，从心理所调来了佟乐泉，充实了语言文字应用研究所的科研力量。章太雄心勃勃，想在语言文字应用研究所大展宏图，干出一番成绩来。由于章太的努力，语言文字应用研究所进入了它最为辉煌的时期。

我调入的这个语言文字应用研究所当时是由中国社会科学院和国家语委双重领导的，因此，也算是中国社会科学院的一个研究所，也可以在中国社会科学院研究生院招收研究生。从1988年起，语言文字应用研究所与中国社会科学院脱钩，成为国家语委直属的一个研究机构。从1994年起，国家语委转为国家教委管辖，1998年并入教育部，成为教育部的下属机构，行政气氛逐渐浓厚起来。这些行政机构关系的变迁，都是我原先没有料到的，也是章太没有料到的。但是，不论机构怎样变迁，领导如何变换，我仍然坚持在计算语言学研究室孤军奋战，编程序，写专著，发表论文。尽管工作条件远远不能与中国科技信息所相比，但是，出于对章太的友谊和忠心，我一直努力工作，争取不辜负挚友的期望。

在语言文字应用研究所最为辉煌的时期，章太给我的任务有两个：第一是开展计算语言学研究，章太认为我的数理基础扎实，有利于用计算机进行中文信息处理；第二是加强国际学术交流，章太认为我懂得多门外语，熟悉国外的研究情况，在国际上有很好的人脉关系，可以促进语言文字应用研究所与国际应用语言学界的联系。对于章太的这些安排，我都尽心尽力地去做。我招收了两名理科背景的硕士研究生揭春雨（来自清华大学计算机系）和李竹（来自北京工业大学计算机学院），指导他们研究计算语言学。在章太出访英国和法国的时候，我亲自给他担任英语和法语的口头翻译，协助他与外国专家沟通。可惜我自己能力不够，没有很好地实现章太的愿望。想起这些，觉得自己有愧于章太。

调入语言文字应用研究所之后，我全家不久也从和平里搬进了东城区后拐棒胡同甲 2 号的国家语委宿舍，成了章太的邻居。章太家住在新 1 楼 1 单元，我家住在新 1 楼 2 单元。章太是我们的领导，在生活上给了我们无微不至的关心。

1995 年的一个晚上，我岳母在洗澡时不慎跌倒造成股骨头骨折，不能走路。那一天我要到美国参加国际标准化会议，马上就要上飞机了，无法处理岳母的突发事件。章太和师母邓老师知道后，马上到我家把我岳母送到医院治疗，陪同我岳母渡过难关，也让我放心地到美国去开会。

2007 年我在香港讲学期间，我的岳母病重住进解放军总医院，我家中人手缺乏，老伴孤立无助。章太和师母邓老师一直守护在我岳母身边，岳母去世时，他们亲自给我岳母穿上寿衣，并安慰我的老伴。章太夫妇对我家的这些恩情，我是永远忘不了的。

章太是国家语委的高级领导，但是他没有领导的架子，每天都坚持给他所住的新 1 楼 1 单元清扫楼道，从 3 楼一直扫到 1 楼，常年如一日地坚持了几十年。他还不定期与国家语委的老同事小聚。我觉得这是非常不容易的事情，这也体现了共产党的高级干部为人民服务的高尚品质。

随着年龄的增长，进入 21 世纪之后，章太和我都先后退休了。中国传媒大学与语言文字应用研究所联合成立了一个语言学与应用语言学博士点，开始招收博士生。章太招收社会语言学的博士生，我招收计算语言学的博士生，我们共同努力，发挥余热，为国家培养了一批优秀的语言学人才。章太的博士生周洪波成为了商务印书馆的总编辑，我的博士生刘海涛成为了教育部长江学者。在章太的帮助和鼓励之下，我为博士生们开设了机器翻译、自然语言处理、计算语言学基础等课程，并且还用英语讲授数理语言学课程，还翻译出版了几部国外的计算语言学经典教材，我自己也由一个普通的研究人员成为了博士生导师。这些都是我在退休之前想都不敢想的事情。如果没有章太的帮助，这一切都是不可能做到的。

章太现在离开我们了，这些往事历历在目，令人长号不能自禁。仅以这篇短文寄托我对挚友章太的哀思。

（冯志伟：教育部语言文字应用研究所研究员）

敬仰章太先生对推普的贡献

田小琳

章太大哥，我喜欢这样称呼他。这是有缘由的。在"文革"结束后的二十世纪八十年代，我形容为"文艺复兴"的时候，那时"双百"方针光芒照耀，大家都在兴高采烈地撸起袖子大干。人员流动也是那时的特点。我 1977 年从北京教育学院调到"全国教材编写会议"，参加中学语文教材的编写工作。那是以人民教育出版社人员为基础的一支三百人的队伍，响应小平同志的号召，要在最短时间内编好中小学各科教材，拨乱反正！会议结束，任务完成，我就从北京教育学院正式调到教育部直属的人民教育出版社了。章太大哥那时在语言研究所主政《中国语文》杂志，担任副主编。他希望调我到《中国语文》杂志社去工作。我当然想去了，本来我考研究生，就是想毕业后到语言所去工作的，阴差阳错地十几年了也没能去成。章太大哥亲自到人民教育出版社去商调我，结果是人教社不放。组织的决定就是最后的决定，我们都是服从的。没有当成章太大哥麾下的一兵，我十分遗憾。但是心存感激，叫一声大哥是应该的。

最后一次和章太先生见面，是在疫情前不久，我到北京参加国庆活动。李行健夫妇特别安排了聚餐会，请了陈章太夫妇、傅永和夫妇。行健先生做东，菜肴自然丰富。我们都是熟人，几十年的交往让我们无所不谈，虽然在座的有两位都曾是国家语委副主任。章太先生说话慈祥温和，嘘寒问暖，如同家人，让人如沐春风。餐后，章太先生送我福建家乡的好茶。他心细，知道我在福州教过书。那次，我是感到章太先生有一点老态了，自然没有说出来。想大嫂是医生，照顾他会无微不至，不用担心的。

时光还是不饶人，当看到章太先生的讣告，不禁眼圈红了。想不到那次就是最后一面了，我为什么没有好好紧紧握住他的手告别呢？我们是说了下次再见的。

章太先生在语言学界受到广泛的尊重。他离开大家走了，每个人都依依不舍，说明他对朋友、学生的关爱普照。现在，我们一起礼赞他的一生、他对国家的贡献，告慰他在天之灵。

我从自己在香港参加国家级普通话水平测试工作的体会，来说说章太先生对推普的贡献。

作为国家语委的领导人，推广普通话是章太先生的责任所在。同时他作为学者，并不是只把推普当作一个行政工作来做的，而是从规范的角度，做深入探究，为普通话厘定了等级标准。有了这个等级标准，做不同工作的人，普通话达到自己工作要求的标准，就合格了。在推普工作中，每个人说普通话的水平等级可以做出测定，这是一个伟大的贡献。

普通话早在 1955 年就已经有了科学的定义，用三句话涵盖了语音、词汇、语法的内容。以北京音为语音标准，北京音是地点方言的语音，语音系统有准确描写；以北方方言为基础方言，北方方言是地域方言，显示词汇的标准范围是比较宽的；以典范的白话文著作为语法规范，百年来的典范白话文著作里，汉语各级语言单位组合的结构方式应有尽有，那就是规范的模样。这个定义是科学的、规范的、标准的。

如果想进一步说，这个人的普通话说得标准还是不标准，那用这个普通话的定义是无法准确区分出来的。这就是章太先生考虑的普通话水平要有一个厘定标准的问题，要能划分出等级。这会有利于全民普通话水平的提高。

如何划分出等级？章太先生早在1982年就开始考虑这个问题了。发表在《中国语文》1983年第6期上的文章《略论汉语口语的规范》，被誉为普通话水平测试研究的破题之作。在1986年全国语言文字工作会议的主题报告里，采用了章太先生关于普通话水平分级的设想。而1997年发表的文章《论普通话水平测试等级标准》（刊于《语言文字应用》1997年第3期），则集中反映了章太先生十几年来，关于普通话水平测试研究的成果。真是十年磨一剑啊！这篇文章既有比较成熟的定论，又提出了需要研究的课题。文章全面阐述了普通话水平测试等级标准划分的背景，分级的目的和意义，分级的原则和依据，各个等级的语音、词汇、语法方面的问题。所提出待解决的问题，在后来出版的《普通话水平测试实施纲要》中，都有了定论，得到了解决。由于章太先生前瞻性的考虑，测试在实施中顺畅进行。

1994年，国家语委、国家教委和广电部共同颁布了《关于开展普通话水平测试工作的决定》，国家语委组建了普通话培训测试中心，中心出版了刘照雄先生主编的《普通话水平测试大纲》（章太先生是学术委员会委员），其中包括所设定的“三级六等”的等级标准。普通话水平测试拉开了序幕。随后，1996年香港大学就开始筹备建立测试中心了。1997年香港回归在即，大学领导层很重视这个问题，具体落实在教育学院执行。与国家语委合作建立中心的提议，也得到了国家语委的支持。1996 年 9 月香港第一家普通话水平测试中心在港大成立，我作为教育学院的兼职教师协助成立中心的工作。2000 年我到岭南大学任全职时，又协助岭南大学成立中国语文教学和测试中心，并和中心主任李东辉博士一起在北京参加国家级测试员培训班，细听刘照雄先生等讲解《普通话水平测试大纲》内容。那次，我获得了国家级测试员的资格。

从 2000 年起，我参加过香港多所大学的普通话水平测试工作，至今，23 年来没有间断过。正是因为我有这样的测试员的实践经历，我对普通话水平测试才有了更深入的认识，并且有了发言权。

可以说，国家级普通话水平测试大大促进了香港推普的进程。目前，香港有 14 个测试点，涵盖所有大学。测试不仅服务于大学生，还向全体香港市民开放。现已有近 14 万人参加了测试，考生的测试成绩逐年提高。据香港特区政府统计处报告(2021 年)，香港 5 岁及以上人口，有超过半数(54.2%)能说普通话。在香港推普中，国家级普通话水平测试的功劳不可小觑。

章太先生参与制定“普通话水平测试等级标准”，划分普通话水平标准为三级六等，是经过实践检验、经过理论探讨的，因此这个标准的划分十分准确。按章太先生的想法，普通话水平首先分为三级：一级是标准的普通话，二级是比较标准的普通话，三级是合格的普通话。他认为，制定普通话水平测试等级标准，应当遵循的主要原则是：“1. 科学、合理，能够恰当区分普通话实际水平的差别；2. 客观、具体，有一定信度和量化，可以操作，可行性强；3. 分级合适，级差恰当，便于掌握和处理……”(1997)

我当测试员以来，确实体会到目前公布的“等级标准”，是符合章太先生上述原则的。特别是有量化标准，方便操作。在香港测试主要是面试（机测只有香港中文大学提供），考官有两位，一位是内地老师（国家语委或其他省市的），一位是香港本地老师。考生最后的成绩是两位考官评分的平均值。当场得出成绩，归入等级。

普通话水平测试只设口试。口试内容包括普通话语音、词汇、语法、语调，以及言语表达。共有五道大题：1. 读单音节字词（10分）；2. 读双音节词语 / 多音节词语（20 分）；3. 选择判断（10 分）；4. 短文朗读（30 分）；5. 命题说话（30 分）。每部分扣分的情况十分复杂，扣 0.05 分，0.1 分，0.2 分，0.25 分，0.5 分，1 分至 12 分不等。这样细致的分类量化，最后得出的分数，再归到不同的等级里：一级甲等（97 分起），一级乙等（92 分起）；二级甲等（87 分起），二级乙等（80 分起）；三级甲等（70 分起），三级乙等（60 分起）。由此看出，分数等级的差异是等级越高，级差越小。很好地反映了各级普通话的实际水平。在级中设等，这也是章太先生的主张。

测试员在考试结束后的几分钟内要填好扣分十几项的细目，给出总成绩。这需要测试员集中精神，听得仔细，扣分准确，计分正确，要耳聪目明，手脚麻利。说也奇怪，两位有经验的测试员，计算下来的分数，常常相差也就一两分，两三分，或者在一个等级里。我上面列举的那么繁多的计分项目，竟然具有这样的人工可操作性，真是太神奇了，可见这份试卷的分数细目经过了多少信度效度的测量计算，试卷分数是在大量试测样本的基础上才调整得出的。

一般来说，有经验的测试员，听考生多说几句话，往往可以判断出他的水平等级，这当然是不作数的，最后的评分成绩才是“硬通货”。可考生出来的成绩和我们的估计也是八九不离十的。经验是对大量测试样本的评审得出的，评测的样本越多，测试员形成的对三级六等的框架认识越清晰，自然和最后的评分越接近。有这样的验证性，说明等级划分的科学性和可操作性。香港有100多位持证上岗的国家级测试员，对于三级六等的划分，大家均十分认可。

普通话水平测试在香港方兴未艾，2022年虽然还在疫情中，各测试点网上一发布测试报名消息，很快报名额满。香港越来越多的学生和市民认同三级六等的国家级普通话水平测试，这也是对国家的认同。

章太先生在这一工作中贡献良多。他是开拓者，又是参与者。饮水不忘掘井人，我们在香港开展普通话水平测试一路顺畅，应该记得他的付出。

前面说到，我没能去《中国语文》杂志社工作，没能当成章太先生的帮手。可是在推普工作方面，章太先生是国家语委的领导，他参与制定的三级六等的普通话水平测试，在香港推行二十多年了，我是一名测试员，是具体工作的执行者，终究还是当成了他的帮手。这样，我没有了遗憾，只有荣幸和自豪。

我们纪念章太先生，敬仰他对推普工作的贡献，他的贡献普惠全国，包括港澳地区。这对国家的统一、民族的团结，都具有重大的意义。

（田小琳：香港岭南大学教授）

语界领袖陈章太先生

王希杰

一

1978年秋天。我回家，在楼梯口，看到一个陌生人，看了一眼，继续上楼。才走了两三步，后面的声音：

“你是王希杰吗?”也许是，“你是王希杰吧?”

我停下来，转身，回头，回答：“是，我是王希杰。你……”

“我是陈章太。”

“陈章太? 你就是陈章太! 中国科学院语言研究所的陈章太? 不久之前咱们通过电话的陈章太?”

“是，就是。”

史无前例的“文化大革命”结束之后，语言研究所计划召开拨乱反正的会议，在江苏苏州。打前站筹备，不很顺利。我接到陈章太先生的电话，要我做点疏通的事，我一口答应。中午，去颐和路，到江苏省教委宫维桢主任家。步行去的，没有顺路的公交车。宫主任开口就是：“你有事来的。”我就开门见山，直截了当说明了来意。宫主任让我等一会儿。才不一会儿，宫主任说：“苏州的电话打过了。”我于是告辞，步行回南京大学。

苏州会议之后，回北京途中，陈章太先生特意在南京小停几个小时。他说，是为了跟我见一面。他说，因为我给苏州市委书记打了电话，会议特顺利。我说，我没打电话，是请宫主任打的，我只是跑跑腿，传个话。是中国社会科学院的牌子大，是拨乱反正的题目大。

章太说，他特意给南京大学两个名额，其中一个是给我的。他想在苏州同我见面的。到了苏州才知道我没有到会，深感遗憾和不安。我说，我不去是对的，我因为跑了一个腿，因为一个电话，就挤到会场上去，这样不好，人家会笑话的。章太说：“倒也是。”

时间很紧，得赶火车。没有时间多说话。我就送他去火车站。

我就这样认识了陈章太，我为认识陈章太而高兴。我从不自以为“我的朋友陈章太”，我心中的陈章太是“语界领袖陈章太”。这个“领袖”一词是我阅读《世说新语》学到的。

十多年前，台北《国文天地》约我主办一个专栏，介绍大陆学者。我请郭龙生博士写陈章太。我在主持人语中说，陈章太先生是大陆语界领袖。章太看到杂志，特意打来电话，说我不该用“语界领袖”这个称呼，不敢当。我说：“这是我一贯的看法，是我心里的看法，可也不是我个人的看法，是语言学界共同的看法，不过他们大家没说，我只是代表大家说出来而已。虽然没有人委托我。”

1980 年 10 月，中国语言学会成立大会散会后，每一位到会者离开会场，章太都站在车旁送别。在学术会议上，章太亲切友好热情诚挚地对待每一个到会者。平等待人，友好待人，这就是我所见的陈章太，我没有见到过第二个像章太一样的人。每每这个时候，我的心中就会涌出“语界领袖”的称呼。

人老了，难免啰唆点儿，回头再说几句。第一句，那时候，内子在南京图书馆古籍部工作，古籍部在颐和路。内子的同事宫爱东是宫主任的长女，所以我知道宫主任的家。第二句，陈章太打电话来找我，大概是于根元同学的建议，他知道我父亲在镇江市工作。第三句，陈章太打电话来找我，应该是吕叔湘先生同意的。吕先生是江苏丹阳人，语言所的会议之所以要在苏州开，吕先生是有所考虑的。第四句，吕先生是江苏的全国人大代表，在全国人大会议上，跟家父同在一个小组，家父是组长。这就叫：世界上的事，说简单就简单，简单也并不是完全的简单。最简单的事里，也许还有些不简单。偶然与必然并不矛盾对立。

二

陈章太先生是大学问家。他的学问，既有广度和高度，也有深度和精度。他的学问不是我所能做评价的，尤其是他的方言学的成就。

陈章太先生为中国语言学做了许多工作。忙于繁忙的行政工作，牺牲了他自己的科研，那是他身不由己的事情。人生许多事情都是身不由己的，章太先生也是一样。他是特重视学术的。1980年10月，在武汉中国语言学会成立大会上，他参与领导班子的组建。领导人选是个麻烦事情，常常争执不休，章太不便插话，就悄悄离开，到我的房间里来聊个小小的天。他理解老学者的心情，但是又觉得不该太看重理事、常务理事等头衔。他对我说："在学术界，学术是硬通货。"为大家服务，不能专心做自己的"硬通货"，我想，章太必定会有想法的。

在学术会议上，章太总是第一大忙人，许多事情需要他，许多人想同他说话。我不凑热闹，开会期间一般不去找他。他说："几乎看不见你。"我说："你忙，不便打搅。"暂且离题千里一次吧。有次会议，大师兄龚千炎研究员对我说："你还没去看吕先生？吕先生问了王希杰来了没有？你还不赶快去！"我说："那么多人想同吕先生说话，我凑什么热闹？"说完，就去找大师兄徐思益一同去看吕先生。

闲话少说，言归正传。在这次谈话之前，我从于根元同学那里知道章太将接任国家语委主任职务。我本以为，章太将跟我谈他的新的工作。结果却是，他告诉我，现任主任的退休条件是陈章太必须跟他一同退，否则，他不退，继续干。我想，退休是制度，不是想不想退的事情，退休是无条件的。但是我再傻也知道，这是对一般人的，凡事都例外。例外也必有它的道理，甚至是你无法反驳，必须承认的。

上面的意思是：同意。两个人一同退。

章太告诉我的时候，很平静，很坦然。我想，这事大概已经有一些时候了。但是，会场上，我们几乎都没有觉察到。我突然想到《世说新语》中的谢安他们，淝水之战大胜利啦，泰然处之。

我只是听，因为章太不需要我说什么的，他是有大境界的人。

章太对我说："找我谈话的人，对我说：'以后……'"他想听听我的意见。

我脱口而出，说："以后？'以后'是一个模糊词语，似有若无的东西。跟你说'以后'的人，他的任务是跟你说'以后'。但是，'以后'，如何'以后'？不是他的事情……"

章太愣了一会儿。他说："语委的人都信赖我支持我。"

“是的，大家都信任你，都支持你。”我说，“你为大家服务，做了许多工作，你人好，你对人好，大家当然也对你好。”

章太等我继续说下去。我说：“以后的事情是以后的事情。我们只能在现在做现在的事情。你牺牲了自己，没有时间做自己的学问。你现在转向做学问，是大好时机。上上下下都会全力支持你。你需要多少研究资金，就有多少资金。”

我最后一次去北京。先电话说去看他。我们到国家语委大门口，门卫说：“陈老先生一大早就来这里等候了，说怕你们找不到。那么大年纪了，我们一再劝他回家，我们负责送你们到他家。他才走不多久。”那次，他说，他不会操作电脑，手写，写了之后，交单位电脑室，打印出来，再修改，再打印，再修改。章太的专业是方言学。“隔行如隔山”，我是外行，插不上嘴。但我深深地感觉到章太在方言学研究中找到了他人生的真谛，生活在快乐与幸福之中，进入了他的“大澄明之境”，真正成为“自我实现的人”。

章太在方言学上不断出新成果。每次收到他的方言巨著，我都特开心。我为他高兴，语界领袖，学术大家，方言学巨匠。

“塞翁失马，焉知非福。”当初，跟章太谈话的人，允诺的“以后”真的是没有的。丢掉“以后”的幻想，快速转向，做一个方言学家，是章太的智慧。这是值得佩服，甚至崇拜的。他的这个华丽的“转身”是许多人做不到的。章太就是章太！

三

1980 年 10 月，陈章太在吕叔湘先生的领导下筹建了中国语言学会。12 月，中国修辞学会在武汉成立。陈章太先生是中国修辞学会创建中的“看不见的手”。

我的《修辞的定义及其他》(《南京大学学报》1979年第2期)发表后，一些同行来信研讨修辞学问题。丹东师范专科学校吴士文先生来信，提出筹建中国修辞学会，希望我同意他用我和他的名义共同发起。说我只需要同意就行，他去联系同行。我同意了。但是创建中国修辞学会，可并不是联络一些人的事情。可是，除了联络一些志同道合者，更重要的是什么，我们都不知道。

那个时候，章太正在筹建中国语言学会。我偶然对章太说了筹建中国修辞学会的事，当时并没有想到请他帮忙。后来，他说，他在申办中国语言学会，可以一同申办中国修辞学会的事情。我想，这当然是吕先生同意了的。这么大的事情，没有吕先生的同意，办事严谨、原则性强、重视组织纪律的章太当然不会自作主张的。怎样筹办一个全国性学会？申请报告如何写？向谁申报？我们一点也不知道。中国修辞学会的申请报告，是章太起草的。他刚刚起草了中国语言学会的申请书，再起草中国修辞学会申请书，何难之有哉！小菜一碟。中国修辞学会申请报告，什么样子，我不知道，因为我没有看到过。建立一个全国性学会，需要中央七个部委办的公章，这七个部委办的大门开在哪里？我不知道，我也没去过。这七个公章长啥样子？我不知道，我也没有看到过。是章太去跑七个部委办的，请七个部委办盖上公章的。不过，章太也并不是苦不堪言，因为，他是先拿出中国语言学会的申请书，人家盖上公章后，再拿出中国修辞学会的申请书，再次请人家盖一个章，“顺手牵羊”，不，“顺手牵章”，而且是七个通红的公章。

我有幸参加中国语言学会成立大会，是以即将成立的中国修辞学会的代表身份。吴士文也是作为未来的中国修辞学会的代表参加中国语言学会成立大会的。在中国语言学会成立大会上，吴士文告诉我，夏天青岛语法研讨会上，他邀请了三十多位老语法学家参加中国修辞学会成立大会。他担心仅仅中青年人，办不成中国修辞学会。我对他说："陈章太告诉我，吕先生的意思是中国修辞学会只是中青年人的学会，不包含老年人。你拉了三十多个老年人，这下子就很难办了！"吴士文承认没跟我商量，这样做不对。但是，既成事实要接受。

中国修辞学会，其实是吕先生支持创建的，是陈章太具体操办的。

在中国修辞学会筹建过程中，于根元多次对吴士文和冯凭说："王希杰不只是搞修辞的。他帮助你们创建中国修辞学会，就不再参与了。他要回来搞语法的。"20世纪80年代，胡裕树先生每次见到我，总是说："赶快回来搞语法。"人生许多事情是不可预料的，身不由己的。1983年，我向张志公先生提出，不再参与中国修辞学会工作。但是修辞学却还在小搞搞。

我一次参加中青年语法研讨会，提交的论文是《语言的语法分析和言语的语法分析》。在会上宣读之后，晚上，章太来找我："吕先生问你有没有成文？如果成文了，吕先生要看。"我把文稿给章太。第二天上午，会议中间休息，吕先生找我，对我说："你的文章，我看了，很好的。可以避免许多不必要的争论。但是，你的行文太啰唆了，引文太多，不必要的。"

我当时少年气盛，辩解说："语言和言语，已经臭了，叫人厌烦。我怕大家讨厌，就特意多找一些人来帮腔的。"现在想来，真的不该如此多话。记得，会后同邢福义先生一同到张志公先生家午餐，张寿康先生也到场了。张志公先生因此很夸张地说："你就是啰唆！

吕先生批评了吧，你就是啰唆！”

1981年北京出版社接受我的《汉语修辞学》之后，我想请吕先生作序。当然不敢直接向吕先生提出，就跟章太说。是章太代我请吕先生作序的，吕先生一口同意。可是，出版社一直拖着。一直到1982年秋天，责编才告诉我已经发排。我就写信请吕先生写序。吕先生说，他当初答应的时候，花了十多天看完了书稿。可是，我没有说要序言的时间，他就没有写。现在印象不深了，他还得重看。我说：“在出版社还没有决定出版的时候，我不能拿吕先生的序言去压出版社。”但是，责任编辑叫苦说：“必须一次性交稿。后补的序言不合规矩。因为是吕先生，才补上去的，费了好大力气。”张志公先生原先主动提出作序的，这个时候，说：“有吕先生的序言，我不必再写了。”

对陈章太我是仰视着的。我心里从没有“我的朋友陈章太”的意思，他是领袖式人物。我记着他，是作为领袖式人物记在心里的。

（王希杰：南京大学教授）

山高水长　永志不忘

——怀念陈章太先生

佟乐泉

陈章太先生的仙逝是我国新时期语言文字事业的重大损失，是语言文字标准化、规范化研究工作的重大损失，使我们痛失了一位可亲可敬的好老师、好领导和好兄长。先生是我学术的领路人和工作的领导者，长期以来先生和我保持着亦师亦友的关系。先生的道德文章、学术成就、行为举止、待人接物，莫不高山仰止，让人铭记萦怀，永志不忘。

从语言所“四支委”说起

我是二十世纪八十年代从科学院心理所转到语用所工作的。北京城西有一座花木扶疏的大院，原是清末的端王府，惨遭八国联军焚烧后只留下两口巨大的铁缸，后来在废墟上盖了一座三层小楼，新中国成立后就成了心理所和语言所两个研究所的所址。两所的办公室交叉错落，人员共同进出，虽然彼此叫不出名字，但大都有点头之交，成了“熟脸儿”。到了“文革”期间，两个所的大字报贴在一处，语言所的“四支委”（指的是该所党支部的四位支部委员）

成了墙上常见的词语，可谓“众矢之的”。

一天，我看见语言所的一群人聚在一起争论什么，在众人高亢的声浪中，我听到了一个略带南方口音的人在回答，心平气和，话语从容，慢条斯理像在聊天。这在当时的氛围下显得十分特别。我好奇地问这是谁在说话，有人告诉我这就是号称“四支委”之一的陈章太。我不由得仔细打量这个似曾相识的人。只见他身量不高，圆脸白面，眼光和善，一派儒雅的书生模样，正在不疾不徐侃侃而谈。此后我就格外关注了这位“支委”，记住了这个尔后对我产生重要影响的人物的样貌和名字。

相识于一次语文教学研讨会

光阴荏苒，到了一九八五年。心理所和语言所早都分别搬离了端王府。却因为一封邀请信，我真正相识了章太先生。

那一年，中国文字改革委员会和教育部基教司要联合召开一个语文识字教学改革研讨会，对黑龙江进行的“注音识字，提前读写”教学改革进行研讨，约我在会上发个言。我才知道章太先生已经荣任中国文字改革委员会常务副主任兼语言文字应用研究所负责人。这次研讨会就是陈先生等组织和主持的。学界泰斗王力先生、吕叔湘先生、曾世英先生、王均先生等和有关领导也都莅临了黑龙江。会上会下我倾听这些仰慕已久的前辈们的高见，受益匪浅。会议中章太先生百事缠身，但仍多次抽出时间与我交换意见，肯定我发言中的一些建议，鼓励我从儿童心理学和学习心理学的角度深入教学一线，以加强教学改革经验的理论基础，促进教学改革的科学化与推广工作，并且希望我今后能和语用所的同仁加强合作。

这些话语和见解让我很感动。章太先生当时已经是学术深湛的专家和身居高位的领导，与我这个谋面而未识的人初次相认，交谈就如此诚恳坦率，像老朋友般善意平等地交流意见，亲切中肯地提出了很有卓识的见解与希望，给我留下了十分深刻的印象。

入职语言文字应用研究所

心理所原隶属科学院生物学地学部，以后或许更加侧重心理的自然科学部分。我一直从事的是教育与儿童心理学的研究，方向可能有些偏离。受老同事善意鼓励，我就试着写了一封信给陈章太先生，表达了希望到社科院语用所工作的意向。很快就接到了章太先生表示欢迎并邀我尽快到南小街面谈的回音。见面时章太先生诚恳地说："语用所正在初创阶段，很需要有一定研究经验的人加入。我们所研究的主要方向是语言文字的标准化、规范化。研究的成果是要让学习者和使用者好学好用。这就不只要有语言文字方面的学术功底，还要特别关注人们尤其是儿童对语言文字的认知过程和学习特点。而这些正是你的专长，因此我们非常欢迎你来所工作，使我们的队伍逐步'行当齐全'，更好地为我们国家的语言文字工作服务。"他站起来握着我的手笑着说："上次研讨会时你是我们的客人，让我印象深刻。从现在起，咱们就是自己人了。我正式代表语用所的同志们向你表示热烈的欢迎！"一席话说得我心里暖融融的。

正式成为语用所的成员

自此，我就从中关村转到南小街上班了。不久，章太先生兑现承诺，成立了语言教学研究室，还专门拨款建立了简易的认知学习实验室，添置了必要的设备。我和睿智博学的张一清等同事一道，在全国各地大中小学开展了一些学习、调查和实验研究，发表了一些研究报告，对改进语文识字教学产生了一些影响，得到了前辈专家和章太先生的鼓励。工作和生活条件也有了明显的改善。

在这期间，我曾经一度作为章太先生研究所的助手协助他工作，有机会近距离地了解他。章太先生曾以著名语言学家的身份主持过政府部门的领导工作，为我国新时期语言文字事业的发展殚精竭虑，做出过很多开创性的贡献，可谓厥功至伟。但他身上毫无官僚气息，为人坦诚宽厚，平等待人，学术严谨，礼贤下士。我在他的领导下工作，我们始终保持着亦师亦友的关系，如鱼得水，和谐愉快。每次到他家请示、交谈工作，一开门总会先得到可敬可爱的陈夫人邓大嫂的热情照拂和关切，然后是章太先生笑眯眯地从眼镜框上边一边看清来人一边从书桌旁站起来打招呼。谈及学术问题，他总是耐心认真地询问我们研究组的看法和见解，再娓娓道出他的思考和主张，平等讨论，以理服人。有关所里的工作，他则希望我们提出几种可行的解决方案，仔细权衡、认真分析之后，提出他的思路，再谦逊地征求我们的意见，然后做出决定。这个做事流程多次出现，构成了一幅幅深受教益又心情舒畅的温馨画面，让我至今每一次想起就如春风拂面，涌起阵阵思念之情，久久不能忘怀。

率先提出语言文字调查倡议

章太先生光荣退休之后，仍然担负着国家语委顾问的角色。彼时国家的社会、经济、文化形势已经得到了令人欣喜的新发展，对语言文字工作也提出了许多新要求。洞悉这些可喜发展的章太先生，不失时机地提出了应当开展全国语言文字使用情况调查的重要建议，旨在切实摸清全国人民使用规范汉字和用普通话与人交谈的“底数”，同时也能了解到我国各汉语方言区，各少数民族聚集区以至各省居民的语言文字使用等状况。这项动议一经提出，立即得到了时任国家语委主任的许嘉璐先生和党委朱新均书记的肯定和鼎力支持，也得到了语言文字专家们的一致赞同。在这个项目得到了国务院办公会议的正式批准后，许主任和朱书记亲自主持，联合国务院各有关部门精心谋划，号召全国各省市语言文字工作者勠力合作，一致配合。历时数年，终于完成了这项比较重大的工程，首次得到了全国范围的有关基本数据，为新时期国家社会主义建设和语言文字规划提供了一些可靠的依据，为国民经济特别是文化教育初步打下了较有说服力的语言文字基础。事实证明，章太先生提出这项动议，具有深湛的学术根基和对事业大局观的认识。我们每一个参与这项工作的人都深受启发与教益，更坚定了投身祖国语言文字事业的决心与信心。

党的二十大开创了中国特色社会主义的新局面。老一辈筚路蓝缕，为我国的语言文字事业打下了良好的基础。我们怀念章太先生，学习章太先生，一定会沿着党中央指引的方向，开创具有新时代中国特色社会主义语言文字事业新局面，更好地服务教育，服务社会，服务人民。

（佟乐泉：教育部语言文字应用研究所研究员）

怀念为人谦和做事认真的陈章太先生

张世平

陈章太先生去世后，识者与知者发自内心地哀悼和缅怀，我陆续读到了一些述说先生作为语委第一批领导人和著名语言学家的成就与贡献的文字。作为语委负责常务工作的领导，陈先生的名字在《胡乔木谈语言文字》中屡屡出现，被许嘉璐先生赞为“学术功底好，学术成就大”“当年我们一起共事时帮我出了很多的主意”。他在襄理政务时一定有多谋善断、指挥若定的事迹。但到我转入这一领域时，先生已经70岁，因此我见到的，主要是他谦和恳挚的个性和严谨认真的精神。

一

先说先生的谦和。我拜识先生20年，前10年在教育部语言文字应用管理司，后10年在语言文字应用研究所及词典编写组，有事烦先生，先生从不推辞。先生无官气、性儒雅，与先生谈，他的语气常在促迫间有重叠字音，益显诚笃，似怕耽误你时间，似担心不能让你满意。每年春节前去先生家中看望，在老式单元狭小的门厅中，先生总是热情地张罗茶水糖果，以致没有留在记忆里的谈话内容，倒是夫人邓老师收藏的门票、保健的要领等让人印象深刻。

近10年，我的办公室与先生居所相邻，上下班时所遇生活中的先生，多是拉着轻便小车，从市场购物而回。我们见面并不总是停下交谈，先生常常笑着微欠身、略侧身，示意“我不忙，你先走”，没有一次接受我帮忙拉车送他回家之所请。我眼见先生腰弯了，身体渐渐斜向一侧……

二

再说认真。先生退而不能休，或者说因经验和研究的累积，至晚年而更放异彩。我与先生的工作交集多在会上：请他出席或共同参加会议。每逢正式场合发言，先生总有个手写稿拿出来，用带福建口音的普通话一字一句地念，不卖关子、不设扣子，甚至不见语气抑扬，并无世俗所谓语言魅力，细听内容，则翔实深切。尤其可贵的，是行政与学术的叠加，切近实际不偏不倚的持论，使语言文字管理和研究部门的人们常有深得要领、豁然开朗之感。犹记得2006年为纪念国务院《关于公布〈汉字简化方案〉的决议》和《关于推广普通话的指示》发布50周年，教育部、国家语委组织了著名语言学家媒体见面会，其时我任承担国家语委办公室职能的语用司副司长（司长暂时空缺）。与会语言学家中最年长的是已逾百岁的周有光先生，陈先生时年74，序齿排第二。为保证报道的内容和质量，事前我对先生有所托付。会上，先生并不是镜头围绕的热点，但仍坚持说了准备好的观点，极大地支撑了新闻稿，使之做到了图文并茂。

2014年，语言文字应用研究所经国务院批准成立30周年，其时我正在所长的岗位上。领导班子希望借此机会，有所总结、宣传，为基础较为薄弱的单位争取发展机会。议定的庆祝、纪念活动包括请历任所长题词、出版论文集和召开座谈会。陈先生是第二任所长，知道消息后视为己任，以 82 岁高龄热诚参与。其论文在文集中排在第一组。在所内召开的简朴温暖的纪念会上，陈先生发表了情真意切的讲话。他手书的庆典“感言”是：

立所不易，建设更难；
几经风雨，成就灿烂。
适逢国盛，圆梦正酣；
为国给力，便民勇担。
立足语用，创新实干；
成果出众，力求完满。
全所齐心，向上登攀；
高峰远望，令人心欢。

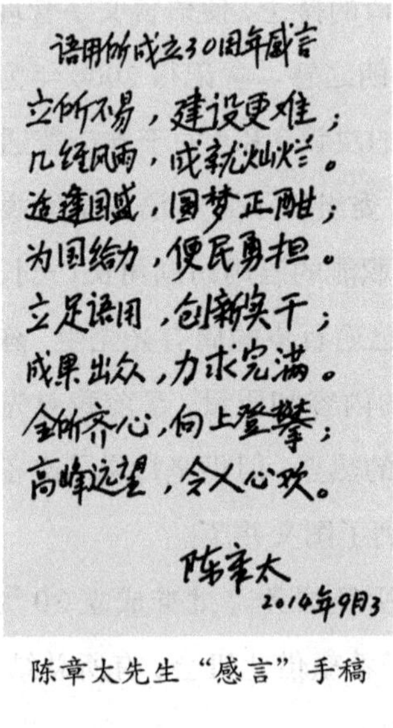
语用所成立30周年感言
立所不易，建设更难；
几经风雨，成就灿烂。
适逢国盛，圆梦正酣；
为国给力，便民勇担。
立足语用，创新实干；
成果出众，力求完满。
全所齐心，向上登攀；
高峰远望，令人心欢。
陈章太
2014年9月3

陈章太先生“感言”手稿

其中有体谅、有勉励，指方向、鼓干劲。为写此文，我特地找出先生手书重温，当日的感动和现在的感慨交织于心。

陈先生的认真还体现在审稿上。先生是语用所的研究员，也是学术期刊《语言文字应用》的审稿专家。有一个时期，我希望加快稿件处理速度，编辑部的同志谈到邓老师反映陈先生看稿辛苦的情况。我才知道，其时八十望五的陈先生填审稿单，用和不用各写理据，涉及修改，方向观点细致明确。我作为主编，内心震撼亦自责。我想，这是匿名评审，众多晚生后辈并不知自己曾受益、受惠于当代著名语言学家。

三

陈先生之于我，是领导长辈，更是老师，我称“先生”是更切近其本意的。只是授业解惑并不以设帐开课的形式进行，限于自身学力，自己对先生社会语言学、方言学特别是语言规划理论方面的宝山更是有所辜负；传道就在日常生活接触或共同参会听先生发言的过程中。

个人的明确请益有两次。一次是我受命为地方语委干部讲语言文字政策，备课时找不到“规范汉字”的定义。为此曾当面请教先生：普通话的定义见诸国务院文件；《国家通用语言文字法》明确规定国家“推行规范汉字”，为什么找不到它的定义呢？陈先生回答我，正式文件中确实没有这样的定义，原因在于对文字的相关问题，学界和社会上一直有不一致的看法，觉得用行政的方式把有争议的问题固定下来不妥当。陈先生的话让我对历史情况和决策考虑有了了解。后来，我在原国家语委政策法规室编的《语言文字工作百题》中找到了规范汉字的"准定义"：指经过整理简化并由国家以字表形式正式公布的正体字、简化字和未经整理简化的传承字。

再一次，是不久前的事。我看到网上流传的一个帖子，说1955年召开的全国文字改革会议，以投票方式确定普通话的基础方言，北京官话以52票居榜首，西南官话以一票之差惜败云云。"百度百科"上也是如此说法。我以为，这既不符合语言发展规律，也与行政决策的惯例不一致，再联想到曾多次见到所谓民国时期国会投票遴选国语，某方言"差一票就当选了"的类似说法，决心弄清这一去今未久且不难考证清楚的共和国语言文字发展历程中的重要史实。通过查阅资料，确知会上并无所谓"投票"议程，时任教育部部长张奚若在会上的讲话亦无网帖中加引号援引的话，网上说法自然是伪造的。为增加所做考证的说服力，我想向国家语委老领导印证，最年长的陈先生最合适。为保留文字资料，我没用打电话的方式；登门请教兼录一段视频，又觉打扰过多。8月13日，我给先生发了一条求证的短信，一直未得回复；后闻先生身体欠佳，直到10月17日上午得到先生仙逝的消息。因怕涉催问而未探望，岂料此后再也见不到了！怀想最后一次见面，似为某个傍晚，我下班，先生买菜回家，相交于匆匆人流中……毛泽东悼罗荣桓元帅曾有诗句"国有疑难可问谁"。先生去了，我们能随时求教的老师又少了一位。

谢谢陈先生曾经的身教与言教。

先生安息。

（张世平：教育部语言文字应用研究所原所长，

曾任教育部语言文字应用管理司副司长）

追忆敬爱的陈章太先生

王　晖

昨晚久久不能入眠，想章太先生了。先生离开快一个月了，与先生交往的一幕幕，如意识流般剪辑的片段，纷纷地来，又倏忽地去，乱得很，却又清晰可见，想抓住些什么，但又抓不住。

10月15日夜接洪波兄微信，先生病危。16日上午，完成工作任务后，我匆匆赶往医院。见到邓师母，相拥而泣，师母搂着我哽咽：章太……怕不行了。我想安慰师母，奈何话语无助，只有紧紧抱抚着师母，祈愿先生挺过这一关。与洪波兄入病房，先生与病魔做最后的抗争，生之意志，令人泪目。唤先生，监护仪显示略波动，或许先生知道学生来了吧。17日凌晨，先生走了，终未能挺过。19日遗体告别，遵先生遗愿一切从简，因18日出差，我未能与先生做最后的道别，憾何如哉！

时光回闪，先生音容宛在。1996年我研究生毕业进入国家语委，章太先生已退休。办公楼西边是家属院，我办公室的西窗恰与先生家的窗户对望。最早拜识章太先生源于先生怀念吕叔湘先生和胡乔木同志的两篇文章：《学术的导师　道德的楷模》（上、下）和《胡乔木同志对语言文字工作的特殊贡献——怀念乔木同志》。两文都发表于1997年《语文建设》，那时我正在《语文建设》当编辑。

文章朴质平实，情意恳挚，令人动容。更令人感动的是，先生文章写就，坚持不让我们跑腿儿，而是亲自送到编辑部，还说："我退休了，你们比我忙，我送稿子正好遛遛弯。"先生怕我拘谨，跟我聊天儿，得知我学汉语史出身，因《语文建设》语言政策性强，有压力，于是鼓励我说："我年轻时也在《中国语文》做过编辑，年轻人从编辑做起很好，能开阔学术视野，锻炼人，可以很快提高工作能力。这是吕先生当时对我说的话，现在转送给你，好好干！"先生谆谆教诲，让我感受到温暖和力量。

许嘉璐先生评价章太先生"学问功底好，学术成就大"。章太先生是大学问家，在语言学很多领域成就卓著，学界公认，我补充一个容易被忽视的分支，普通话水平测试领域。他最早提出普通话水平分三级的设想，对等级标准和评分进行了深入研究，经他努力推动，普通话水平测试设想转化为 1986 年全国语言文字会议主报告——《新时期的语言文字工作》的重要创新内容。此后他又指导《普通话水平测试大纲》的研制和编写，为 1994 年正式拉开测试序幕奠定了学术和实践基础。可以说，章太先生是我国国家通用语言测试最早的理论探索者和测试工作的领航者、奠基者。先生退休后，仍一直关注测试研究，关心测试发展。1998 年我调到国家语委普通话培训测试中心，在测试研究和工作方面向先生请益颇多。2002 年国家语委启动新《普通话水平测试大纲》（简称"新《大纲》"）修订工作，先生担任新《大纲》学术委员，我是学术秘书，过从尤密。2002 年 8 月召开新《大纲》学术委员会议，先生所提建议深具学理又切近实际，科学性与可操作性兼顾，连续性与前瞻性并重，深厚的学养和丰富的行政领导经验令人叹服。后来，筹备历次全国普通话水平测试学术研讨会，我们都请章太先生与仲哲明、傅永和、刘照雄等先生担任论文终审专家。他一丝不苟，评阅意见极认真极细致，是否入选或大会交流与否都写明理据。有章太等诸位先生把关，我们心里踏实托底。2000年普通话水平测试载入《中华人民共和国国家通用语言文字法》，先生作为语言立法的语言文字领域专家，更是做出了巨大贡献。普通话水平测试这项创新举措，小切口干出了大事业，到2021年底，全国测试量将逾1亿人次，有力促进了普通话的推广普及和国家语言文字事业的发展。普通话水平测试从设想到实施，从学术到实践，从行政举措到法制化保障，先生厥功甚伟！

章太先生严谨求实，同时具有敏锐的洞察力和前瞻性。他曾提示我，普通话水平测试领域语音方面研究者众，词汇和语法研究要多多关注。我的《普通话水平测试中的词汇、语法问题》一文，就是在先生启发指导下完成的。先生提出语言规范应确立"求实、辩证"的观点和"宽容对待、重视动态"的学术思想，成为我从事测试工作和担任国测班（国家级普通话水平测试员资格考核培训班）主讲教师的重要依归。章太先生高度重视语言文字信息化，密切关注语言科技的发展，早在1985年先生担任国家语委常务副主任时，就调冯志伟先生到语用所担任计算语言学研究室主任，组织开展语言信息处理研究。2002年国家语委"十五"科研规划重点项目"汉语普通话水平测试研究"设立时，先生指导我们设立"计算机辅助普通话水平测试评分系统的开发和应用"子课题，开领域研究之先。2006年科大讯飞公司承担的"智能语音技术在普通话辅助学习中的应用研究"课题鉴定时，先生担任鉴定组组长。鉴定通过后，先生语重心长地对我说："智能语音技术带给我们的不单单是技术和手段层面的变化，而是语言教学和测试的系统性、根本性变革，一定要高度重视。”现在回想，先生的思考极富远见。

严格算来，我非“陈门弟子”，但工作之便，得先生提点多多，先生待我有如亲弟子。2004年，先生对我说，按规定过了明年就不能再带博士生了，如有意报考，及早备考。先生甚至连研究方向都有所考虑，建议我如考中就随他一起对普通话水平测试进行系统研究。机会难得，但无奈事务太多，最终单位未同意我报考。此后，先生一直关心我读博之事，说，我不能带你了，如果报考，我给你写推荐信。后来我报考博士的专家推荐书，是先生写的。先生抬爱如此！先生和师母待我如亲人，我与先生幼公子陈永年龄相仿，二老见到我，眼神里总流露出长辈对晚辈的眷爱。师母也关心我的家人，我儿子幼儿园时得了疝气，要做手术，她说自己是医生，劝我和爱人不要担心。快二十年了，老人家至今依然记得我儿子做手术的日子。有时埋头加班，我会接到先生或师母的电话，说看到我办公室灯还亮着，别太晚了，注意休息。放下电话，西望先生家小窗，心中暖意升腾。先生和师母关爱如此！每次登门，置身不算宽敞的门厅中，便被先生的温雅和师母的热情包裹住，茶水糖果伴着师生答问和生活百味的趣聊，这是怎样的幸福感受啊！离开先生家，常悔自己“屁股太沉”，影响了先生和师母休息，如今先生长行，我只悔，那时怎么不再多待一会儿呢？

停笔，再追忆，心中无尽的思念。

（王晖：教育部语言文字应用管理司副司长）

不负期望，永不告别

——纪念陈章太先生

王　敏

我到语用所工作时，陈章太先生已退休。专业领域不同，再加上我秉性疏懒，不善主动与前辈交流，以致多年后我才有机会和陈章太先生和夫人邓老师略微熟识起来。大概是 2014 年，一次会议后，有人托我给陈先生带一点资料，在他的寓所略坐了十几分钟。回想起来，具体谈了什么，已经没什么印象了。只记得他毫无大专家、老领导的"架子"，言语温和亲切，还有邓老师热情的招待。简朴而又整洁的居家氛围，使我迅速放松下来，好像还谈了一点工作中的困惑，倒了点苦水。此前，陈先生是各种研讨会、评审会、咨询会、座谈会上坐在主宾位置的令人尊敬的专家；此后，陈先生和夫人是不时偶遇，亲切招呼我的长辈。

在北京朝内南小街 51 号院里，经常看到陈先生和夫人，散步、取信件、去买菜，或者到《语言文字应用》送回审阅稿。天气好的日子，我们下班时往往就是二老出门散步的时候，我有几次从车窗里伸出手招呼："陈先生好！散步吗？"他大幅度挥手热情回应："王敏好！下班了？"同事们回忆陈先生，有特别多相似的细节。编辑部的同事说，送给陈先生审阅的稿子，肯定会很快反馈，肯定会写很多细致的审阅意见，肯定会是陈先生亲自送回，文稿中如果有他不太熟悉的，他一定会注明，某方面另外请专家审阅。近两年由于疫情影响，51 号院与后拐棒胡同 1 号院之间的栅栏门持续关闭，他不能走过来，但会打电话约好交稿时间，隔着栅栏交给编辑部同事，以免她们绕道院外去取稿。

今年（2021）7 月，筹备召开《语言文字应用》编务会，编辑部同事登门呈送邀请函。邓老师说，你们要继续拿稿子给陈先生审，他是要做事的，要给他找点事做。那时陈先生虽然有些虚弱，但仍然言谈清晰，思维敏捷。10 月 23 日，《语言文字应用》杂志编务工作会议召开，在京的顾问、学术指导、编委大多拨冗莅会。如果不是疫情影响，这次会议本应在 8 月召开。我不禁伤感地想，如果那样的话，陈先生一定会来的，会热情地肯定我们的努力，更会诚恳地提出建议。

今年的职称评审会上，看着几位年轻的助理研究员申请人，沉睡在记忆中的一幕忽然浮现。那是我自己参评中级职称的时候，答辩完毕，陈先生又补充嘱咐了几句。他告诉我，要及早规划自己的发展方向，尽早确定研究主线。他热切的语气和眼神，穿过十多年的岁月，再次照进我心里。现在想，对一个刚刚走上语言文字研究道路的年轻人，陈先生提出殷切期望与要求，那是希望年轻人尽快成长，少走弯路。现在看着这些年轻的同事，我更理解陈先生对我说的话了，更理解他对语言文字事业的深沉感情，他时刻期望培养人、锻炼人的迫切心情。这些年来，在具体的工作事务中，不可避免地会有自己不擅长的，不适应的，不太愿意做的，也有主动放弃的，但我自己知道，并且努力尝试，要思考并寻求一个可以统领这些工作的阐释，形成思想主线。

那么，我虽然愚钝，走得慢了一些，但并没有忘记陈先生当年的嘱咐。

2012年，我和几位同事参加李宇明老师负责的国家社会科学基金重大项目“新时期语言文字规范化问题研究”，承担其中一个子课题。在完成这项任务的过程中，我有机会真正了解到以陈先生为代表的前辈学者在我国社会语言学、应用语言学、语言规划研究等领域取得的成就，深受教益。今年国家社科基金重大项目“‘两个一百年’背景下的语言国情调查和语言规划研究”，我们在组织申报过程中，再次回顾我国语言规划理论的发展历程，陈先生的成果仍然是具有典范意义的部分。

最近这几年，因研究所需，简单梳理一点语言文字工作的历史，我感到老一辈学者有一个共同的特质，那就是个人服从国家需要，毫无狭隘的个人中心意识。陈先生调任文字改革委员会时，已经在方言研究领域取得了令人瞩目的成绩，如果继续深入，可以相信一定会成为方言学大家巨匠。但他以国家的需要为重，倾力付出，学术和行政事务兼顾，调整研究方向，开辟新的研究领域。直到晚年，他也丝毫不松懈，从未停止关注语言生活，关注语言与社会，从未停止思考，从未停止贡献他的思想。

11月3日，国家语委将专家对《汉字部首表》规范文本的意见转达给我们课题组，陈先生是专家之一。看到他留在文本上的点画、修改，写在研制报告最后空白处的三点意见，我的心被重重捶了一拳——规范文本是9月28日提交给国家语委规范标准审定委员会的，这或许是陈先生最后的工作笔迹了……

2021年10月17日，陈章太先生离开了我们。我们再也无法向他求教，听不到他温和而诚恳的批评、指点。我们可以铭记和学习的，是他用一言一行做出的榜样：勤勉细致，尽职尽责，诚以待人，满怀热情，做好语言文字工作，走好学术研究的道路。

永远怀念尊敬的陈章太先生！

（王敏：教育部语言文字应用研究所副所长、研究员）

我所认识的陈章太老师

——深切缅怀陈老师

魏　丹

10月17日下午，得知陈老师过世，我泪流满面，悲痛万分！回想5月21日部里干部体检时最后一次见到陈老师，那时，陈老师已坐在轮椅上，与一年前体检时见到的相比，身体更加虚弱，但仍和我们聊天。没想到陈老师这么快就走了！心痛！

陈老师是我尊敬的老领导和师长，我要去参加陈老师的遗体告别！有人告诉我“别去了，这是一个很小范围的告别会”。经与周洪波老师联系，我当晚就去陈老师家吊唁，见到师母邓老师，得知陈老师最后的情况。我以为是家庭至亲的告别会，不敢向邓老师要求参加。事后得知有一百多人参加了遗体告别，我后悔得大半夜无法入眠，没送陈老师最后一程，遗憾终生！

当年，陈老师是文改会和国家语委的领导，我是一般工作人员，工作上没有什么交集。第一次和陈老师接触是80年代末，那时，我在中央普通话进修班工作，请陈老师给学员讲国家语言文字工作。我陪同陈老师去第一师范学校（在那办班），一路上，我在领导面前很紧张、很尴尬，不知道说什么。没想到陈老师那么平易近人，那么亲切，和我说了一些文改会过渡到国家语委的过程，一下子就消除了我紧张的情绪。此后，陈老师的博学、儒雅、平易近人给我留下了深刻的印象。

20世纪90年代以后，适应社会发展的需要，各地开始了语言立法工作。1990—1997年，成都、青海、郑州、福建、新疆、哈尔滨、青岛、北京、长沙、福州、武汉、重庆、银川、黑龙江、唐山（按立法时间先后顺序）共颁布了15个地方语言文字方面的法规、规章。1990—1996年，关于语言文字方面的人大议案和政协提案有97项，其中，要求语言文字立法的议案有28项。特别是1996年为语言文字立法的呼声最高，在八届全国人大四次会议上，227位代表提出了7件要求语言文字立法的议案；1997年，八届全国人大五次会议上，164位代表提出了5件要求语言文字立法的议案。提案、议案中除了方言问题、社会用字混乱问题、滥用外文问题、信息技术产品中语言文字使用混乱问题外，提的很多的就是语言文字使用所涉及的内容问题、谐音改成语问题，语言文字立法十分迫切。

1996年，语言文字法在全国人大立项，由全国人大教科文卫委员会牵头，国家语委协助进行。当时，我在国家语委政策法规室工作，负责与全国人大教科文卫委员会教育室联系、协调立法事宜，陈老师和仲哲明、傅永和、王铁琨、苏金智等老师作为语言文字专家参与了立法的全过程。在三年多的语言立法工作中，我和陈老师有了更多的接触。那时，我背着光明打字机与陈老师等各位专家到全国人大教科文卫委员会去研究讨论起草语言文字法，召开了很多征求意见座谈会。陈老师和各位专家对语言立法原则、语言文字工作机制、国家的语言政策、民族语言政策以及语言立法涉及的一些问题提出了很多高水平的宝贵的意见和建议。我一次次把参与起草的全国人大教科文卫委员会各位领导和专家讨论的意见和形成的法稿打出来，供下次讨论用。最后，整理了20多个版本的法稿以及很多次的会议纪要。我从对语言立法一窍不通到更深刻地认识了国家的语言政策，学习了语言立法的很多东西，收获特别大。2000年10月，全国人大常委会审议通过了《中华人民共和国国家通用语言文字法》，陈老师为国家的语言立法工作做出了巨大贡献！

在语言立法中，陈老师的语言政策水平给我留下了深刻的印象。此后，陈老师发表了《语言文字立法是社会进步的需要》(2001)、《说语言立法》(2002)、《〈国家通用语言文字法〉的成就与发展》(2010)、《新中国的语言政策、语言立法与语言规划》(2010)等一系列关于语言立法的文章。2005年，陈老师应上海市人大的邀请，为上海市人大解读《中华人民共和国国家通用语言文字法》，司里派我陪同陈老师和邓老师前往。陈老师在上海市人大做了精彩的语言立法报告。

2011年5月，在国家语委举办的《国家中长期语言文字事业改革和发展规划纲要(2012—2020)》培训会上，陈老师应邀做了报告。司里仍然派我陪同陈老师、邓老师。

两次陪同陈老师、邓老师，和他们二老更熟了，深深感受到二老感情深厚，相濡以沫，特别是邓老师对陈老师细心照顾，时刻管着陈老师的生活，俩人幽默诙谐的对话，包含着深深的爱，令人羡慕！

手语和盲文是听力残疾人和视力残疾人使用的特殊语言文字，尽管国家一直很重视，但我国手语和盲文规范化和手语语言学研究工作还是相对滞后。2010年，教育部、国家语言文字工作委员会、中国残疾人联合会在北京师范大学成立“国家手语和盲文研究中心”。陈老师是国家手语和盲文研究中心专家咨询委员会主任，他多次参加中残联召开的手语、盲文会议和专家咨询会议；担任2011年度国家语委重大科研项目“国家通用手语标准”课题鉴定组组长，对国家通用手语研制进行鉴定；参加国家通用盲文研讨会，对国家通用盲文的轻声处理和总体指导思想提出了关键性的意见和建议；参与评审中残联年度科研项目。陈老师倾情关注手语和盲文规范化工作，有求必应，大力支持，对研究过程中遇到的重大疑难问题给予了高屋建瓴的指导，对“十三五”期间，《国家通用手语常用词表》《国家通用盲文方案》顺利出台起到了至关重要的作用。中残联、国家手语和盲文研究中心深切怀念陈老师！感谢陈老师对残疾人事业做出的贡献！

我退休后，应邀到国家手语和盲文研究中心工作。本以为只是做中心的行政副主任，没想到中残联和中心还让我负责牵头手语句法研究。我对句法没有什么研究，更不会手语，也不懂手语句法。我从头开始学习手语语言学，组织团队研究手语句法（执笔《〈国家通用手语词典〉附录：手语语法特点举例》），参与中残联科研项目评审，组织参与和香港中文大学合作的“北京手语语法研究”，以及参与“国家通用手语等级标准和水平测试”研制（我们就是参考陈老师首先提出来的普通话三级六等标准，制定了国家通用手语等级标准）和国家手语语料库技术规范建设等工作，走过了艰难的路程。在研究工作中，我不断向陈老师请教有关问题，得到陈老师的耐心解答和指导；在研究手语语言地位规划时，主要学习和参考陈老师《语言规划研究》等著作。陈老师总是对我说，这是造福残疾人的很有意义的工作。在陈老师的支持和鼓励下，我坚持做下去。

陈老师培养了7届11位博士研究生。我一直都很羡慕那些能跟着陈老师学习，做陈老师的博士研究生的人。在职几十年，我工作一直都特别忙，几乎没有节假日休息的时间。2010年底退休后，我已60多岁了，想读陈老师的博士生（这个想法一直深深地埋在我心底）。我是工农兵大学生，几十年来，只是在工作中学习、积累。我总觉得自己理论学习不系统，基础较差，英语不行。我不自量力，鼓起勇气跟陈老师说我想读他的博士，陈老师说，他已经不再招收博士了。我非常遗憾，只能自学了。如今，又失去了随时可以请教的老师！

2010年，我写了一篇稿子《语言文字法制建设——我国语言规划的重要实践》投给《语言文字应用》杂志。当时，自认为还不错，没想到匿名审稿没有通过。我估计是陈老师审稿，我没有找陈老师，自己重新思考一些问题，修改、补充，投到了其他杂志。我感谢陈老师的严格要求，让我认识到自己的不足，使我进步。

我和陈老师曾经住在一个楼，是邻居，陈老师、邓老师对我关心备至，见面时总是询问我孩子和先生的情况。我搬家的时候，邓老师还送我锅和碗，祝我乔迁。至今，我还用着邓老师送我的锅。每次去看望二老，总是受到盛情款待，有时，连吃带拿。陈老师负责采买，邓老师把家里收拾得特别干净、整齐，她带我到各个房间参观，令我羡慕不已。邓老师记忆力特别好，每次找陈老师的人和联系电话她都过耳不忘，随口而出，而且，每天记日记，是陈老师晚年最得力的秘书和活档案。邓老师还有收集票证的爱好，她拿出收集、整理好的一册册票证给我看，充满了生活情趣。多么可爱的两位老人！

永远怀念陈老师！愿陈老师在天堂安息！

（魏丹：国家手语和盲文研究中心副主任，
曾在国家语言文字工作委员会工作）

我国新时期语言文字工作的开拓先锋

——深切缅怀陈章太先生

宋欣桥

章太先生走了！噩耗传来，悼文随即纷纷发表，尤其是（周）洪波和（刘）一玲等几位在文中的深情流露，让我们这些文改会（中国文字改革委员会的简称）的老人儿为之动容。章太先生的音容和一幕幕往事又浮现在眼前，难以忘怀。

我比章太先生早几年来文改会，还是个文改会的新兵。那时文改会的办公楼不只是文改会一家，还有语言所和对外文委（国家对外文化联络委员会）的家属，后来语言所先搬走了。1985 年之前，章太先生担任文改会的副主任兼秘书长，为了解决办公楼与家属同楼的问题费了不少心思。有一次，早上二楼有个会议，我在五楼撞见章太先生正在与家属住户苦口婆心地交涉，请她们收起正在往楼下滴水的万国旗（晾晒的衣物）。后来在章太先生的主持下，办公楼后面建起了一栋家属楼，周有光、王均、傅永和等先生都搬了进去，章太也搬来了，此后，我们在大院里就常常看到他的身影。他人好、亲和，工作繁重脚步匆匆，却总是面带笑容。一次我去他家，正碰上几位福建来的学者模样的客人，那时宴客没有现在这么方便，他和夫人亲自下厨，正在家里招待客人。记得有一次我和宋林林陪同他到湖北考察工作，到学校到教育机构开会座谈，听他在不同场合发表意见，我们都拿着小本儿记下来，收获良多。一路上他很关照我们两个小宋儿，从宜昌乘船到武汉，船上住宿是不分男女的，他唯恐我与宋林林不方便，主动调换了床位，考虑得细致入微。从武汉启程回京前，章太先生想给家人和朋友带些手信，我们就陪同他去菜市场采买，至今记得的是那些白色长毛的臭豆腐，那是我第一次见到。左买一点儿，右买一点儿，回去一整理一大包，幸亏有我这个小伙子做帮手。那次出差，印象十分深刻。

这几天翻看追思章太先生的网页，内容大多列举他在学术上的诸多贡献，特别是在方言、社会语言学上的学术成就，而我觉得章太先生突出的贡献是在改革开放后，他在我国新时期语言文字工作开拓创新上发挥了不可替代的关键作用，功不可没。

1985 年之前，章太先生忙于筹备召开第二次全国文字改革会议。翻阅《胡乔木谈语言文字》文集收录的 1985 年前后乔木同志的文章，可以明显感到章太先生在文改会与中央之间起到的重要沟通枢纽作用。当时一批老文改急切地希望在拨乱反正之后由中央主要领导出来讲话，他们在促进文字改革工作特别是实现拼音化方面提出了许多意见，甚至提出一些不切实际的想法。当然，其中也有同志提出把“文字改革工作”改称“语言文字工作”的好建议。1984 年 10 月召开“文字改革工作座谈会”，乔木同志临时因病不能参加最后一天会议，由章太先生根据乔木同志前一天对文改会刘导生、陈原、王均、陈章太等几位主要领导同志的谈话精神，在会上代替乔木同志讲话。这个讲话稿后来以《关于当前文字改革工作的意见》为题发表。

筹备 1985 年召开的第二次全国文字改革会议，有许多问题要请示中央，涉及文改方针政策的调整、“文改会”更名等，也有许多文字改革的提法需要研究确定，例如汉字和《汉语拼音方案》长期共存的提法等问题，可以想象作为秘书长的章太先生千头万绪，方方面面需要沟通，有多少工作需要处理呀。有关机构“文改会”更名的问题，有一种意见是改为“国家语言文字规范化委员会”，乔木同志明确不赞成，认为语言规范化很复杂，甚至比喻说“比掏多少年没掏过的粪坑还麻烦”，会成为“长期争论不休的工作”，不适合，建议改为“国家语言文字工作委员会”。根据乔木同志“先改名，后开会”的意见，1985 年中国文字改革委员会正式更名为国家语言文字工作委员会。同年 12 月乔木同志为筹备大会，致信当时的文改会主任刘导生和副主任兼秘书长陈章太，对报送中央审批事项和会议主报告《新时期的语言文字工作》等提出意见。会议推迟至 1986 年 1 月召开，会议名称也由原定的“第二次全国文字改革会议”改为“全国语言文字工作会议”。

我有幸参与大会秘书处的具体工作，亲身经历了我国语言文字工作上这个标志性的历史时刻。当时我负责大会开幕式主席台的具体接待事务。章太先生陪同万里副总理等领导同志进入会议休息室，宋林林负责摄影。在万里同志签字的时候，我没有及时完全闪开，宋林林所拍摄的一张关键照片不太理想，为此我俩还叹息了半天。当时，在主席台上就座的语言学家有吕叔湘和王力两位先生。乔木同志参加了大会闭幕式，他在讲话中说：“这次会议，是对所有的语文工作者的很大鼓舞和支持，要说有什么历史性的变化，中国文字改革委员会改名为国家语言文字工作委员会，这就是个历史性的巨大前进。”以这个大会为标志，确定了我国新时期语言文字工作的方针政策，国家语言文字工作开启了新的征程。

缅怀章太先生，在高度评价他的学术成就的同时，我们不会忘记他在我国新时期语言文字工作上的突出贡献，这是需要浓墨重彩书写的功绩。

近些年几次见到章太先生都是在中央普通话进修班上。“中央普通话进修班”的前身是1956年开始举办的“普通话语音研究班”。1979年恢复举办普通话语音研究班，办班地点就在文改会大楼。语言所从四楼搬走后，办公室就成了学员宿舍，五楼作为上课的大教室。1980年以后这个班改称“中央普通话进修班”，举办地点放在朝阳师范学校，后来又换了几个地点。章太先生当了文改会的领导后，曾与普通话培训中心谋划为办班寻求合适的地点作为培训基地。他对此事如此上心，说来话长。

50年代那个时候，为了落实国务院的推普指示举办普通话语音研究班，在吴（玉章）老协助下，借用北京和平里的中国人民大学及附属中学上万平方米的校址，当时办班可以容纳300多名学员。研究班由时任教育部副部长叶圣陶先生担任班主任，由吕叔湘、罗常培、丁声树、李荣、吴宗济、徐世荣、周殿福、张志公、朱德熙等一批我国语言学界顶尖的语言学家任教，可以说这个班是具有相当的规模，也是真正高规格、高水平的培训班。章太先生50年代亲身接受过培训，是“老黄埔”啦，深知国家培训一大批语言文字骨干的重要性。后来，尽管培训基地的事情没能落实，可这个班一直在办，一直办到现在。只要章太先生方便，他一定会到班上讲一次课，特别是讲国家语言文字工作方针政策方面的内容。我移居香港后，还有机会回京参加中央班的教学，见到章太先生大多是在开学典礼上。班上请他讲话，他依旧是先清清嗓子，然后亲切地说，“我是中央班的老学员，是你们的‘大师兄’啦”，接着娓娓道来，谈起他的亲身经历。

知道我在写缅怀陈先生的文章，普通话培训处的同事提供了第28期中央普通话进修班上章太先生参加开学典礼时的讲话原稿和照片。章太先生在这个班上深情地说：

> 我走上语言学研究道路的真正开始也是在这个班上，我是1957年2月第三期普通话语音研究班的学员，在一次接受访谈时我说那时是我挤进语言学门槛的第一步。
>
> 我对这个班有很深的感情。

回忆与章太先生的种种过往，他的音容笑貌如同昨日相见；他的学术大家风范始终令我敬仰；他对我国新时期语言文字工作的开拓和贡献必定载入史册。

感恩曾与先生同行，深深缅怀章太先生！

（宋欣桥：香港中文大学教授，
曾在国家语言文字工作委员会工作）

从相看不厌到心存敬意

——与章太先生在文改会相处的二三往事

王　凡

陈章太先生去世不久的一天晚上，曾经的同事和老朋友张瑞来电话，要我写篇回忆他的文章。张瑞随后发给我几篇曾与章太先生有过交集的人士所写的回忆文章，以便引发我勾稽脑海中沉积的相关往事。

我看了几篇，这些文章作者和章太先生都有些渊源：章太先生或是他们的导师、直接的领导；或是曾亲自带领他们做过课题，外出做过调研；或是出于爱才，给予过教诲和关照。而我，实际上和章太先生只是同事，也就是在同一座大楼的屋檐下办公。不过他是单位里的高层领导，时为副主任；我则只是普通一兵，在单位办的期刊当编辑，与他没有直接关系。

章太先生并不过问期刊的事情，当时单位里分管期刊的副主任是王均先生，他还兼着期刊的主编。我倒还真是陪着王均先生参与了一些不太平常的事务，例如：陪着他到云南、广西、湖南、贵州，与这些省、自治区分管文教工作的党政领导见面，座谈了解地方语言文字工作的情况；陪着他与钱学森先生见面，听钱先生详谈在“信息革命”新背景下语言文字工作的应有之义。

说实话，在会里我和章太先生接触的机会是比较少的。不过细想起来，我确实和章太先生有过一同参与某项重要工作的经历；而作为单位领导，他又确实让我留下一些难以忘怀的记忆。但毕竟交往不深，我的追溯都是非常感性的。

比我晚到文改会的“老陈”

我 1982 年大学毕业后来到中国文字改革委员会工作，章太先生比我到得晚些。我记得我进入文改会拿到的工作证编号是 057，如果这个编号只是按到会的时间顺序排列的话，那陈章太先生工作证的编号应该在我的后面。

从记事到上大学前，我始终生活工作在一个比较特殊的环境中。在这个环境中，除了毛主席，我从没有听到过谁以官职称呼某个人。我就是在这个机关的“五七”干校参加了工作，当时在连队里，老的都是叫老 ×，小的要么直呼其名，要么叫小 ×。因此以官职称呼人，于我真的特别不习惯。

刚到文字改革委员会那会儿，主任是董纯才，副主任有叶籁士、倪海曙。我印象中当时大家提到董纯才就是直呼其名，称叶籁士为老叶，称倪海曙为倪先生。这几位老领导当时都年事已高，工作日基本不来会里，因此章太先生来到文改会就任副主任，天天住会主持日常工作。老同志称呼他老陈或章太，我最初和他见面打招呼便也叫他“老陈”。

我到文改会后，被分配在会里的期刊《文字改革》（今《语文建设》）杂志当编辑。杂志主要登载有关文字改革业务方面的、语言文字专业研究和知识普及方面的文章，还有反映有关文字改革和语言文字应用、研究、会议方面动态的报道。我当编辑不久，就被安排承担了动态报道的工作。

因为这个工作的关系，会里召开一些重要会议，例如委员会议，我都会置身现场。与会里的大领导以及在语言文字领域名声如雷贯耳的人物同处一室，零距离地聆听他们高谈阔论。

当时文字改革委员会的委员有胡乔木、胡愈之、周建人、钱伟长、朱学范、张友渔、王力、吕叔湘、叶圣陶、张志公、马大猷、曾世英、王竹溪、朱德熙、陈原、周有光、唐守愚等。

主任董纯才平日极少在文改会露面，委员们开会时他一般是要到席的，但胡乔木、胡愈之、周建人、朱学范、钱伟长、张友渔这几位委员开委员会议基本不来。不过在全国语言文字工作会议召开前后，胡乔木到会里来过两次，做了挺长的讲话。我记得主要是讲废止《第二次汉字简化方案》，重新发布《简化字总表》的事，讲话细致到了某个字要列入表内，为什么。那次开会，委员们差不多都到齐了。记得我在会上为他们拍了照片，但这些照片的底片我没有保存，也不知现在都流落何处了。

每次委员会议上讲话比较多比较长的，是叶籁士、倪海曙两位老文改，其次是张志公先生，吕叔湘、王力两位先生也会发表一些自己的意见，马大猷、曾世英先生发言，都和他们的专业领域有关。在我印象里周有光先生在委员会议上没说过什么话，即使说也是客气几句就完了。我记得有几次在另外的会议上，有备而去的周先生做过长篇大论。

委员会议，作为副主任的章太先生每次都到席，但在我记忆里也没有留下他在会上说过什么的印象。他的口才不算特别好，我想这大概和他不是教书先生，而是长时间在研究所里搞学术研究有关系。写专著、写论文，文字表达的功力比较深，而口头表达的水平却不是特别高，这样的人不在少数。我常说这些人的智慧是顺着手腕子流淌的，不走嗓子。

不过在和章太先生的接触中，我觉得他不是个沉闷的人，还是挺爱说的。这可能和他的性格有关，他从不隐瞒自己的观点，怎么想的，直言不讳。他讲话很干脆，不啰唆，不拖泥带水，也没有虚与委蛇的客套。

在来到文改会之前，章太先生是中国社会科学院语言研究所的副所长、《中国语文》杂志的副主编，在语言学界已是相当有分量的人物。难怪我发现后来分配到文改会的几位北京大学语言文字专业的毕业生看他的眼神充满了恭敬。

而我，由于对汉语言文字学问始终没有萌生求索的兴致，因此面对章太先生，我始终缺乏对学术前辈应予的敬畏。与他在一起，也找不到闲扯的话题，很多次枉费近水楼台的难得亲近机遇。

第一次和老陈打交道

章太先生来到文字改革委员会当副主任没多久，就召集会里的年轻人开了一次会。当时会里没几个年轻人，我们稀稀拉拉地坐着，会议大厅里显得分外空廓。

一位到新单位主持日常工作的最高领导刚刚莅临，便专门召集单位里的年轻人开会畅谈，这种情况似乎是比较罕见的。即使有，大概也多是亮个相，讲些冠冕堂皇的话，不至于一到来就很认真地和年轻下级们讲一堆语重心长、推心置腹的话。我这个爱与老同志搅和的人，突然碰上这个爱和年轻人搅和的年长领导，顿时消解了和隔着几层的领导他是他我是我的淡漠。

章太先生在那次会上首先讲了一通年轻同志要认真学习，提高业务水平的事。他要年轻人在工作岗位上，好好钻研和熟悉业务，强调这是把本职工作做好的前提。

他讲这番话，和我们这个单位工作的特殊性有关。1982年的文字改革委员会，从单位印章的规格看，是比省部级还要高一格的机关。这么高级别的机关只下设了两个业务处，汉字处和汉语拼音处。这两个处的所有工作人员，都是有高学历的，有几位老先生还正经具有研究员的头衔。这在当时的国家行政机关，是很稀有的。因为处里的工作，都有点学术味，没有高校毕业的底子，没点汉语文专业素养，还真应付不了。

说完这些，章太先生并没有宣布散会，而好像话匣子才刚刚打开。他讲到年轻人要有理想有追求，要有所作为。而要有所作为，空有意愿是不行的，要有真本领。真本领哪里来，就要读书学习，丰富自身修养。还讲了自己的一些个人的经历和感悟。

他讲到了读书和做学问：年轻人要珍惜韶华，不可虚度光阴；但也不能急于求成，要有板凳坐得十年冷的踏实。他说他向来喜欢求学上进的年轻人："只要你钻研的是学问，哪怕与文改会的现实工作关联不是那么紧密，甚至没有什么关系，我也会全力支持。"

我到文字改革委员会，纯属另有所图。在大学期间，现代汉语课，我都不去上，到如今对之仍是一点兴趣都没有。所以章太先生前面说的和文字改革委员会业务相关的事，我都是左耳进右耳出。可他后面这些题外话，对我这个在文改会不太情愿务正业，喜欢翻故纸堆，倒腾陈芝麻烂谷子迷恋中国近代史的人来说，听着倒蛮对心思。

恰巧那一年的夏天，全国青年史学工作者辛亥革命学术研讨会在广东举办。我递交了一篇论文，谈李鸿章与孙中山革命派的关系，会议筹备组审议通过，给我发来了参加会议的邀请函。

这个会我是非常想参加的，好几位熟识的青年学者都将与会，我很期待同他们在会上见面交流。我首先向杂志编辑部提出请求，编辑部主任老费说此事编辑部做不了主，须由会里定。

我遂拿着邀请函去找主持日常工作的章太先生。考虑到这是去外地参加一个与文改会工作毫不相干的会议，会期加往返路程要占一周工作时间，自然感到此事要获得批准不会那么容易。

出乎预料的是，章太先生听了我的请求，未做迟疑，很痛快地说："只要你们编辑部调剂得开，不影响工作，我同意你去参加学术会。你写了论文，又得到了邀请，这是好事，会里应该支持。"他后来还点头给了我出差的待遇，报销了路费和会议费。

这件事让我很难忘。关心支持年轻人的成长进步，这话很多领导都会说，但遇到一些实际情况，特别是需要为之担当和负责的时候，很多人就可能把自己说过的话撂在一边了。但在章太先生身上，我看到言必信，行必果，有担当的珍贵品格。

一起在北京市政府宽沟招待所的日子

应该是从 1984 年年底始，文改会便开启了第二次全国文字改革会议的准备工作。1985 年初春，我陪着文改会副主任王均先生到云南、广西、湖南、贵州，与这些省、自治区分管文教工作的党政领导座谈，听取有关部门汇报，了解当地的语言文字工作的现状。与此同时，文改会主任刘导生和副主任章太先生则分别去了广东、山东、江西、浙江、福建、四川，做着和我们相同的事情。

到了初夏时节，起草第二次全国文字改革会议主题报告也提上了日程，会里组建了一个报告起草小组。牵头人是副主任章太先生，成员有陈乃华、傅永和、凌远征，再有一个，就是在下我。

本人竟然混入了五人小组，着实有点不可思议。其他四人进入报告起草小组理由很分明：

章太先生到文改会主持日常工作业已两年有余，且长年浸润于语言文字学术领域，学养与职责，理论与实践，格局与细节，皆了然于心，经纶满满。

陈乃华一直是办公室主任，主持会内简报编写，熟知国内文改领域历史与现状、机构建制与方方面面的关系。

傅永和是汉字处处长，国内有关汉字研究、整理和应用的情况，没人比他更清楚了，而且他又是中国中文信息学会的核心成员，置身新技术背景下汉字科研的最前沿。

凌远征是推广普通话办公室的老人，一直在推普工作一线。他们整天操心的，就是国内甚至海外华语圈推广普通话工作的进程、问题、难点和解决方案。

只有本人进组没有什么过硬的理由。在文改会领工资不过三年光景，且人虽在名为《文字改革》的杂志当编辑，内心却对语言文字应用研究知识普及没有丝毫的热忱，但本人的职业操守还是让人挑不出什么理儿的，杂志交予的工作完成得绝对不输于同僚。

我推想自己有幸成为起草小组的一员，大概是杂志分工所致，写了几篇关于汉字信息处理和汉语拼音应用新进展、新成果的报道，貌似对所谓语言文字工作新时期有一定感知吧。实不知本人入组，与牵头人章太先生有没有直接关系。

两辆轿车，把我们五个人拉到了怀柔水库边上的北京市政府宽沟招待所。这里濒临碧水，背倚青山，虽然当时的设施尚简，却是个幽谧的桃花源。无人打搅，异常安静。我就是在这里，与章太先生同吃同住同劳动，前前后后断断续续大约有三周之久。

主题报告的起草难度还是相当大的，要对新中国成立以后的语言文字工作进行全面的回顾和反思，要阐明何为语言文字工作的新时期，提出新时期语言文字工作的方针任务政策，并对之做出科学而有说服力的解读。

对以往的工作如何评价，反思的要点在哪里，新时期出现了哪些新的情况，提出了哪些新的问题，有些什么新的特点？新工作方针对此前的工作方针有些什么调整，新的任务政策提出的现实和理论依据，这些都没有可依循的现成说法。

起草小组是在一张白纸上做文章，大家心里都没什么底。于是我们先坐在一起聊，议论主题报告要有哪些构成，大致分几个板块，我们五个人如何分工，然后就各自琢磨撰写各自承包的内容。

一开始的分工，大概是章太先生写方针任务，并加以解释。老傅是汉字简化整理的历史与现状。老凌是推广普通话的历史与现状。陈乃华大概除了文改会的往日工作历史还包括汉语拼音方案的内容。我呢，是叙述新时期的新情况新需求。

章太先生的部分难度是比较大的，定方针要高屋建瓴，通观全局；谈任务与政策，又很具体细微；做解说则要有实际有理论。我们四个都是各管一段，但他还要顾全通盘。

最初这样分工，后来看似乎不是很恰当。相互之间都有重叠，章太先生与老傅、老凌、陈乃华和我的部分都有重叠，陈乃华的部分也与老傅、老凌有重叠，我与章太先生、老傅、老凌和陈乃华有重叠。因此互相之间为重叠部分如何切割剥离就费了半天劲。

回想起来，当时讲真有点呕心沥血的意味。开始几天大家伏案苦思半天，却憋不出来多少东西。实在写不下去了，我们就坐到一起聊聊。各自把写出的文字念一念，想到的说一说，大家分析、评议、参谋，哪里陈述有问题，哪些内容遗漏了，哪里还需要深化，哪里要做理论说明和解释。

有时连聊也聊不出什么内容和新意，捋不出头绪，为打破沉寂，就聊一些语言文字研究和应用方面有趣的或特殊的现象，聊一些文改会的老人老事，让有些僵硬的脑子舒缓活跃一下。在这种时候，我只有洗耳聆听的份儿。

议论议论，切磋切磋，总会激发一些灵感，拓宽思路，从山重水复转而柳暗花明，大家又分头去写。就这么聊聊写写，写写聊聊，无穷往复，我们对一些问题的认识也渐渐清晰并不断升华。

当时一个思考重心，是关于废止《第二次汉字简化方案》，重新公布《简化字总表》。为什么要做这些，必须做出科学的让人信服的说明。这就涉及汉字发展演进的规律性问题。

在对汉字的简化整理的认识方面，长期以来对变化的因素讲得比较多，而相对稳定的特征和必要性却没有被放在一个同等地位来加以考虑。就是在我们议论的过程中，章太先生最先提出了发展变化和相对稳定都是汉字演进的规律的看法，这就为废止《第二次汉字简化方案》，重新发布《简化字总表》，提供了理论依据。

当时的现实也是随着汉字信息处理的发展，提出了对文字既要考虑发展变化的趋势，又要兼顾对发展变化的控制，保持相对稳定的问题。因为要提高汉字信息处理的效率，一些汉字最基本的信息要固化在计算机内，频繁变动就会不断地付出极高的成本。

正是基于这一认识，后来的主题报告在新时期的方针任务的陈述中，提到了今后对汉字简化工作要极为慎重，要使文字在一段时期内保持稳定以利于社会应用的内容。我记得章太最初说出这一看法后，特别兴奋，说了几遍，随之形成了确切的描述文字。

起草小组有点进展了，主任刘导生就会过来一下，听听我们的完成部分，讲讲他的想法。语言文字工作，属于社会科学，社会科学口当时是由胡乔木主管的，废止《第二次汉字简化方案》，也是胡乔木亲自抓的。刘导生来，有时会透露一点上面的精神，我们根据自己的领会，看怎么用文字在主题报告中表述和体现出来。

我是第一次参加这样的工作，对文改会过去的整体工作历史不熟悉，因此对所谓新，就不是那么敏感，脑子都是空的。几位老同志给了我很大的帮助，可我的成稿率始终是最低的。但牵头的章太先生，并没有赶我出局。

在压力山大的主题报告起草过程中，为了解压，我们上午下午写作中间，都会休息一下，多数情况下是打20分钟扑克牌，打当时最普及和简单的升级。我和老傅一边，章太先生和陈乃华一边的时候多一些。老凌对打牌没兴趣，他也似乎特别享受旁观者的超然之乐。

既然是娱乐放松，我和老傅偶尔会搞点耍赖的小伎俩，所以赢的多一些。陈乃华认真，有时会看出问题，章太先生却始终也不曾察觉。但当我们被揪住时，他会认真地逼迫我们“下台”。每当这种情况出现，我便能看到这个50多岁的学者领导天然纯粹的一面。

不过这种轻松的时刻总是短暂的，时间一到，不论是否在赢牌的兴致上，章太先生都会马上放下手里的牌，宣布开始工作。

起草主题报告的中间，曾中断过两次回会里，估计是章太先生、老陈、老傅要处理一些工作上的事务，在宽沟的时间断断续续总共大约有三个星期。最后离开的时候，我们拿出的虽然不是最终的定稿，但大的结构架子搭好了，基本要素和内容也都备齐了，雏形已然成篇。

1991 年秋季，我离开了国家语言文字工作委员会，此后再也没有与章太先生有过来往。回想与章太先生不多的接触，冷不丁会生出这样的感慨：我是一个于语言文字学科毫无精进追求的人，白白浪费了与章太先生在一个楼里共事一场，以及在同吃同住同劳动零距离相处中求得点拨加持的难得良机。若将这番际遇降诸有志在语言文字学科耕耘的学子身上，或许真就成就了一个语言文字学科人才呢。惜乎！

（王凡：作家，曾在《语言建设》编辑部工作）

追忆陈章太老师二三事

徐幼军

18 日晚上知道陈老师走了，也不怎么惊讶，毕竟老人家岁数大了，但是眼泪还是不自觉地流了下来。

1983 年，我大学毕业没多久，就跟着陈老师做方言调查，做应用语言学的学问。那时候就觉得陈老师真是个好人，现在几十年过去了，更加觉得陈老师是难得的好人。

陈老师的学问我不必多说，那是要长篇大论细说的，我也不配，我只是记得陈老师的几个细节，写下来做个念想。

一

陈老师是《中国语文》的编辑出身，写字从来规矩整齐，卷面从来干净利落，这可能是原来语言所的老传统。我们几个男生女生那时候大学刚毕业，内心也狂放，板凳坐不住，文章喜欢花里胡哨，卷面喜欢龙飞凤舞，一看陈老师的手稿，还有于根元老师的手稿，不得不低头服气。

那时候语用所刚开张，印制了一批专用稿纸，在我们眼里可气派了，大八开，纸倍儿白，有亮光，格子又方正又宽大，用什么笔写字都不洇，舒舒坦坦平放在书桌上，看着心里就爽。我们那时候还年轻，肚子里没墨水，没学问，写一些文章都是跟陈老师还有其他几位老师一笔一画学的。陈老师给我们写文章做学问的初始之路，无声地立了很多好规矩。

二

陈老师是福建人，带着我去福建做过几次方言调查。我跟着陈老师到福建，一下子就喜欢上福建了，现在我喜欢喝乌龙茶，喜欢吃福建香菇，都是跟着陈老师去福建留下的习惯。不过陈老师喜欢钓鱼，我没学会。他走到哪条河边看见别人支竿钓鱼，就走不动道了，非要凑上去看两眼，聊两句。

那年在福建，天儿特别热，下午五六点钟当地人下班全不回家，把自行车支在马路边，男男女女牵着孩子，在河边洗澡，外衣一脱全都是大背心大裤衩，也不用换泳衣，蹲着坐着在浅水里，撩着河水伴着嬉笑图个凉快。那时候没有空调，这是当地纳凉的最快意的方式了，给我印象很深，感慨陈老师家乡的人淳朴自在。

还有一年，陈老师带着我和几个江西的老师到三明，我和几个年轻人也到河水里游了一次。三明的河水挺急，一下子把我冲出好几米远，水底全是疙里疙瘩的石头，根本站不住。我也想淳朴一回，无奈喝好几口河水才稳住。

那时候陈老师已经是局级的官员了，走到哪里，都受到当地负责教育口的党政领导的拜访。我当时也分不清局级处级的区别，就是觉得陈老师一点没有官架子。说起自己的方言学问，跟那些官员聊得很高兴；人家请他题字请他开会，他都尽量躲闪。

三

语用所和语文出版社陆陆续续来了几位恢复名誉的“右派”，陈老师都尽己所能，给人家安排进京户口，安排工作，安排住房，甚至还要操心家属的安置。现在的人也许都以为这是理所当然的分内之事，但是当年却不全是这样。我亲身遇到的一件事，就与陈老师的作为形成鲜明的对比。那一年，我去山西某地某学院出差，调查地方汉字，在学院的招待所大院子里住了一个多月。校某主任热情地来看望我们，问我们生活上有什么不方便的地方，他会尽可能帮着解决。我们对某主任的热情表示非常感谢。我们把某主任送出门，从对面的屋子里走出一个中年的男人（从某主任进这个院子进我们屋，那个人就做好准备要和某主任攀谈了），迎着某主任走过去，企图和他打招呼。某主任见到这个人，立刻板起脸，绕着院子里面的花坛转了一个圈儿，有意不搭理那个人，全当没看见。那个男人追着某主任在院子里绕了一个大圈儿，最终也没说上一句话。后来我们听说，那个中年男人是个刚刚恢复名誉的“右派”，在这个招待所里等待办手续，已经三个月了，没人搭理他。现在想起来觉着这是编的故事，当年确是真事。

四

陈老师特别热心，年轻人的学问他管，年轻人的家事他也管。语用所里有一位年轻人，家里两口子拌嘴打架，他家离着语用所很近，陈老师就带着我们几个更年轻尚未结婚的前去劝架。那位小哥两口子平日里看着恩恩爱爱，不知道那一天为什么吵得特别凶，闺女哇哇地哭也撇下不管，连结婚证都撕碎了。本来一间巴掌大的小屋就站不下几个人，这么一吵一闹就更容不下人了。陈老师站在屋里劝那个小哥，小哥的漂亮夫人在门外呼哧呼哧喘气，我们几个不便当看热闹的，也不便当陈老师的保镖，估计那小哥就是在气头上也不会动起拳脚，毕竟是学语言学的。

陈老师没说两口子谁对谁不对，也没有给那小哥讲道理，一句埋怨的话都没有，却从头到尾讲自己的身世，他讲自己的老父亲、老母亲，讲自己的亲弟弟，还讲和邓师母是怎么认识的，把那位小哥以及我们几个不懂世事的年轻人全都听傻了。最后小哥全没了底气，不再张牙舞爪，声嘶力竭，我们就跟着陈老师回所里去了。我反正不知道别的语言学家是怎么样劝架的，那一次我真是服气陈老师的语言艺术。

我离开语用所这么多年了，陈老师的很多细节都还历历在目，陈老师眼睛又大又亮，额头宽阔，说话快，不妥协，爱喝茶，冬天不爱穿棉鞋，头发很软，但是年岁很大都不长白头发。可惜这些都已经散落成记忆的碎片连缀不起来了。

现在陈老师走了，能和老父亲、老母亲和亲弟弟在天堂相会了。天堂里也许没有方言学问，但是应该有香菇、应该有乌龙茶吧，要是能有个静静的河边钓鱼，那就更好了。

（徐幼军：中国版本图书馆编审、少年奇幻小说作家，
曾在语言文字应用研究所工作）

难已的泪水，无尽的思念

——怀念陈章太老师

胡士云

一

10月17日凌晨，敬爱的陈章太老师走了。虽然已经一个星期了，但我还是不愿意相信。

前年春天，我带学生在北京学汉语，几次去看望陈老师。每次见他时他都那么健谈，每次我离开时都要送我下楼。我说“不用”，他说“我要下去散步”。可是到了楼门口，他就不走了，而是看着我走出语委家属院的大门。后来在一次由周洪波做东的宴席上，我们还一起喝了白酒，还相约以后每次见面时都喝一小口……老师是那么的康健。

去年年底，我要出关于亲属称谓研究的论文集，请陈老师写序，陈老师欣然答应。序里写了一些我们交往的细节，签字还提供了好几个版本……老师是那么清晰，那么认真。

今年初夏，“陈门聊斋”微信群里发了陈老师参加商务印书馆的一个评审会的照片。老师依然那么精神矍铄。

可事实毕竟是事实，陈老师确实走了。这一个星期，一想起陈老师，就不禁潸然泪下；更因为疫情的阻隔，我无法回去送陈老师最后一程，心中留下了无法弥补的缺憾。为表达心中的思念，特撰此短文来缅怀我的领导、老师、至亲长辈陈章太先生。

二

1984年大学毕业后，我和张一清、马亦凡、亓艳萍等三位同班同学被分配到了中国文字改革委员会（文改会），年底分别转入新成立的语言文字应用研究所（语用所）的各个研究室。那时候对于行政级别不是很清楚，但我一直觉得陈老师是一位大领导。作为文改会的常务副主任，他每天都非常忙，见他一面不容易，即使见了时间也不会太长。是啊，1983年他奉命调任文改会主持工作，中央领导要他尽快组建文改会的新领导班子，筹建语用所，领衔解决由《第二次汉字简化方案》引起的语言文字使用上的混乱，调整新时期语言文字工作方针政策和重大任务……1986年1月，新时期语言文字工作会议在北京召开。会议确立了新时期的语言文字的工作方针，推动了语言文字事业走上规范化、标准化、信息化、法制化的轨道。这里凝聚了陈老师很多的心血。

三

我在大学里学的是汉语专业，对方言比较感兴趣。陈老师是方言研究大家，多年深耕于闽方言研究领域，尤其是与李如龙老师合作出版的《闽语研究》一书，以翔实可靠的资料论述了闽方言内部的同一性,使得长期以来汉语"八大方言"的说法变成了"七大方言"。我虽于闽方言研究不甚了了,但我知道陈老师是一位大学问家。

1985年底,国家社科"七五"规划重点研究课题"北方话词汇调查"开始启动,陈章太和李行健两位老师是课题组负责人。关于这一课题,陈老师说:"北方话词汇是普通话的基本词汇,调查研究北方话词汇对推广普通话无疑具有重要的意义。然而过去对北方话词汇的基本面貌,北方话词汇内部的异同情况,北方话词汇同普通话词汇的关系等,一直缺乏大量的定量定性研究。本次调查就是想从这些方面对北方话词汇,尤其是基本词汇做较多的记录和描述,为推广普通话工作提供参考。"这是整个工作的重要思路。

我参加了"北方话词汇调查"的全过程,并负责相关的事务工作。1986年初,我提出了调查词汇表初稿,并经课题组讨论修改后定稿。随后,我和当时语用所的年轻人连着十多个晚上一起刻钢板、油印、装订了200本调查手册,并于2月由我率先在涟水进行试调查。历时两年多的调查工作结束后,即进入资料的整理和手工抄录,而后进行《普通话基础方言基本词汇集》(后面简称《词汇集》)的编纂。《词汇集》于1996年12月由语文出版社正式出版。在整个工作过程中,陈老师投入了大量的时间和精力,既宏观统揽全局,又细致审核一个个词条,还对包括我在内的年轻后学悉心指导。陈老师这种既钻得进去又跳得出来的做研究的方法让我受益了几十年。

四

陈老师是一位好老师。和我同时进入语用所的几位年轻人都没读过研究生，我们也想考研。大概陈老师等所领导看出了大家的心思，于是就为我们指定了导师，一个导师就带一两个年轻人；我跟的是陈老师。作为领导，我们想见到他不太容易，但作为导师他却是不惜时间，有求必应，修改我们的文章时更是认真严格，一丝不苟。记得有一次我给陈老师提交报告，送给他之前觉得应该能受到他的表扬，因为我用繁体字竖行写的满满几页的报告规规整整。结果陈老师看了一眼就让我拿回去重写。我有些茫然，就问怎么回事，陈老师严肃地说“你自己再去想想”。当第二天我将修改后的用简化字横行写的报告重新提交给他的时候，他才接过去，并语重心长地对我说：“作为国家语委的工作人员，首先自己使用语言文字要规范、准确。”是啊，己身不正，何以正人。这一点我铭记至今。

五

对我来说，陈老师和邓师母是至亲的长辈，几十年来对我爱护有加。1991 年陈老师赴日本一桥大学任教时，让我搬进了他家的四居室，说那里比较宽敞；1992 年我在陈老师的推荐下赴大阪外国语大学任教，1998 年在陈老师的推荐下去暨南大学师从李如龙老师读博士学位；1992 年 5 月赴日后不久，陈老师就让我去东京并住在他家里，每天晚饭后都带我去散步，给我介绍一桥大学和周围的环境；1993 年春天我们一家去东京看望老师和师母时，也是住在他们家。后来陈老师任满回国，我们继续留在日本。我每年假期回北京看望独居的岳母时，岳母都会告诉我说陈老师和邓师母什么时候什么时候又去看她了。每当见面向陈老师、邓师母致谢时，他们都说：“我们比王姐（我岳母姓王）年轻，能照顾她。小胡，你就放心吧。”其实他们比我岳母也就年轻几岁。每当与妻子说起此事时，她的感激之情都溢于言表。

六

我旅居日本快三十年了，但每次回北京，无论时间长短，都会去看望陈老师和邓师母。他们关心我的工作，关心我的生活，关心我的身体。每次去，都有一种回家的感觉，在那里我体会到了深深的父母一样的爱。

陈老师的品格情操，让我对他充满了敬仰与爱戴。陈老师虽然走了，但他的榜样精神却是永久绵恒的。我会永远地怀念他，也会学着他的样子去做人做事，让这个世界充满更多的真情真爱。

七

高屋建瓴，擘画新时期语文；勤勉治学，九十春秋，著永世文章；宏论指引方向。

大处着手，拓宽新领域研究；精心育才，一众后学，承阳光雨露；德行恩泽后人。

——挽恩师陈章太先生

陈老师千古！

（胡士云：日本神户学院大学教授，
曾在语言文字应用研究所工作）

陈老师永远活在我心里

刘一玲

陈老师昨天走了。一想到这是真的，我的泪水就忍不住涌出来。不知怎么，我就是觉得陈老师他不能走，可是陈老师也九十岁了……

一

陈老师是语言文字应用研究所的创办人。那时我有幸作为即将成立的语用所的“储备力量”，1983 年一毕业就分配到了文改会，先是在拼音处见习，后到语用所工作。那时文改会千头万绪，有很多麻烦事要处理，语用所筹建初创，陈老师是我们的领导，又是可敬可亲的师长。陈老师研究管理双肩挑，关于国家语言文字工作的方针政策前景、研究队伍的建设、职工的生活，陈老师都有很多很好的想法想实现，他要操心的事情大大小小很多很多。他很忙，脚步匆匆，风尘仆仆。有做不完的工作，写不完的文件报告，应对不完的事务……陈老师有时候会着急，眉头紧锁，但又常常是面带笑容，神情总是很关切。后来，陈老师卸去繁务，他的案头又总有写不完的文章，审不完的稿子。再后来，陈老师的脚步快不起来了，但他出门总会为师母邓老师提重物……

1984年底语用所成立。陈老师把我们几个年轻人分到不同的研究室，社会语言学研究室是徐幼军、胡士云，计算语言学研究室是马亦凡，应用语言学研究室是我和亓艳萍，并为我们指定了指导老师。从此我就在应用室跟着于根元老师一同做课题。于老师还是陈老师的所长助理。从做资料卡片、做调查整理，到学习写小文章、中文章、大一点的文章，我始终得到于老师真诚全面、严格细致的指导和训练。在陈老师的带领下我和我们那一茬年轻人经历了我们语用所最生机勃勃的岁月，也度过了我自己学习成长的最好时光。我们上有周有光先生、杜松寿先生、王均先生、高景成先生；中有陈章太老师、于根元老师、陈建民老师、李行健老师、曹先擢老师、龚千炎老师、尹斌庸老师、冯志伟老师；还有来所进修做课题的青年教师易洪川、蒋同林、王铁琨、傅承德、曹志耘、邢向东：老中青三代同堂，人丁兴旺，充满活力。我们年轻人大都住办公楼里的集体宿舍，下了班也盘踞在办公室：读书，聊天，练打字，学习"光明机"，还帮陈老师的"北方话基本词汇调查"课题组抄录词表。好像生活的主要内容就是学习和工作。

二

陈老师对年轻人很信任。1986年1月召开全国语言文字工作会议，大会之前要做很多准备。大会的报告、发言、文件等，都是陈老师于老师他们负责起草。有几次，是星期天，两位老师也叫我去会议室参加他们的讨论，做一些记录、整理、誊抄等。大会期间还分我到简报组做一些工作。陈老师于老师不在意我年纪轻学识浅，而是把这么宝贵的学习锻炼机会给予我。他们架构那么大的文章，文思清晰论述谨严，字句准确妥帖，而又游刃有余，令我永远佩服学习。

陈老师是文改会、(国家)语委的副主任，语用所的领导，但陈老师最初那几年就住二楼办公室，跟我们住集体宿舍的年轻人一样吃食堂。食堂的晚饭经常是冷饭剩菜，开饭时间又早。于是南小街51号对面的红岩饭馆成了我们解决晚饭常去的地方，陈老师也总是端着饭盒跟我们一起在那里排队买菜：熘肝尖、肉片炒青椒、肉丝榨菜……前两年跟陈老师回忆起来我们还都如数家珍，陈老师甚至还记得那几样菜的价格。

陈老师关心爱惜他的每一个职工。记得那年，是个星期天，收发室的郑师傅突然发病，陈老师第一时间就赶到了，立刻叫到司机班师傅，他陪着一起送去医院。但郑师傅最终没能抢救过来。后来我们在收发室谈起这位突然离去的热情爽朗的郑师傅，陈老师还惋惜不已，眼泪汪汪。我和我家小王，曾经有好几年分居南北两地，陈老师一直把这个事放在心上，总会多问几句我们的情况。后来一些年，如果我们俩同去看望陈老师邓老师，陈老师就会关切地问我们双方父母是不是都好，怎么照顾；如果只是见到我，陈老师就一定问“小王好不好”，会说“做科研很辛苦，不容易”。

陈老师感情还无比柔软。1984还是1985年，日本电视连续剧《血疑》热播。我们住集体宿舍的几个年轻人天天晚上到值班室门口，等着掌管钥匙的人来开门，开电视，看《血疑》，那时我们文改会唯一的那台电视机是锁在一个木头柜子里的。陈老师也跟我们一起等着看。剧情跌宕起伏，幸子的命运牵动我们每个人的心，越到后来越让人揪心。最后那集，好像是幸子知道自己不行了，她就打起精神，跟亲人愉快告别，然后和光夫一起乘着一只船漂到海上，在光夫怀里永远闭上了眼睛……我们都看哭了，泪流不住。这时候就听见坐在我们后面的陈老师，突然哭出了很大的声响，稀里哗啦地满把抹泪水。我们都站起来围拢过去，泪眼相对互相安慰了一番才作罢……

三

离开语用所很多年了，见到陈老师他会问我：“是不是工作太累了？”有时还玩笑说：“洪波是个工作狂，害你们也这么累！”我们都笑。但我知道，陈老师欣赏年轻人有工作热情，看到我们都认真努力做事，不苟且，不怠惰，陈老师心里是欢喜的。

陈老师对我的爱护、教导和鼓励，充满我从年轻到不再年轻的所有日子，使我长久受益受教，不论到哪里都铭记在心。也因着陈老师的在，朝内南小街51号院的一花一木、办公室里的一桌一椅、安静的楼道、晨光照耀的每一扇窗，都成为我生命中的温暖明媚之最。

陈老师一向严于律己宽以待人；心有担当，忍辱负重；怀抱平等之心，真诚对人，尊重下属；光明，儒雅，客气。每每想起我曾经有陈老师这样的领导和师长，关心我工作生活，注重我成长，我都觉得我是这世上最有福气的人。

陈老师会永远活在我心里。他的音容笑貌会长驻我心，他的品格精神我会永远铭记！

愿敬爱的陈老师一路走好！陈老师累了，愿您好好休息。如果有来生，我愿再次遇见您。

（刘一玲：商务印书馆编审，曾在语言文字应用研究所工作）

我已经在学会自信的路上

——怀念章太老师

徐振亚

三年疫情总算进入了尾声，本以为只是上帝按了三年的暂停键，人们都开始忙活着重新续上，可发现很多事情都回不到原点了，许多人也换了轨道，其中包括陈章太老师。

陈章太是我的老师，这个老师是狭义的称谓。1984 年 9 月语言文字应用研究所成立，陈章太担任副所长。新单位要扩充人员编制，其中包括招收了十八名硕士研究生作为后备人员，属于中国社会科学院研究生院的文史哲部。我就是那十八分之一，1985 年 11 月入的校。那时候应用语言学在国内刚起步，师资缺乏，陈章太既担任所长也承担教学任务，给全班开了社会语言学和方言等课。我的学习方向虽然是文字学，也有幸受教，称得上是陈章太老师的门生弟子。

与其他同门相比，我和章太老师相处的时间并不算长，除了三年在校时间，我在语用所只工作了一年。但这四年对我一生影响巨大。在我心中，他不只是一位老师、长者、领导，而是一个真正意义上的恩人。虽然他离开我们去了天堂，他的形象在我心中始终是那么鲜活真切，他的许多话语能让人终生不忘，我得用一生来感谢他！怀念他！

一

老师在我心中印象最深刻的是与众不同的处事风格。他为人处事常不按套路出牌。

一次几个所里的老同事聚会，刘一玲提到了这么一个往事：她们几个同学毕业分配到了文改会（语委的前身），安顿下来后说是要见领导。大家到了办公室被安排坐下，有一位长者给每人沏了一杯茶，大家（都怀着不用解释的心情）耐心等待。不一会儿大家才发现，当天要见的大领导就是刚才给大伙儿搬椅子沏茶端水的这位长者。没错，这就是章太老师为人行事的风格。

在个人电脑还没有普及的年代，从事语言学研究的人都会做许多卡片，许多老师给学生上课时会带上一些相关内容的卡片，可没见陈章太老师这么干过。虽没问过老师具体什么原因，猜想应该和老师的教学理念有关。

上章太老师的课感觉和上其他老师的课不一样。老师一般都年长且学问大，很容易用上对下的口吻讲课。可章太老师不那样。他不灌输，不滔滔不绝，也不照本宣科，而以讨论沟通交流的方式上课。章太老师教课的关注点是和学生一起疏通一些理念，开阔一些思路，而不是那些书本上可以学到的知识点。他应该是假定学生已经懂得足够多，即便缺些知识点学生自己也能补上，只要不影响讨论即可。不布置作业，也不考那些书本上可以抄来的知识点，因此很少有压力，相反有被特别尊重的感觉，很容易被激活思路，开拓视野。

严格说来，章太老师并不像传统概念的老师，明显的福建方言口音，口齿也不算伶俐，而且语速相当快，说话时总是认真地看着你，非常诚恳的表情，没有训练有素吃开口饭的架势。从未见过他口若悬河滔滔不绝眉飞色舞，很少用代词拖长语调，看不出有大领导的"风范"。与老师相处始终是非常轻松愉悦平等，时常会忘记他是老师，甚至意识不到他竟然是位大领导，自己的顶头上司。

二

章太老师的与众不同也显示在了他的治学上。早年在中国科学院语言研究所跟随丁声树、李荣先生从事方言研究，1983 年调至中国文字改革委员会，后来改成国家语言文字工作委员会。这个调动并非是"革命工作哪里需要去哪里"那么简单，充分展示出了章太老师的视野和格局，也充分体现了他的思维模式与工作能力。

语言学是从西方传来的舶来品，中国语言学家把它和传统小学（音韵学、训诂学、文字学等）整合在一起，并于 1950 年成立了一个机构进行专门研究，这就是章太老师早年的工作单位：中国社会科学院语言研究所。语言所声称主要从事汉语现状和历史的基础研究。

有趣的是中国还有一个权威的语言机构叫中国文字改革委员会。副部级政府机关，与中国社科院同样直属国务院，领导干部也大都从中央派来，经常接受国家领导人指示，可见其工作任务的重要性。

似乎很少有人关心这两个语言学机构究竟有何区别，当然章太老师应该除外。已经在语用所担任领导职务的章太老师，下决心离开他工作多年的单位，必定有他的道理。

研究语言究竟有什么用？语言所究竟是做什么的？这几十年来究竟做了哪些和老百姓相关的事？这类问题我经常会被人问及。当然不是研究语言的人没干活儿，只是老百姓不那么容易明白这门学问。相反文改会究竟干了些什么，老百姓心里个个门儿清。一次一位诗人老前辈得知我这个后生和文改会有瓜葛，立刻十分严肃地跟我说：去跟你们的领导说，文改会这些年没干好事！

可以说自1977年《第二次汉字简化方案》（草案）（简称《二简》）公布后，中国的语言学界进入了一个十分尴尬的局面。语言所的存在似乎有点象牙塔的味道，那些阳春白雪的东西老百姓们很难明白其价值，文改会倒是接地气了，只是有太多的老百姓不认这个理，从出版界到学校再到个人，有不少反对声音。这局面如同一盘残局，需要解，但要等待高手。

合格的高手至少要具备以下一些条件：1. 语言学科班出身；2. 年富力强的中青年；3. 除了高智商以外还要情商在位；4. 强大的行政能力。应该说章太老师在人生的乐章里踩对了节拍。在离开语言所时他已是副所长，接下来还能有多少作为他应该清楚。文改会之所以会到那个地步有其历史原因，也有人为因素，如首先历届领导层主要为行政干部，一些著名语言学专家基本只是挂名。文字改革首先是个学术问题，也包含着大量的行政工作，因其中任何一项语言政策一旦执行就几乎涉及全民生活的方方面面，还真不是只要学问足够大就能胜任得了的。文改会需要一个具有强大行政能力的语言学专家来主持工作，这是历史提出的任务。

不知是时势造英雄还是英雄造时势，只能说章太老师是幸运的。他接手了一个堪称“烂摊子”的单位，并使其再度风生水起：改名为国家语言文字工作委员会；成立语言文字应用研究所；废除

《二简》；成立语言信息处理研究室，向语文现代化迈进；着力于社会语言学研究，进行语言规划和语言规范化研究；设立普通话水平测试等级标准，使推广普通话走向更高一个台阶……；在他积极努力下，中国的语言学研究从象牙塔里走了出来，面向各行各业，面向全国人民，甚至面向全世界。

三

大家都习惯了章太老师学者的身份，一位在语言学领域里辛勤工作了几十年且成绩卓越的语言学家。可他还有一个身份是国家语委副主任兼秘书长。国家语委的职责是拟定语言文字工作方针和政策，是一个直属国务院的副部级单位。可我在和章太老师交往中几乎完全意识不到他的这个官员身份。当然这可能是因为我（和一些同学们）仗着是他的弟子没大没小惯了，但多少也和他为人处事的态度有关。

在我的记忆中从未叫过陈所长，更没有喊过陈主任之类的头衔，我相信其他同学也都如此。这应该是不符合当年的江湖礼数的，其原因和大家都了解他的个性有关。上课不讲记忆类的知识点，教学不关注学生的考试分数，作为社会语言学的专家，称谓对他来说本质上只是区别人的符号，至于人际间的亲疏关系他更相信自己的直觉。同学们一般当面叫陈老师，对第三者叫章太老师，同学之间随意，直呼其名或简称章太也是常事。

他大大咧咧，不拘小节，不在乎形式，大处落墨，宏观思维，此外我还感受到他强大的共情能力。他总能顾及对方的感受，能换位思维，替人着想。只要在合情合理合法的范围内，他总会给人以方便。上学时同学因私事请假基本没有不准的。记得课程安排有一个实习考察项目，但要所里酌情协助安排。我和另外三位同学想充分利用这个机会，去尽可能远的平时自己不容易去的地方。于是就向所里申请去远在天边的海南岛转转。没想到他二话没说立刻同意，还建议我们去通什（现改名为五指山市），说那里教育局很重视普通话推广，还有专门负责人。立刻开了介绍信，丝毫没有为难。事后也没有要求写书面调查报告，就口头汇报一下了事。很显然他知道这类事怎么处理最合情理。四人一路南下直奔天涯海角一头扎进了大南海，从五指山到万泉河，一路感受到了在海南岛推广普通话的必要性和难度，这不正是课程安排所要的效果吗？

章太老师这种顾大局、抓重点、通人情、重情意的处事态度，在我们那届同学毕业分配的问题上也得到了充分显示。十八位同学来自全国各地，各有各的家庭条件，各有各的人生梦想。但站在所里的角度，这些都是所里花大价钱大精力培养出来的新生力量，按照当时规则是学生要服从组织分配，就算是按照商业规则也是“订货的人有处置权”。可章太老师却完全打破这些规则，改“服从组织分配”为“根据志愿分配”，想回老家、想留所、想自谋出路的，都能如愿。有人说一粒灰尘落在个人头上都是一座大山，而在当年一个“服从组织分配”也足以改变人一生的命运。

四

身居要职有着能影响他人命运的权力，却总是处处为人着想，替别人的人生之路开绿灯，为人坦诚从不端着，不把自己“当根葱”，这应该不只是情商高这么简单，我认为应该有一些精神和道德层面的因素。

善似乎很难有具体标准来测量，爱更是一个基本只能意会的东西。在我和章太老师的交往过程中，十分确切地感受到了他的那份善与爱。我非常庆幸自己能成为章太老师的学生，他是我人生道路上的贵人，毫不夸张地说他改变了我一生。从老师那儿学到的不只是语言学知识，更重要的是做人的道理。随着年龄的增长，我更能体会到当年他给予我的帮助是多么重要。他没让我当官，也没让我发财，但他给了我人生最宝贵的东西——自信。他用他的善与爱让我明白了许多书本上学不到的道理。

在读大学之前我曾工作过七八年，属于有些社会阅历的学生，但从小就有在外人面前胆怯的毛病，不敢面对大众说话，不愿见领导上司，遇着当官的就绕着走。后来明白这是潜意识里的自卑。内心总是看不上自己，却又热衷于证明自己强大。场面上大声不敢出，私下里又经常与人争得脸红脖子粗。这种矛盾个性外人看着怪异、别扭，自己本人时常情绪低落感觉缺少幸福感。这种心理疾病十分难医治，需要坚持不懈地自我修补和恰当的外力辅助，否则可能终身不愈。

我很幸运，在人生途中的关键时刻遇上了章太老师。在遇见章太老师之前我有过几个所谓的人生低谷，负面情绪严重，曾试图以多种方式自救，读书、反省、讨教等都收效甚微，没法真正建立起足够的自信，总是说服不了自己去接受那个不完美的自我。然而章太老师却始终对我表示出奇的信任，总是鼓励我说："你行的！"这种信任就如同一剂专治自卑的特效药，在我身上特别显灵。

入学不久语委接待了一位日本学者，要在语委做学术报告，并去北大等单位做学术交流。章太老师让我做全程陪同翻译，我说以前做的是技术翻译，与这种语言学专业的学术交流差别很大，他以很坚定的语气说：你行的！

十八位同学，除了个别北京同学经常回家外，都住在远在机场路西八间房的研究生院里。为了方便管理需要有个同学能经常和所里沟通交流。一次在所里的走廊上章太老师和我说起这事。我以为这种活儿和我的个性及作风相差甚远，十分惊讶他会把这个任务给我，下意识地直喊不行不行。可他却以不容反驳的语气说：你行的！

1989 年 7 月我要去苏联探亲，向领导请假。当时的心情十分忐忑，因我知道这一走没法确定什么时候才能回来。可他竟然一脸轻松，似乎在为我能在这个时候去苏联探亲而感到高兴。说了一些领导加长辈的关照话后，拍了拍我肩，还是这一句：你行的！不过这次还带了一句：不行的话还回来。

如果之前所有"你行的"这句话多少带有为他做事的鼓励，这次只能理解为是出自于他的善良和仁义。我相信他绝不是对我一个人偏爱，是他的人格境界所致。他充满激情地爱着身边所有的人。我只是众多幸运者中的一个。他以身作则让我明白了一些做人的道理：人的自信不是建立在强弱对比中，而是建立在敢于直面自我并接受不完美自我的基础上。自信不是因为自己什么都会，而是因为我正在学会的路上。一个自信的人是充满阳光的，会给他人带来光明，同时也温暖自己。

与章太老师师生加同事的关系只有四年，却保持联系了一辈子，成了忘年交。每次回北京必去看望他，最后那次是 2018 年，原本约好一起去吃饭，结果在他家聊了太长时间，师母担心过于疲劳就没有出去。没想到后来来了疫情……

章太老师离开我们去了天家。我不能再聆听他的教诲了。我不知道我是否已经学会了自信，但我相信我已经在学会自信的路上。我行的，老师！

（徐振亚：1985 年考入中国社会科学院语言文字应用系，
曾在语言文字应用研究所工作，现定居美国加州）

四十载沐春风情谊永存

——追忆章太老师

苏金智

回忆初次见到章太老师，已经整整 40 年了。那时我在厦大中文系上学，1981 年 4 月，厦门大学校庆，陈老师以杰出校友的身份受邀回校参加庆典。记得在系里见过一面，陈老师给我的第一印象是穿着整洁，精神焕发，相貌儒雅。后来了解到他是永春西向人，心里又多了一份亲切感：既是系友又是永春同乡。

过了不久，陈老师陪同美国汉学家包拟古（Nicholas C. Bodman）到厦大讲学，我再次见到了陈老师。包拟古讲学的题目是有关原始汉语构拟的，因那时我的兴趣是汉语史，想考汉语史的研究生，所以认真听了讲座。

这两次见面，陈老师对我可能没有丝毫印象，因为我好像没有近前与他打招呼，也没有专门找过他。

包拟古到厦大讲学后，留下了一本有关原始汉语构拟的书稿复印件，后来不知道什么原因，教我们音韵学课的周长楫老师要我把这本书稿翻译成中文供他参考，我推辞说要写毕业论文了，没有时间。周老师说可以把翻译工作结合起来，毕业论文写一篇书评。我勉强答应了周老师，但是心里面总是没有底，觉得力不从心。翻译任务和毕业论文最后虽然如期完成，但并不满意，总觉得问题还不少。临毕业前，我给在《中国语文》任职的章太老师写了封信，汇报了自己的学习状况和今后的打算，也询问陈老师是否能提供有关国外汉语史研究方面的资料。信是 1982 年 5 月 12 日写的，陈老师 6 月 20 日给我写了两页的回信，鼓励我走汉语史研究的道路，但重点应该放在研究中国学者的成果上。

几个月后我被分配到北京交通部干部进修学院，从事交通部系统的干部语文教育工作。到北京之后，我到在地质大学里的中国社会科学院语言所拜访章太老师，有机会进行了面对面的交流，聆听教诲。我工作单位在大兴，离当时的语言所较远，就只好保持通信联系。后来他到文改会工作，筹建语用所，也是在通信中得知的。来往信件，我仍珍藏着。

我一直在准备报考汉语史方面的研究生，由于学校当时缺人，领导不让我考。工作将近三年时，我读了陈原老师的《社会语言学》，看到了中国社会科学院研究生院语言文字应用系陈原、王均和陈章太三位老师共招收 5 名社会语言学研究生的招生简章，就决定报考社会语言学的研究生。我同时给陈原老师和章太老师写了咨询信，主要是了解需要看哪些参考书。陈原老师没有回信，章太老师给我回了一封信，列出了一些参考书目，首先提到的是陈原老师的《社会语言学》。

1985 年 10 月我考上社科院语用系的研究生后，指导老师分在陈原老师名下，三位老师都教我们一些社会语言学课程。章太老师还担任系主任，统筹系里各专业研究生的培养和课程学习。他请吕叔湘先生给我们讲治学经验，让老一辈语言学家对我们进行学术传统教育，请语言所国外语言学编辑部的全班人马给我们上“马克思主义语言学理论”公共课。这些活动，不仅让同学们大开眼界，更重要的是为同学们后来的学习和工作打下了坚实的语言学理论基础。

1988年7月毕业后我留在语用所社会语言学研究室工作。这是中国第一个国家级研究所的社会语言学研究部门。章太老师虽然是国家语委领导和研究所领导，但还兼社会语言学研究室主任，因此我们有机会经常在一起讨论问题，见面的时间就很多了。在他的带领下，我们组织了全国社会语言学的第二次学术研讨会和普通话与方言学术讨论会。章太老师还让我参加了他和李行健老师主持的国家社科基金重点项目“北方话基本词汇调查”的整理工作。

章太老师退休到日本工作回来后，开始投入组织《普通话基础方言基本词汇集》五卷本的编纂出版工作。课题组曾先后从全国各地临时聘请了几十位专业人员到所里工作。记得这个阶段先后有张成材、陈庆延、苏晓青、伍巍、刘时叶、罗福腾、刘祥柏、郑伟钟诸君参加了编纂工作。参加编纂人员的工作任务、食宿生活都是他亲自过问安排的。那时我除了承担正常的编纂工作外，还负责其他杂务，诸如管大家的生活，给大家发津贴、发饭票，周末组织看电影或者看话剧，等等。周末大家也分别在章太老师家和我家聚过会。那时我们住在二外，离南小街较远，但章太老师和邓师母都参加了在二外的聚会。

工作中给我留下最深刻印象的是，当时我们一起给外地来京人员安排了住宿的房间，章太老师和我一起去打扫，我觉得已经打扫干净准备离开时，他没有说什么，也没有什么不高兴的样子，自己默默地又从房间的边边角角里扫出一些垃圾来，然后让我去倒掉。这件事让我体会到陈老师的实干精神和大度，也让我自己不好意思了好一阵子。

《普通话基础方言基本词汇集》在章太老师主持下联合众多学者攻关，大家全身心投入编纂工作持续两年多。一般的书稿三校就可以了，这部巨著四校才正式出版，工作之艰巨，章太老师倾注心血之多，可想而知。这大概也是后来能得奖的重要原因吧。

1996 年陈建民老师退休后，社会语言学研究室我就成了老人儿，其后我一直在研究室工作。章太老师一直与我们一起，关心帮助我们，默默地为中国社会语言学的繁荣发展贡献力量。

我们一起参加所里和教育部相关会议，我经常从章太老师的发言中汲取营养。在《中华人民共和国国家通用语言文字法》的起草工作中，老人家的许多真知灼见得到了采纳，我从中也学到许多东西。该法定稿期间据说有一种意见要把精神文明内容写进法律，章太老师和我知道后都明确表态不同意这种做法。我们的理由是，语言文字表达的内容，不应该是国家通用语言文字法所应该管辖的范围。老人家多次参加了我们组织的全国社会语言学学术研讨会，并在会上做大会发言，还为第六届全国社会语言学学术研讨会论文集《语言、民族与国家》作序。

2001 年，我在语委家属楼有了一套小房子，我们成了邻居，也就增加了一层新的关系。陈老师进入晚年后想念家乡，喜欢家乡的特产。只要老人家有了家乡特产，都经常亲自或让邓师母送上门来与我们分享。我多次告诉他，让我自己去取就行了。但是老人家还是坚持他们自己送上门来，经常是我这里还没出门，他们已经在门口敲门了。当然，我有了老家的特产，也经常会给老人家送去。

从平时老人家聊天的话里知道，他散步出门从我们家门口经过时，经常会看一下我们出门后家里窗户关好了没有。有一次接到陈老师的电话，说家里窗户开着怎么里面没有人呢。

老人家一向身体很好，红光满面，脚步矫健。近两年因病缠身身体慢慢变弱，逐渐需要依靠拐杖才能走路。我们虽然总隔不久会到陈老师家里看望，但是疫情以后，由于我们总是在外面走动，上门的次数就只好减少了。不过只要在门口碰到老人家出来，就会赶快上前问候，聊完天把老人家送回他家门口。

最后一次见到老人家是在发生脑梗之前。那时他受病魔折腾，说话已经不是很利索了。他跟我说很想回老家看看，重复说了好几遍。我告诉老人家先把身体调养好，方便时再安排回去。没想到脑梗住院后病情不断恶化，本想上医院探视，家人说医院不让，终究没有再见上一面。我的好校友、好老乡、好老师、好领导、好邻居竟然驾鹤西去，给我们留下了无尽的思念。

（苏金智：江苏师范大学特聘教授、

教育部语言文字应用研究所研究员）

大爱成伟业　妙手著华章

——深切缅怀亲爱的陈章太先生

郭龙生

陈章太先生是2021年10月17日逝世的，至今将近两个月了。这些天来，我一直想写一写心里的话来缅怀陈先生，可是几次提笔，又几次放下，千头万绪，千言万语，一时竟不知从何写起。

10月15日下午三点一刻，我接到陈先生长子陈坚的电话，说陈先生状况不太好。当时我正在教育部直属机关党校的处级党员干部理论进修班上课，一时不能脱身，就马上给陈先生的大弟子周洪波发微信，并请他尽快与陈先生家人联系。16日下午，我赶到隆福医院看望陈先生。走进病房，我在陈先生的耳边说："我是郭龙生，我来看您了。您要保重啊！"陈先生的眼睛依然紧闭着，照样大口喘着气，只见监护仪上的线条出现了明显的波动，是说明陈先生听到我的话了吗？我多么盼望陈先生能够闯过这一关啊！

谁知过了不到十二个小时，就接到洪波发来的讣告，病魔无情地夺走了陈先生的生命，他撒手人寰，永远地离开了我们。我的眼睛紧紧地盯着讣告，鼻子发酸，眼眶发湿，难忍的悲痛从心头涌上来。

一、陈先生有“大爱心”

1985年11月5日，我到中国社会科学院研究生院报到，就读于语言文字应用系。我们的专业课一直在语言文字应用研究所上，当时陈先生担任所长，我就这样认识了他，他也很快记住了我。

语用所自1984年9月25日成立以来，不断从全国调入各路精英，以充实语用所的科研力量。当时所内的干群关系、师生关系十分融洽，就像一个大家庭。记得我1990年结婚时，所领导、各位老师和同事们十分关心，给我凑钱添置生活必需用品。更让人难忘的是，陈先生破例同意将一间办公室腾出来给我做临时婚房。蜜月之后，我的家具还堆在办公室，使办公环境大受影响。当时我傻乎乎地沉浸在领导、老师和同事们的关爱中，竟欣然接受了这种安排。现在回想起来，真不知该如何表达自己的感激之情。

2000年，我考取了北京师范大学许嘉璐先生的语言学及应用语言学专业的博士，研究方向是语言规划研究。2001年，陈先生在北京广播学院（现为中国传媒大学）为博士研究生讲授语言规划课程。经陈先生同意，我每次都跟着陈先生去上课。陈先生当时已经70岁了，学校允许陈先生来回打车。于是，我就既蹭课又蹭车。正是因为听了陈先生的课，我对语言规划研究的兴趣日渐浓厚，同时也收获了一大批志同道合的年轻朋友。后来陈先生承担国家语委的“十五”科研规划项目“语言规划理论研究”，项目成果除系列学术论文之外，核心成果是编写一本专著《语言规划概论》。我有幸加入项目组，并参加了书稿的编写工作。

记得1997年11月12日这天一大早，我和国家语委的钱慧英大夫乘车前往北京西站去接陈先生回家。当时陈先生去华中师范大学参加“211工程”验收，其间突发轻微脑梗。陈先生坚持回到北京治疗。此后，在师母邓大夫的精心照顾之下，陈先生的身体一直不错。

2020年9月24日，是陈先生和邓师母的钻石婚纪念日。老两口辛辛苦苦、幸幸福福地共同度过了六十个春夏秋冬，相约晚上举办家庭聚会来庆祝一番。陈先生行动不甚方便，师母要求他尽量不要外出。那天，趁师母午休的时候，陈先生在桌上留下一张字条，独自上街购买水果。他一手拄着拐杖，一手拎着两大兜水果，实在气力不支，一时无法回到家中，把师母着实吓了一跳。我制作了一个小贺卡，祝贺陈先生和师母的钻石婚纪念，发在“陈门聊斋”微信群中，与陈先生的各位弟子共同分享陈先生和邓师母的钻石婚快乐。

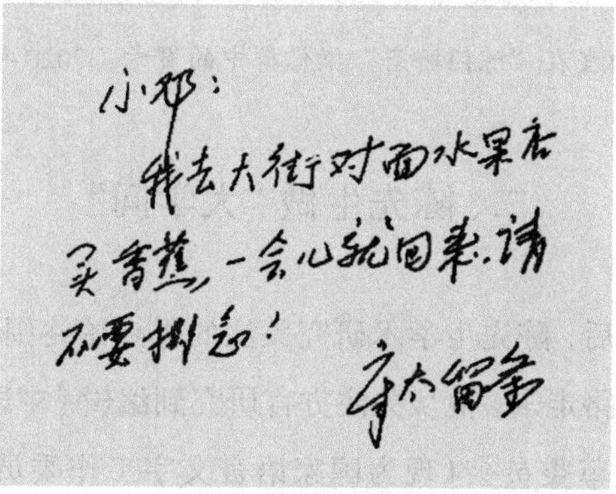
小邓：
我去大街对面水果店买香蕉，一会儿就回来。请不要挂念！
章太留条

陈先生留的字条（2020年9月）

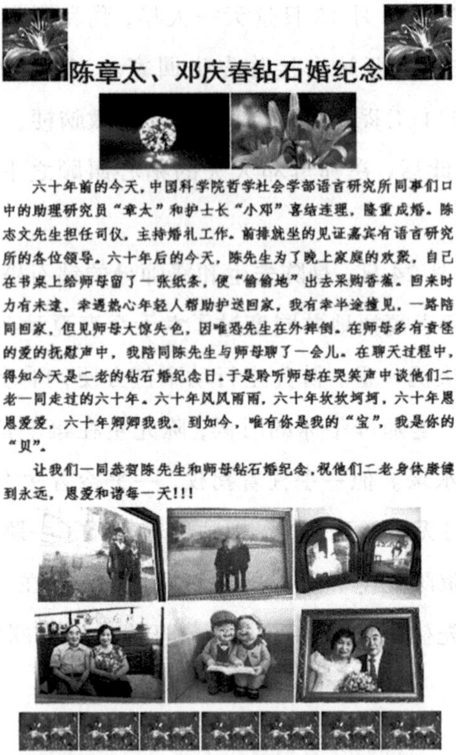

我制作的发在“陈门聊斋”微信群中的贺卡（2020 年 9 月）

二、陈先生做“大学问”

大学毕业后，陈先生学术研究关注的重点始终围绕着国家的需要和大局。一路走来，他从关注方言研究到编辑《中国语文》，再到到中国文字改革委员会（现为国家语言文字工作委员会）工作和创办语言文字应用研究所。从他发表的一系列学术成果看，很多都是在学术前沿有引领作用，对国家语言文字事业发展有指导作用的。

陈先生是中国文字改革委员会及更名后的国家语言文字工作

委员会的领导之一，在谋划将中国文字改革委员会更名为“国家语言文字工作委员会”，在筹办全国语言文字工作会议，在谋划废止《第二次汉字简化方案》和开展社会用字检查方面，在结合社会发展形势扭转国家语言文字工作方针由原来的文字改革三大任务转向拓展新时期语言文字工作新局面方面，在开展语言文字立法的谋划与学术研究方面，在普通话水平测试三级六等标准的设立研究方面，在语言美研究方面，在语言规划理论与实践的探讨方面，在语言国情调查方面，在语言生活理念的提出与研究方面，在语言规范和文字改革问题研究方面，在语言资源和濒危语言研究方面等，都发挥了重要的作用。

陈先生在语言文字研究领域的贡献是多方面的。除了早期进行的方言研究之外，陈先生作为多年主持国家语言文字工作和科学研究的学者型领导，很早就亲自参与制定国家语言文字方针政策，在社会语言学研究领域和专题研究方面贡献多多。尤其是在语言规划研究方面，陈先生是最早在国际上参与语言规划学术研究的学者之一。早在1983年9月7—13日，陈先生就曾与周有光、刘涌泉、范继淹、黄国营等先生一起赴美国夏威夷大学参加了在美国东西方研究中心举办的“华语现代化”国际学术会议（Chinese Language Modernization Conference）。会议全称“华语社区语文现代化和语言计划会议”，目的是交流华语在世界各地的应用、变异情况，研究华语的发展与规范问题。

2004年10月16—18日，教育部语言文字应用研究所在中国传媒大学举办了第四届全国社会语言学学术研讨会。参会论文有近两百篇。最后编辑出版会议论文集时，陈先生几乎审阅了所有的论文，每一篇论文上都有详细的评语，提出是否可收入论文集及理由。陈先生还为今后历次会议的主题进行了很好的擘画。他说：

> 我们原计划每两年举办一次全国性学术研讨会，第五届的主题为“领域语言研究”，第六届为“语言接触与双语双方言”，第七届为“城市社会方言研究”，第八届为“语言变异与语言规范”，第九届为“社会语言及社会语言问题调查研究”，第十届为“社会语言学应用研究”，第十一届为“社会语言学理论研究”。但愿这个计划能够实现。如果后面七届研讨会能够顺利举行，那么我有理由相信，我国社会语言学能够取得更大的发展！

对语言规范、文字改革和语言资源等问题的深入研究和众多成果，集中展示了陈先生关注社会语言生活、探讨社会语言学理论的重大贡献。

自2015年以来，陈先生多年参与《中国语言生活状况报告》（绿皮书）的审稿工作，为国家语言文字工作方针政策的制定做出了重要贡献。

陈先生始终着眼于国家重大需求和世界学术前沿，致力于解决现实语言生活中的实际问题。陈先生研究的是真学问，解决的是真问题，密切关注社会语言生活实际，从生活中发现问题、解决问题。解决“真问题”是做好“大学问”的根本前提。

三、陈先生是“大先生”

陈先生是我心目中的“大先生”。所谓“大先生”，就是胸怀“大爱之心”、可亲可敬的先生。“可亲”是因为他有仁爱之心，“可敬”是因为他有爱国之情。“仁爱之心”使“大先生”不论在什么环境下，都会忠于学者职守，对学生亲切关怀，对事业无私奉献；“爱国之情”使“大先生”对党和国家无比忠诚，把报效国家、服务人民作为终身事业，不断创造出惊人的业绩。

2021 年 11 月 28 日是陈先生 90 周岁的生日，未曾想，陈先生在距离生日 43 天的时候竟驾鹤西去。27 日那天，我买了点水果到家中看望师母。

我与师母一起看了看当初陈先生休息的那间屋子。两个多月前，陈先生因突发脑梗，在几次住院之后回到家中。按照医生的要求，家里给陈先生买了一张可摇起能放平的医用床，以便陈先生能够躺得舒服一些。

有一次，我去看望陈先生，家里的护工正在给陈先生捏手按摩。我看到陈先生闭着眼睛，就大声地叫：“陈先生，我来看您来了。”陈先生睁开眼睛，微微颔首示意。我问陈先生：“我是谁?”陈先生很痛快但是口齿含混地说出三个字“郭龙生”。我很高兴，陈先生居然还认识我。师母在一旁说，陈先生也是一会儿清醒，一会儿糊涂。我跟师母聊了两句，再问陈先生：“我是谁?”陈先生竟“调皮”地说“小胖子!”我当时鼻子一酸，眼泪差点掉下来。师母和护工都很高兴，看到陈先生意识清醒，精神状态也不错，还有精力开玩笑呢。

在我将要离开时，师母郑重地从柜子中取出一双崭新的 Pansy 牌轻便型皮鞋，说是孩子们孝敬陈先生的，41 号，正好你能穿。师母要把这双鞋送给我，并说“龙生，别嫌弃，做个纪念吧!”我激动地接过这双鞋，除表示衷心感谢之外，我想，我应该像陈先生那样，怀“大爱心”，做“真学问”，当“大先生”。

如今，陈先生已经离我们而去，我再也无法聆听他的教诲，再也无法见到他微驼的背影。我多么希望再听他叫我一声“小胖子”，然而，这只能成为一种美好的回忆了。

亲爱的陈先生，安息吧！

（郭龙生：教育部语言文字应用研究所研究员）

我从事语言文字工作的领路人

——深情怀念陈章太先生

张　瑞

2021年10月17日，突然听到陈章太先生逝世的噩耗，我急忙向冯志伟老师打听情况，又把陈老师不幸逝世的噩耗告诉了语用系1985级的同学们，同学们纷纷表示沉痛的哀悼。再也见不到尊敬的陈老师了！

10月19日上午9点，我怀着沉痛的心情到北京隆福医院参加了陈老师的告别仪式，代表中国社科院研究生院语言文字应用系1985级的同学们送了花圈，前来送别的教育部和国家语委的领导、同事、好友、学生有上百人。

陈章太老师是新时期国家语言文字工作的重要领导人之一，他的站位很高，视野开阔，格局很大；在语言规划、社会语言学、方言学等领域取得了很大的成就；培养了大批的人才，包括硕士和博士，都成为国家语言文字工作的栋梁之才。陈老师是我非常尊敬的学术大家，对我的人生道路影响很大，更是我从事语言文字工作的领路人。我深深地怀念陈老师！

一

我与文改会、语用所、陈老师结缘都是在1984年。1981年我从内蒙古自治区呼和浩特市土默特左旗考入兰州大学中文系汉语言文学专业学习，在语言文字学和文学两方面，更喜欢语言文字学一些。1984年底，我准备报考研究生，有一天中午，一边端着饭碗吃饭，一边看阅报栏里的报纸，突然在《光明日报》上看到了中国社会科学院研究生院语言文字应用系招收硕士研究生的信息，眼前一亮，打定主意，就报这里啦！经过努力的学习准备，参加了研究生考试。过完1985年的春节，先后盼来了研究生考试的成绩通知单和复试通知，心情非常激动啊！

我的复试是陈老师请语用所的刘连元老师和文改会人事处的袁淑处长千里迢迢专程到兰州大学进行的。中文系领导非常重视，特意在兰大招待所给安排了复试会场，复试过程很顺利！老师和同学们也纷纷为我美言！两位老师给我复试完，第二天又去西安给另一位同学复试。入学后才知道她是西北电讯工程学院（今西安电子科技大学）的陈敏同学。而别的外地同学和北京的同学都是到北京朝阳门内南小街51号语用所复试的。

终于盼来了录取通知书，激动的心情难以言表！

我们十八位同学是语用所成立后招收的第一批硕士研究生。文字学专业文字改革方向有徐振亚、张瑞、陈佳平；文字学方向有程荣、李燕；盲聋语文方向有黄慧之；社会语言学专业有姚佑椿、苏金智、徐志诚、汪慧君、陈红玉；语言应用专业有郭龙生、张舒、郭晓峰；语言信息处理专业有揭春雨、李竹、陈敏、曹敏。

同学们一报到，陈章太老师、语用所负责研究生招生工作的厉兵老师、系秘书胡士云就来看望大家了。这是我第一次见到仰慕已久的陈章太老师！陈老师那时54岁，正当年，精神饱满、意气风发，担任中国文字改革委员会副主任，语言文字应用研究所副所长，中国社会科学院研究生院语言文字应用系主任、研究生院教授等重要职务。成立语言文字应用研究所、招收第一批硕士研究生这些大事，是与陈章太老师的努力分不开的！

陈老师给同学们详细介绍了中国社会科学院研究生院、中国文字改革委员会、语言文字应用研究所的情况，勉励大家好好学习，将来在学术和工作上取得成就。陈老师对同学们嘘寒问暖，十分关心同学们的生活情况和学习情况。我们也感受到了陈老师春天般的温暖。

过了几天，陈章太主任派车接我们这十八位同学，去朝阳门内南小街51号中国文字改革委员会和语用所的办公楼，所里开了一个全体导师和研究生的见面会、研究生的欢迎会。出席会议的有周有光、倪海曙、郑林曦、王均、陈原、杜松寿、高景成等老一代的著名学者，有陈章太、李行健、于根元、龚千炎、陈建民、冯志伟、刘连元、方世增、厉兵、李乐毅、周四川等中年一代的著名学者。这次见面会给我留下了深刻的印象，我暗暗下定决心，不辜负老师们的期望，要好好学习，为国家的语言文字事业做出贡献！感谢文改会、研究生院、语用所、各位导师和陈章太老师给我们一个非常好的学习机会和平台！

二

研究生院的学习正式开始了，按照课程表按部就班地开始上课。外语、政治等公共课在研究生院上，专业课、选修课在语用所上。陈老师也经常到研究生院来看望我们。

陈老师给我们讲国家语言文字政策、社会语言学和方言等方面的课。陈老师在语言文字政策方针、社会语言学、方言等方面已经取得了很高的学术成就。陈老师讲的国家语言文字方针、政策，论闽方言的一致性，闽语、闽南话的来源，我印象非常深刻。陈老师给我们讲，唐高宗时期，陈政、陈元光父子率领府兵、乡勇近万人从中原河南固始进入福建，开发建设漳州地区，陈元光被尊封为“开漳圣王”；唐朝末年，王审知兄弟三人率义军及吏民入闽带动了移民潮，王审知被封为“闽王”；这两次移民规模最大、影响最为深远；多次中原移民潮，带来了中原的汉语，这就是闽语、闽南话的来源。我感受到了陈老师对福建家乡、家乡的历史、家乡的方言有着深厚的感情。

陈老师请中国社会科学院语言研究所的吕叔湘先生给我们讲汉语语法，请赵世开老师、沈家煊老师给我们讲外国语言学等课程，还多次和我们讲向胡乔木同志汇报、请示文改会工作的情形。胡乔木同志代表中央，对文改会的工作有很多重要的指示，这让我们对国家的有关政策方针有了更多的更深刻的了解。

1985 年 12 月 16 日，中华人民共和国国务院办公厅发出通知，为了加强新时期的语言文字工作，国务院决定将中国文字改革委员会改名为“国家语言文字工作委员会”，国家语言文字工作委员会仍为国务院的直属机构，陈章太老师担任常务副主任兼秘书长。

1986 年，国家教育委员会和国家语言文字工作委员会于 1 月 6 日至 13 日在北京召开了全国语言文字工作会议。参加会议的有中央有关单位和省、自治区、直辖市的代表 280 多人。国家语委和陈老师安排我们这些研究生旁听了大会。这是新时期语言文字工作的一次盛会，我们有幸能够参与其中。

万里和胡乔木两位中央领导同志分别在开幕式和闭幕式上做了重要讲话。国家语委主任刘导生做了《新时期的语言文字工作》的报告，国家教委副主任柳斌做了《教育战线要重视语言文字工作》的报告。会议上还有很多领导和专家做了报告和讲话，这让我们对新时期的语言文字工作有了全面的了解，收获非常大。这也是我第一次见到中央领导人。

陈老师还安排我们研究生参加一些对外学术交流活动，让我们见见世面，积累一些对外交流的经验。印象最深的是1986年的某一天，日本早稻田大学教授武部良明来国家语委进行学术交流，由毕业于南京大学外语系日语专业的徐振亚同学担任翻译，徐振亚同学翻译得非常流畅完美，受到了语委领导的好评！陈老师也安排我参与了一些接待和交流工作。

1988年7月同学们毕业了！所里和陈老师为同学们做了很好的毕业分配。很多同学留在语用所做研究工作，也有同学自己联系了工作单位。我因为喜欢编辑出版，经李行健社长和语文出版社同意，就分配到语文出版社编辑部工作了。

三

刚到出版社工作，就开始发挥作用，参加了多部语文工具书、学术著作、教材的编校工作，如大部头的《汉字属性字典》等。

1990年底，国家语委成立了语言文字应用管理司，我调到了司里工作。在王伯熙司长和刘连元副司长的领导下，开始做文字应用管理研究和工作，参加了全国各地的社会用字调查研究和检查治理，参加多项语言文字规范标准的制定工作。90年代初，陈章太老师应日本文部省的聘请，到东京的国立一桥大学任教，我为陈老师翻译了一些他出国必备的日语文件。陈老师还介绍我认识来语用所访问的一桥大学的折敷濑兴教授。记得折敷濑兴教授的爱好是打高尔夫球，每个周末都去打。

1995年夏天，我调到了新闻出版署系统工作，与陈章太老师见面少了。有时回到国家语委，就去拜访陈老师和师母。陈老师和各位老师给我的教育，使我在工作中大显身手，写作、编写、编辑出版了许多汉语工具书、学术著作、教材等，为社会做出了贡献，没有辜负陈老师的期望。

1997年，我有一个去新加坡国立大学任教的工作机会，需要国内的著名语言学家写推荐信，我找到陈老师请求帮助，陈老师非常热情地为我写了推荐信。

定居美国的徐振亚同学每次回国，我们都一起去拜访陈老师和邓师母。2019年秋天的一天傍晚，我们去拜访陈老师和师母，聊得非常开心。本来想请陈老师和邓师母去附近吃饭，可是那天，陈老师在中国传媒大学录制国家语言文字工作的口述历史，比较累，邓师母担心陈老师的身体，我们就请陈老师和师母在家好好休息。临别时，陈老师和邓师母非常热情地一定要我带给孩子一袋山西大红枣。这是徐振亚同学见陈老师的最后一面！

陈老师年事已高，我也不敢常去拜访和打扰陈老师和邓师母。有一次，我到后拐棒胡同甲2号办事，在朝内大街后拐棒胡同口巧遇陈老师和邓师母。陈老师的腰弯得很厉害，我很是吃惊，陈老师说是腰椎间盘突出，我询问了陈老师的身体健康状况。没想到，这成了我和陈老师见的最后一面！

敬爱的陈老师一路走好！人民永远不忘您为国家语言文字工作做出的巨大贡献！学生们永远不忘您的教育培养之恩！

（张瑞：新闻出版署编审，
曾在语文出版社、国家语委文字应用管理司工作）

陈老师的传家宝

杜　翔

敬爱的陈章太老师逝世一个多月了，几次提笔写一点回忆的文字作为纪念，总是不能最终成文。看着微信里发表的一篇篇缅怀文章，我一次次地为陈老师的高尚人格所洗礼和感动。商务印书馆原总编辑周洪波老师知道我去年12月曾因筹备《丁声树文集》出版座谈会采访过陈老师，在陈老师逝世后不久就问我能否写点东西，我自然应承下来。时间一天天过去，一个月过去了，"五七"过去了，感恩节过去了，我不由得着急起来。昨天在微信群里看到冯志伟老师说今天11月28日是陈老师90周岁生日。必须在今天内完成这篇纪念文章，算是对陈老师冥寿的一个纪念。

去年商务印书馆出版了由韩敬体先生编辑的《丁声树文集》，计划召开一次出版座谈会，我负责座谈会筹备的具体工作。我首先想到的是能否邀请到陈老师出席会议。陈老师曾在丁先生身边工作过，在一篇文章中提到丁先生在陈老师结婚时送过一张圆桌。那时我正在做纪念丁先生的短片，这个圆桌是一件难得的实物，因此早就有登门求证的想法。此前我跟陈老师只在几次语言所举办的纪念会上见过面，最近的一次是在纪念罗常培先生诞辰120周年的学术座谈会上。陈老师谦虚和蔼，极像词典室老前辈刘庆隆先生，晚辈跟他交谈请教没有一点拘束。

1960 年，陈老师结婚，丁声树先生赠送的圆桌（2020 年，北京）

所里把出版座谈会的时间定在 12 月 28 日后，我马上跟陈老师联系看能否出席会议。接电话的是师母邓大夫，说陈老师身体已不太好，不能到会议现场。我请求去陈老师家里采访，给会议提交书面发言，陈老师和师母很爽快地答应，约好了 12 月 21 日下午 3 点半左右见面。陈老师家就在老语委大院的家属院内，从社科院过去并不远。我骑车过去，在临近老语委大院的菜市场买了一些水果。出了菜市场突然刮起了大风，下了雨。我是第一次去陈老师家，在语文出版社工作的金春梅师妹带我过去的。陈老师家在二楼，师母给我开了门，早已准备好了水果、点心。陈老师从书房里慢慢地挪步出来，师母说，挂着尿袋，不太方便出门。那天正好是冬至日，天黑得早。我到陈老师家坐下后，天马上放晴了，似乎还有柔和的晚霞映到二老的脸上，十分祥和温暖。

那天采访的主题是关于丁先生的事情。陈老师说，1956 年调入中国科学院语言研究所后，去北大跟着王力先生学习《论语》词汇，并在北大进修。1957 年 2 月，教育部和语言所合办的普通话语音研究班第三期开学，陈老师被安排到语音班培训。丁先生在语音班分管教学，十分关心年轻人，跟陈老师单独谈话就有四五次，嘱咐他好好研究自己的母语闽南话，从母语入手是研究语言学的最有效方法。语音班结束后，丁先生考虑到方言组没有闽语区的人，安排陈老师到方言组工作（丁先生是方言组组长）。1959 年初陈老师随丁先生和李荣先生去河北昌黎调查当地方言。陈老师说："正是因为丁先生强调，要我们调查自己的母语，研究活的语言，研究语言与社会的关系，引导了我做社会语言学研究的道路。"

1960 年 9 月陈老师结婚。丁先生说："你结婚是一件大事，我没什么东西可以送的，我从美国带来了旧家具，一个是长条桌、一个是圆桌，两件里面送你一件，你自己随便选。"陈老师选了圆桌。陈老师和师母带我到餐厅旁边北向的房间内，靠着窗户放着这张硬木圆桌，桌面盖有原配的玻璃，整个桌子光亮整洁，完好如初。要知道丁先生带回来的家具肯定不多，好不容易带回的肯定是自己的心爱之物，当年又是物质极度匮乏的年代，这份赠礼何其珍贵！作为两人结婚 60 周年的见证，陈老师和师母都说这份赠礼是宝贵的传家宝。我提出二老在圆桌边拍一张合影，二老欣然同意，师母还特地给陈老师整理了衣服。

1960 年底，《中国语文》杂志社人员有了调整。1961 年 3 月，丁先生兼任主编，陈老师担任秘书和编辑，具体负责编辑部工作。同月，丁先生担任词典编辑室主任、《现代汉语词典》主编。陈老师特别说到，杂志社工作和词典室工作又忙又累又重，不能做自己的专业，但是做好编辑和编好词条又很不容易，大学生毕业都不愿意到杂志社和词典室工作。陈老师感慨地说，丁先生在精神压力很大、工作极其艰苦的情况下，仍怀着一颗赤诚之心，日以继夜地紧张工作。

陈老师和师母在丁先生赠送的圆桌边合影留念（2020 年，北京）

师母当年是北京胸科医院（现北京老年医院，地处海淀温泉，离城区很远）的老护士长，不但工作认真负责，曾被评为劳动模范，而且把家里事情料理得利利索索的，让陈老师得以安心工作。师母对陈老师的事情也很了解，两人还一起给我谈了 1980 年代胡乔木同志关心文改会，以及把陈老师调到文改会工作的一些情况。谈起这些往事，陈老师饶有兴致地带我到书房，说这里有些资料以后还可以慢慢整理。我想着这次拜访的主题是了解丁先生的情况，陈老师身体也不太好，也就没有细问。今年 3 月出版的《汉字文化》杂志专辟彩页刊登《丁声树文集》出版座谈会情况，4 月中旬我再次登门给陈老师送杂志。这次见面我是有意想看看陈老师说的资料，但看到陈老师的精力不如上次，我坐的时间不长就告辞了。岂料半年后竟传来陈老师的噩耗，再也没有问道的机会了。

两次拜访，我都受到了陈老师和师母的热情招待，师母更是关心询问我家里的情况，临走时让我带礼物回去。第一次拜访带走的礼物是绩溪烧饼等一些糕点，第二次是绩溪的金山时雨茶和笋干。周洪波老师是陈老师的学生，老家是安徽绩溪，常去看望二老，二老十分称道。绩溪烧饼类似我老家的金华酥饼，金山时雨茶和笋干是周总刚从绩溪召开的《现代汉语大词典》专家审读咨询会回来送给陈老师的，陈老师把礼物转赠给了我，让我收获了这份情谊。我把茶叶放在办公室里，请同事们一起分享陈老师的心意。

临别时陈老师坚持送我下楼，在我竭力劝阻下，陈老师站在二楼的楼梯口跟我挥手告别。这让我想起了梁德曼老师回忆丁先生的文章中所描述的：在丁先生家吃完午饭后，先生坚持送我到车站，等我上了车，车开了，先生还在挥手告别。我在陈老师身上，明显能感到这种精神的传承。陈老师对丁先生饱含着感恩之情。1989年丁先生去世时，陈老师写了《一位品格高尚、学问精深的杰出语言学家——哀悼丁声树先生》一文，2009年为丁先生百年诞辰纪念文集又写了一篇《品格学问俱佳的"丁圣人"——追怀丁声树先生》，对丁先生的道德文章以及对自己的影响有详尽叙述。在检索学习陈老师的论著中，我找到了《方言田野调查的艰辛与愉悦》（收入李宇明、王莉宁编《輶轩使者——语言学家的田野故事》，商务印书馆2020）一文，里面专门记叙了丁先生和李荣先生对自己方言调查的培养：

那时丁、李先生多次对我们说，从事汉语方言研究，最重要的是要做好实地调查，充分占有材料，练好研究方言基本功，特别是要调查研究好自己的母语方言，踏踏实实一步一步往前走，不要操之过急；做什么事情都要下苦功夫，功到自然成。我深感丁、李先生的这些肺腑之言，这是他们成为汉语方言学顶尖大学者的实践经验总结，使我十分感动，受益无穷。我能成为丁、李先生的学生，真是荣幸！我暗下决心：一定要遵照老师的教导，刻苦学习，认真调查，深入研究，取得汉语方言研究的成果。

丁声树先生的座右铭是“俯首甘为孺子牛”，陈老师在缅怀丁先生的文章中说丁先生“是一位平凡而伟大的大好人大学者，是中国优秀知识分子的代表”，陈老师也用自己的一生证明了自己对丁先生的评价——平凡是因为学问根植于人民，永远把自己当成一个普通人，毫不特殊化；伟大是因为时刻服从国家需要，个人再苦再难也毫不在意。作为新中国第一次招生统考的大学生，陈老师跟其他同学一样，把个人的命运同国家的命运紧紧联系在一起，对国家、社会总有一种感激、报恩的想法，并有一种不可推卸的社会责任感和使命感。陈老师在上文的结尾一段中说：

> 福建属于丘陵地带，山高水长，交通不便，每到一处调查方言，大多要跋山涉水。夏天爬山走路满身大汗，有时还会摔跤流血；冬天爬山过河，天寒地冻，全身发冷，真可谓是艰难困苦。然而每次田野调查都有可喜的收获，每次看到记录、整理过的这一沓沓成果，心中便会感到无比的愉悦。这是一种特殊的精神享受，是老师、同事、朋友们教我送我的珍贵礼物。我会珍惜这一份份情意和成果，一步一步坚持走下去，直到无力调查。这是我们田野调查工作者必须具备的品格和素质。

陈老师的家国情怀促使他特别关注语言规划和语言生活，可以说做到了鞠躬尽瘁死而后已。陈老师处处从大局出发，为他人着想，在他身边工作过、跟他交往过的人都称道他的亲和力和学术组织能力，他的学风家风无疑也成了学界的传家宝。陈老师不在了，幸好资料还在，很多事情师母也都知情（师母每天都有详细的日记），因此我想对资料进行系统整理，进而写一本陈老师的传记，让学界永久纪念与学习。相信这是大家的共同心愿。

我作为一名“现汉人”，访谈中陈老师向我特别强调《现代汉语词典》（简称《现汉》）在语言生活中所发挥的作用。陈老师重视《现汉》和词典的作用，曾写过多篇文章，如《紧密联系社会语言生活实际——读〈现代汉语词典〉第6版》（《中国辞书学报》第1辑，商务印书馆2015）一文，指出：“语言生活是《现汉》不断发展的原动力，这就如同地下水是泉水的水源一样，水源越充沛洁净，涌出的水就越丰盛清纯。”陈老师用生动的比喻道明了《现汉》修订的动因，这也正是“现汉人”需要恒久关注的地方，为此我们必须不懈努力。

（杜翔：中国社会科学院语言研究所研究员）

先生如同天上的星，温暖地闪耀着

——忆章太先生

韩玉华

2021年秋，章太先生离开了我们。我还记得送别那天，秋风寒凉，万物萧瑟，一如我当时的心境。如今已经一年有余了，也到了交稿之期，我望着窗外璀璨的星空，点点滴滴的过往漫上心头……

初闻章太先生，是我在北语（北京语言大学）读硕的时候。那时我读的是社会语言学，早就听闻国家语委的二陈（陈原先生、陈章太先生）是国内社会语言学界的领军人物，大名鼎鼎，如雷贯耳。

硕士毕业后，有幸到教育部语用所从事普通话水平测试相关工作。章太先生是我们所的老领导，又是测试中心专家委员会的委员，经常到我们那儿开各种会议。我作为新人，经常负责迎宾接待等工作。第一次见到章太先生时，我激动的心情溢于言表，堪比追星的粉丝。见的次数多了，章太先生在我心目中的形象也渐渐具体了起来。先生给我的感觉十分温和儒雅，说话慢条斯理，逻辑非常清晰。不过他说话带些福建腔，对于北方人的我来说，需要仔细专注才能跟得上。

后来我在社科院读在职博士，论文选题是普通话水平测试的发展史。章太先生是普通话水平分级的提出者，1983年在美国夏威夷学术会议上宣读的《略论汉语口语的规范》是普通话水平分级的开山之作，也是后来国家普通话水平测试的缘起，所以我特别希望当面了解一下当时的情况。先生就住在我们办公楼后面的家属院，于是我产生了去家里拜访的念头，只是不知道方便与否，有点犹豫。问王晖老师，他非常鼓励，说章太先生对后辈特别提携，还把先生家里电话给我，让我自己提前联系。

章太先生的家是个特别温暖有爱的地方。先生和蔼风趣，对后辈谆谆教诲。从先生那里，我听到了语用所、测试中心的种种过往。先生作为语委的老领导、语用所的老所长，高瞻远瞩，为国家语言文字事业尽心竭力。先生的学识令人高山仰止，更重要的是，他严谨的态度、宽阔的视野使我获益良多。邓老师（先生的夫人）说话快人快语，干净利落。每次我去，邓老师都当我是小孩子，不停地让我吃这个喝那个，走的时候还会塞给我一大兜好吃的。老两口特别恩爱，只是偶尔先生会被抱怨干家务活不太行。每次离开先生家的时候，他都要送我出来，我一劝他回去，他就说他要扫地。他常年清扫他们家单元门一楼二楼的楼道，可能这就是他的家务分工吧。

这样的拜访大概持续了十余年。每年节前节后的，我总会去看望，陪先生和邓老师聊聊天，拉拉家常，真有些回家的感觉。虽然年纪越来越大了，先生的思维还是非常清晰，还是那么幽默风趣。2021 年秋天，听闻先生身体不如以前了，就惦记着去看望，可是正逢搬家租房，一直不得空闲。等我好不容易忙完了，去家里拜访，却只见到邓老师。邓老师告诉我，不巧，章太先生因病昨天去医院住院了，现在也不方便探望。真没想到，我竟错过了最后见先生的机会……从那以后，再去看望邓老师时，先生的音容笑貌就只能在脑海中回忆了。

我想，先生的一生是充实幸福的。有光辉的事业，有深厚的学问，有亲爱的家人，还有诸多的学生弟子，像我这样受到先生提携鼓励的人也有很多很多。先生如同天上的星，温暖地闪耀着。希望能够把先生的学问、治学的精神传承下去，让我们的后辈也能感受到先生的光芒！

（韩玉华：教育部语言文字应用研究所研究员）

我认识的陈章太先生

王　芳

编者按：陈章太先生多年来一直为《语言文字应用》杂志义务审稿，作者王芳在《语言文字应用》编辑部工作，负责陈先生稿子的传递。她把与陈先生的交往写成文章，2019年6月通过朋友圈推送。现征得王芳同意，把该文章收进纪念文集里。

北京市朝内南小街，光看名字以为在朝阳，其实这地界儿属于东城，且资历老，典故多，生来就是“富贵之地”。朝内大街的“X”形过街天桥很潮很前卫，从这儿向南直达北京站口，如果视力好，站在天桥中心，火车站广场上“北京站”三个字应该是能看见的。这是朝内南小街的起点。朝内南小街51号就位于“X”形天桥的西南角。早年间，朝内南小街是皇室吃、穿、住及其他用度的仓储地，还曾经是报刊出版社的“圣地”，现在很多出版社等已迁出，人民文学出版社、外国文学出版社、语文出版社还坚守在这里。成立于1954年12月的中国文字改革委员会（国家语委的前身）最早就在51号院内。现在，51号院子里有一栋六层的主办公楼，语文出版社和教育部语言文字应用研究所都在这栋楼里。办公楼后面有几栋稍矮的小楼，楼体的外墙被砖红色的涂料刷过，因此大家叫它们红楼。那就是原国家语委的家属院。国家语委红楼家属院经常会进出不少花甲老人，这些老人跟普通老人没什么两样，和我们擦肩而过时，我们可能根本想不到他们或许就是我国语言学界颇有建树的专家。国家语委原副主任、教育部语言文字应用研究所原所长、博士生导师陈章太先生就是这些老人中的一位。

陈先生是1931年生人，今年已经是88岁高龄了，但陈先生依旧思维敏捷、精神矍铄，社会事务繁多，专业研究不断。他是教育部语言文字应用研究所的第二任所长，也是《语言文字应用》杂志的创办者之一，申请创办《语言文字应用》的报告就是陈先生起草的。多年来，他一直关心着《语言文字应用》的成长，多年来，一直义务承担着《语言文字应用》的外审工作。每个月，都会有几篇稿子送给陈先生审阅。陈先生审稿认真细致，有时候稿子要得急，陈先生会加班加点。有一次，我接到陈先生的电话，电话中问我他手里的那几篇稿子急不急，他有事要去外地几天。陈先生原则性强，专业操守严谨，虽然我们采用的是匿名外审制，但陈先生有时候能从文章中判断出作者，只要文章水平不够，无论是学生还是熟人，稿件绝对通不过。正因为这样，在工作中，我和陈先生时不时就有交往。送给陈先生审阅的稿件都是打印稿，陈先生送回的专家审稿意见书是手写体，字写得很清晰，但有的时候笔画有些许潦草，明显感觉握笔不稳。在51号院的收发室里，陈先生有个个人的报箱，每隔一两天，他就会来开一次报箱。我经常会把需要审阅的稿子放到他的报箱里，有时候稿签上还会粘张小便签，写上一两句问候的话。看完稿子，一般情况下，陈先生会亲自把稿子送过来，有时候看我不忙，陈先生会和我多聊一会儿。有时候是语言文字方面的知识，有时候是一些过去的趣闻。与知识渊博的学者谈话，如沐春风，和和蔼慈祥的长辈聊天，会受益无穷。从陈先生那里，我才知道我们经常嫌弃条件简陋的办公楼原来有如此厚重的历史。这栋楼已经有半个多世纪的历史了，是无产阶级革命家、教育家、历史学家和语言文字学家吴玉章先生找了周恩来总理，周总理亲自批示，用人民大会堂的尾料盖起来的。盖楼时，又恰逢中苏关系恶化，所以这栋楼安全级别特别高，十几级的地震都不怕。我还知道，著名语言学家、“汉语拼音之父”周有光先生也曾经在这栋楼上工作过。中央领导人胡乔木，教育部原副部长董纯才，文化部原部长沈雁冰，著名学者黎锦熙，北京大学著名教授王力，社科院语言所所长罗常培、吕叔湘，文学家田汉，文改会领导叶籁士、倪海曙，著名作家老舍，都在这栋大楼上或工作过，或开过会。中央领导、部委领导、著名学者，原来这栋楼的楼梯上印上过这么多“如雷贯耳”的名人的脚印，我恍若做梦。了解了这栋楼的“前世今生”，我不由敲了敲办公室的墙，似乎真如陈先生讲的那么坚固，觉得那个逼仄的卫生间也顺眼了很多。

我几次告诉陈先生，稿子看完后给我打电话，我可以自己去取，但陈先生依旧亲自送来。办公楼和家属区本在一个院子里，只是中间被一排铁栏杆隔开了，铁栏杆中间有扇铁门，前些年小铁门经常是开着的，近一两年，不知道为啥小铁门大多时候都是锁着的，这样陈先生送稿子就不太方便了，有时候要从外面绕一大圈。冬天的时候，有几次陈先生给我打电话，说外面太冷，不让我到楼外去找他，他从小铁门过来，把稿子从办公楼卫生间的窗户给我塞过来。怕我拒绝，他经常到了窗口下才给我打电话让我去拿。有一次，外面特别冷，风特别大，陈先生又来送稿子，我说后院在铺设路面，窗外有撬起来的水泥块和堆起来的地面砖，脚下不好走，不让陈先生送。他坚持说他可以，没问题，知道每次犟不过他，干脆“恭敬不如从命”。拿到稿子，看着老人步履蹒跚，深一脚浅一脚地离去，我眼眶莫名地发热。

今早一上班，陈先生就说稿子看完了，他要送过来，我说好，您别跑了，今天天气好，咱俩就在小铁门门口见吧。小铁门依旧锁着，隔着铁门，我和陈先生进行了“交接”。我问陈先生，能给您拍几张照片吗？陈先生很高兴，说当然没问题。明天是端午节了，告别时我和陈先生互道“端午节快乐”，说完陈先生又说，其实端午节是不应该说快乐的，不过现在不讲究那么多了。

（王芳：教育部语言文字应用研究所《语言文字应用》编辑部）

忆恩师，长相思

——追思陈章太先生

叶竹钧

大年三十，静谧小区像睡着了一样，透过窗户，周边楼房仅有星星点点几家灯火。大疫三年后，人们总算有机会迈出家门了，羊城广州的人们，节日出行急，许多人家都走空了。我依然静守在家中，按老习惯给长辈们打电话拜年。

从中国传媒大学访学回到广州，我每年的第一个电话都要打给恩师陈章太先生。前年，在得知先生去世的那一刻，我抑制不住情绪，流泪不止。去年的今天，我给师母打电话，还茫然若失，满脑子幻觉……每每拿起电话，老师的音容笑貌，一桩桩往事仍不停浮现眼前，我一开口，老师便能听出是“小叶”，那边就会传来慈父般关心备至的声音，可这熟悉的、和蔼可亲的声音真的是再也听不到了……此时，又如五味杂陈一起涌上心头。

认识先生是在20世纪80年代，确切地说，是1985年第1期《语文导报》的“笔谈语文现代化”栏目。那时的我对专业的理解仅停留在师范教育的语文教学上，是先生的《开创语言研究的新局面》使我开阔了眼界，受到了启发。语言学现代化很新奇，对先生提出的四个值得注意的问题，我读了又读，至今仍记忆犹新。

读着笔谈，掠过些昔日的情景：一上小学，我就是双方言人，在家说上海话，在学校说山西话；在农场与同乡交流，与天津知青聊天，感受了“十里不同音，百里不同语”的妙处，更神奇的是观城同学一“打燕话”，就让我目瞪口呆，模仿都难……大学期间，班上就我一个南方人，普通话极差，但语言老师却能发现我的点滴进步，还提示我语音方面的潜力，我没察觉……

读到笔谈，朦胧地感觉到这些活生生的“语言事实”大概就是“要加强语言理论研究应积累的资料”。自那时起，我对语言学有了新认识，但却没有新长进。去五邑大学教现代汉语前，我慕名去北师大找周同春老师。几年的通信指导，周老师渐渐把我带进语音教学领域，接触到了“实验语音学”的名词，这使我意识到从口耳之学到看得见的语言，应该是“研究方法和研究手段的现代化”的部分内容……扎实的理论基础，一定的实践经验及实验的手段结合才显学科研究的严谨。

我第一次见陈先生是2003年11月，在杭州参加第三届全国语言文字应用学术研讨会。这次会议，不仅有机会见到陈先生，还有机会在几年后得到先生亲自指导。那几年，我除了承担学校几门语言课程的教学，还一直参加“粤港教育交流项目”的教学辅导工作，对培训香港普通话师资很有想法，也思考着一些问题，其中已几易其稿的教学论文《懂·通·传·到——试论普通话科教师研修教学的四个境界》，打算投稿《语言文字应用》，却迟迟没敢发出。会上碰见陈先生，我鼓足勇气试着请先生帮我提修改意见。先生是那样实在，那样平易近人，一口答应了。他接过文稿，第二天还主动跟我说：“小叶，你的论文我看了，是个问题，才看一半，等到千岛湖再跟你说……”会议期间，先生一直很忙，到了千岛湖，那么多同行专家围着他老人家，我哪敢再给先生添累。可就在返回杭州的第二天一大早，先生又主动说："小叶，对不起，论文还没看完，得带回北京看……"我感动至极，顿时思绪万千。大家就是大家，先生是德高望重，受人尊敬的大家，却丝毫没有学术大专家的架子，对只见过一面的无名晚学能如此谦逊、真诚，对一篇不起眼的文稿还看得那么仔细入微。从杭州看到千岛湖，又从千岛湖看到北京。半个月后，我试着打电话，得到先生鼓励的评语："写得很好，有真知灼见，有深度，论述深刻透彻，有说服力。也有研究的价值……"最后发在了《语言文字应用》2004 年第 2 期。先生的肯定给了我莫大的信心，却又让我情不自禁地流露出自己学术根基浅的苦恼……我说的先生全懂，除了理解，还关心我的成长，建议我去（中国）传媒大学进修。

对，进修！可几年过去了，年年申请却争取不到机会。我已心灰意冷，每次电话，先生都耐心听我倾诉，安慰我，鼓励我学习，还寄给我一份书目……终于，在 2007 年，我因甲状腺术后说话艰难，才争取到了再学习的机会。而这次机会，也是陈先生帮我联系的。

报到的头天傍晚，我叩开了陈老师家门。老师和师母都为我争取到学习机会而高兴。老师知道我基础差，为进修更有效，特别提醒我要勤奋，要脚踏实地地利用好一年时间，达到一名访问学者应有的水平。具体落实在三个方面：听课（专业的博士课程及与专业有关的硕士课程）、结合课题研究看书、写文章。老师拿着语言学及应用语言学专业的课程设置表，根据我的情况，反复与我商讨如何合理安排课程及其他，足足两个小时啊！谈完还非送我到车站。

老师对我提高学业如此重视，不仅在专业设计上为我费尽心思，还请李晓华院长也任我的导师。这事看着简单，却包含着老师为我精心安排的大智慧，是老师在最大程度地为我创造学习条件，争取更适合我学习生活的环境。我哪辈子修来的福气，能遇到这么好的老师，真是太难得，太幸运了。感激之情难以言表，除了加倍努力，我还说什么呢？

短短两个学期，我很少能在十二点之前睡觉。每次向老师汇报学习前也显得紧张。学习了“应用语言学前沿问题”的课程后，对语言规范有了新的认识，但结合教学，难免受“匡谬正俗”的限制。老师针对我的认识偏差，说：“你是教育工作者，也是语言工作者，教育引导是个方向，促进社会工作需要策略……”经老师点拨，我茅塞顿开，抓住了“引导”和“促进”写了《论社会交际中的语言规范策略》，后发表在《内蒙古大学学报》。

陈老师睿智达观，指导我写文章总有大局在心。我听了老师“语言规划研究”课程，在研究“粤港教育交流项目”过程中，将学习“语言规划”后的理解贯穿进去，写作遇到瓶颈，很难继续。请教老师，又得到耐心细致的指导。老师启发我认识语言规划政策的层次性；强调调查、了解香港特殊的语言生活，复杂的语言关系的重要性；要求有服务于社会的责任，尤其像我这样双重身份的工作者（既当老师，又做工作），要利用现有的资源，考虑特区语言规划中的“两文三语”政策如何在实践中稳妥地运作，构建起香港和谐的语言生活环境……

访学期间，老师耳提面命，严格要求我。结业后依旧关心我的成长，我手头的绿皮书《中国语言生活状况报告》，从2005—2015年，整整十年没有间断，老师2015年出版的《语言规划概论》，也有幸获老师亲笔签名的一册。而这些学习资料都是师母亲自寄给我的。

我们的陈老师就是这么一位儒雅贤达、诲人不倦的好老师，无论为人、为师、为学、为道都为我们树立了榜样。师母是医生，在校时对我们体贴入微，我回广州后，师母还一直关心我的身体，深沉的母爱给了我不同季节的叮嘱，令我无法忘怀。

在中国传媒大学的一年是艰辛的，但我没辜负老师的一片苦心。我克服着年龄偏大、身体欠佳的不利因素，坚持跟年轻的学生们一起听课，参加考试，完成作业。课下将作业整理为研究课题的论文……短短一年，按老师要求，我修完了硕士生所有的课程，博士生的主要课程；完成论文初稿 8 篇，修改后逐步发表在省级以上核心刊物。

在中国传媒大学的一年是温馨的，除了学习收获到的快乐，每次过节，老师和师母都会带着小礼物来看我们，师母从没因我是进修生而少我的一份。我心里暖暖的，有小时候“排排坐，吃果果”的喜悦，有父母般慈爱的叮咛，还有同学间的友情。离开北京这么多年了，依旧有着这份牵挂，这份眷恋。师母送给我的丝质小包一直珍藏着。

在中国传媒大学这一年的收获颇丰，先生的谆谆教诲，引导我提高学业，严谨治学；先生的人格魅力，鼓励我为人师表，做好身边每一件事情。只要学校、语委工作需要，哪怕到边疆支教，我都从不推辞。先生积极的人生态度，激励我与时俱进，有活到老学到老、弥补我那个年代自身不足的精神，不断完善自己。

长歌当哭，敬爱的先生离开我们了，留给我的是无尽的怀念和感恩。

（叶竹钧：广州大学教授）

家国情怀心　亦师亦友情

——忆陈章太先生

周庆生

陈章太先生离开我们已经两周了，我还不能从一种莫名的悲哀、痛惜和沉重的心境中走出来。陈先生虽然没有直接担任过我的研究生导师，也不曾做过我工作单位的领导，但是陈先生在我心中的形象却是那么高大、和蔼、令人敬爱，陈先生对我“做人做事做学问”的影响，却是那么不可磨灭，那么刻骨铭心。

一、家国情怀心

（一）学子埋下感恩报国的种子

陈章太先生出生在福建永春一个贫穷偏僻的山村，1951年考上大学，成为新中国培养的第一批大学生。当时国家经济并不宽裕，但很重视人才培养，大学生的学费、食宿费和医疗费全免，另外还发给学员七块钱助学金。国家的恩惠和栽培深深激发了青年学子的家国情怀。每当谈起这段经历时，陈先生总是动情地说“这让我深深感受到国家的温暖，产生一种不可推卸的社会责任感和使命感，一定要报答国家的培育之恩”。这种感恩报国的思想犹如一颗种子，在陈先生的心中深深埋下，成为此后半个多世纪，陈先生竭尽忠诚、鞠躬尽瘁、任劳任怨、认真工作的强大推助器。

（二）方言班学员难忘培育之恩

我最早听到、记下陈先生的大名是在 1981 年 7 月，当时我还在郑州大学中文系任教，有幸能到福建建瓯，参加“汉语方言调查研究班”（方言班）培训。方言班由中国语言学会主办，号称方言界的“黄埔军校”，“文化大革命”之前举办过多期，本期是“文革”后的第一期，又称“新黄埔一期”。

陈先生时任中国语言学会副会长，是举办方言班的主要推手。来方言班授课的有吴宗济、黄典诚、黄家教、王福堂、李如龙和许宝华等资深名师，学员有魏丹、宋欣桥、李晓华、沈慧云、吴建生、乔全生、杜永道、伍巍、苏晓青、邓晓华、陈小荷等 58 人。经过近两个月的培训，学员收获满满，由衷感谢中国语言学会的善举，同时也记下了陈章太先生的大名。

（三）为绿皮书团队打拼

我跟陈先生的直接交往始于 2006 年 5 月，当时教育部语言文字信息管理司（语信司）指导组建了“中国语言生活状况报告”（绿皮书）研制团队，团队设有审订组、主编组和作者组。陈章太、戴庆厦、陆俭明等资深教授在审订组，郭熙教授、周洪波总编和本人在主编组。每年春季召开一次审订、主编和主管联席审稿会议（审稿会），语信司李宇明司长和陈敏处长出席指导。“五一”期间，审稿会在北京郊区召开。陈先生出席会议，审订并讨论了全书第四稿。

由于这是我国第一本语言绿皮书，没有现成的文献可参考，语信司和商务印书馆又格外小心谨慎，分别于 6 月、7 月、8 月，安排陈先生协同主编组，审订了全书的第五稿、第六稿、第七稿。

4个月审订4次，这对74岁高龄的陈先生来说，任务可不算轻。2006年9月，绿皮书《中国语言生活状况报告(2005)》终于成功问世。

从2006年5月出席绿皮书第一次年度审稿会开始，到2021年3月出席最后一次年度审稿会为止，陈先生审订绿皮书，持续耕耘了16年。每年我们至少可以跟陈先生见一次面，可以现场聆听陈先生的教诲，可以直接学习陈先生分析问题的思路和解决问题的方法，还可以长时间促膝交谈各种有意义的话题和工作生活中的“花絮”。

(四)审订绿皮书也是国家事业

审订绿皮书的工作突击性强，政策性强，任务艰巨，责任重大。陈先生多次在绿皮书审稿会上阐述绿皮书工作的重要意义，他说“这是一项重要的事业，事关国家、民族、社会及政治、经济、文化、教育、科技等，值得我们努力”。陈先生担任过国家语言文字管理机构的主要领导，同时又是语言政策、语言规划、语言规范、社会语言学、应用语言学及方言研究等领域的大专家，是一位著名的领导型专家和专家型领导。

面对绿皮书审稿会上提出的许多疑难问题，陈先生总能恰当地站在理论与实践相结合、政策与实施相结合的高度，审视分析这些问题，从而使其迎刃而解。陈先生审稿的独特之处，不单单是能够敏锐发现稿件中的主要问题，很多情况下，还能给出修改意见，特别是面对一些重大棘手的难题，陈先生的审改每每能令商务印书馆的周洪波总编及责任编辑，叹为观止，拍案叫绝。

(五)为了绿皮书事业，从一而终十六年

2009年的绿皮书审稿会在北京顺义召开。老专家老朋友每年相见都分外高兴，77 岁高龄的陈先生热情洋溢地对我说，“我退休后，不再担任行政工作，感觉确实轻松了许多。目前在北京之外召开的会议，我一概都不参加了；在北京之内召开的会议，我也放弃了很多，也不出席，但是绿皮书的会议我都保证出席”。陈先生如此看重绿皮书会议，让我们受宠若惊，感动之至。

抱病发表最后一次演讲。商务印书馆 2020 年 11 月 7 日举行“中国语言生活皮书”编纂十五周年暨第三届中国语言生活学术研讨会，陈先生带着尿袋，抱病出席，由人搀架着，站在演讲台前，发表了他人生的最后一次大会演讲。陈先生语重心长地说：绿皮书团队“在教育部语信司的统筹和指导下，肩负着家国情怀和社会责任，有力地支撑着国家的语言文字事业”。“看着十五年前大家精心栽下的这株幼苗（绿皮书），今天已经长成一棵枝繁叶茂的大树，作为一名老兵，我感到特别高兴。十五年来，我先后参加了皮书的审订，做了程度不同的审稿工作，感到皮书编写很不容易。”陈先生的演讲时间不长，但却折射出满满的敬业报国之情和社会担当之心。

抱病参加最后一次审订。2021 年 3 月，一年一度的绿皮书审稿会照常在北京郊区举行，没想到这竟然是陈先生抱病参加的最后一次审稿会。当时，陈先生病情很重，不能独自行走，但他听说审稿会召开在即，仍然坚持参会。开会期间，走不了了，就坐轮椅；久坐累了，就咬牙坚持。陈先生硬是咬牙坚持了两三天，走完了会议的全过程。15 年前，作为一位 74 岁高龄的退休老人，陈先生毅然接下绿皮书审订的重任。到如今，陈先生 16 年如一日，从一而终，从始而终，圆满完成了 16 年来的绿皮书审订工作，为其退休后的下半场人生梦，画上了一个圆满的句号。

二、亦师亦友情

（一）提携晚辈 组团攻坚

2002年陈先生领衔申报的“语言规划基本理论研究”，获得国家语委科研规划领导小组批准立项。后经周洪波总编策划，该项目纳入商务印书馆“应用语言学系列教材”丛书，定名《语言规划概论》。为了完成该项任务，同时也培养锻炼一支专业对口的研究团队，陈先生精心挑选了4人，委以重任，组团指导。苏金智、郭龙生、冯学锋和本人有幸入团。本人负责撰写书稿的第五章中国语言规划（中）——少数民族语言规划和第七章国外语言规划。

在陈先生亲自率领下，本团队反复讨论、修改书稿大纲，多次修改、补充和完善书稿内容，陈先生主编的《语言规划概论》终于出版。国内学界好评连连，认为这是当时国内第一部系统论述语言规划基本理论和主要知识的概论性著作，填补了国内这方面的研究和出版空白。

（二）难忘金婚纪念

为了表达绿皮书团队对陈章太等老先生的敬爱和感谢，增强团队的亲和力和凝聚力，我曾提议，在绿皮书审稿会召开期间，为老先生过一个简单的金婚纪念。这很快得到李宇明司长和周洪波总编的大力支持和指导，得到绿皮书团队的积极配合。

2010年5月下旬，绿皮书审稿会在北京郊区召开。陈先生金婚纪念于26日晚举行，当天李宇明司长去语信司开会，晚8点多赶回，代表语信司和绿皮书团队，向陈章太、邓庆春夫妇献上一大束鲜花，祝他们金婚快乐。陈先生夫妇接过鲜花，十分高兴，连连鞠躬致谢。本人担任金婚纪念主持。大家纷纷要求陈先生披露自己的恋爱过程。

陈先生说：我和邓庆春1960年结婚。她曾是北京胸科医院的护士长，后当大夫，身兼多项党政工作。我经常出差，搞方言调查，一去就是好几个月。有时候我们会到北海公园东边的一个小山头坐坐，那里是谈恋爱的圣地。2010年是我们金婚纪念年，我们还去那儿怀旧，坐到很晚才回家。陈先生发言后，师母邓大夫只补充了一句话，她无限深情地说："我们的婚姻是'天有情，人有意'。"

最后，陈先生夫妇为大家献上一曲《夕阳红》。陈先生夫妇的金婚纪念在掌声中结束。事后，每当有人提起陈先生夫妇的金婚纪念，陈先生总是显得无比自豪和满意，正如他在多种场合所说："我这么多圈子里面，就没人想着给我过金婚啊！"

（三）忘年之交　情深似海

绿皮书审稿会每年都要举办一次，每次语信司领导或代表、审订、主编都要集中两三天，重点讨论解决书稿中的棘手问题或疑难问题。陈先生年年都坚持出席。陈先生的出席，还为我们晚辈提供了一个跟长辈密切接触、深入交谈的机会。我多次向陈先生请教的主要是，陈先生担任国家语委主要领导期间，我国有关文字改革和汉语规范化等方面的建设情况。当时陈先生还是胡乔木同志的语言工作联系人。乔木同志曾担任过毛泽东的秘书和中共中央政治局委员。我还想了解乔木同志在领导和推动我国文字改革和汉语规范化工作方面发挥过哪些重要作用。陈先生娓娓道来，如数家珍，令我茅塞顿开，终身难忘。

后来，陈先生跟我的关系越来越密切，我们的交谈话题已涉及日常生活的方方面面，如养生、锻炼、饮食、家务、家政、兴趣、癖好、孝敬父母、子女教育等。特别是陈先生在论文写作过程中，虚怀若谷，不耻下问。每当写作涉及少数民族语言状况、国家民族政策、民族语言政策时，陈先生总会随时打我电话，跟我确认他的文字表述是否得当。

（四）为拙著作序

2014年82岁高龄的陈先生不顾年迈多病，在百忙中欣然为拙著《语言生活与语言政策——中国少数民族研究》赐序。陈先生的序言高屋建瓴，精深老道，令拙著大为增色。陈先生说，“该书涉及半个多世纪以来中国少数民族语言生活、语言政策中的重大理论及现实问题”是“中国主流学者的一部代表作，具有很高的学术价值”。直面“重大理论和现实问题”、跻身“中国主流学术圈”，这话更像是长辈对晚辈的教诲和期望，是晚辈应该铭记躬行的一种学术取向。

2021年10月17日，传来了先生与世长辞的噩耗。陈章太先生的逝世使我们失去了一位资深领导、失去了一位学界耆硕。在这万分悲痛之际，应周洪波兄之命，匆匆草拟了这篇悼文，附一小诗，永志怀念。

哭章太师

大学国助凡四年，业成图报方寸间。
鞠躬尽瘁职业场，严谨执着皮书团。
春蚕有命丝无尽，蜡烛点燃泪不干。
驾鹤西行观天路，云卷云舒皆自然。

（周庆生：江苏师范大学特聘教授、
中国社会科学院民族学与人类学研究所研究员）

永远的章太老师

郭　熙

章太老师走后，每天都有学界的朋友和他的学生发表回忆文章，至今未曾中断，充分反映了章太老师为人为学的影响，反映了人们对他的敬仰、爱戴、怀念和感恩。我迟迟没有动笔，主要原因是想过了“五七”，等中国传统的祭祀期过去，可以写得欢快一些，因为跟章太老师在一起的时候总是欢快的。

不过，想摆脱悲伤去写回忆章太老师的文字还真的很难。我是17日一早得知章太老师去世消息的。对我来说，这个消息并不突然。15日下午和（周）洪波兄同车前往中国人民大学参加国际中文教育学科建设研讨会，中道得到先生病危的消息，他便中断行程，赶到先生家中协助因应万一。17日下午，（李）宇明、洪波及我和爱人一行4人相约到了章太老师的家，宇明兄问及告别仪式，邓大夫说已准备就绪，连播放的音乐都准备好了，是章太老师最爱听的《送别》。听到“送别”这两个字时，我的心里咯噔一下：这次送别之后我们再也见不到他老人家了。19日，在隆福医院，送别厅不大，得以近距离清晰地看到章太老师的面容。在《送别》曲中我向章太老师鞠躬致敬，尽管此前一直提醒自己，章太老师的去世是“喜丧”，但还是没能止住热泪的滚淌。

很早就读过章太老师的文章，老师们也常谈及他，但我第一次见到章太老师则是1988年在深圳教育学院举办的“深港片双语双方言研讨会”上，当然，是“远距离”的，也是单向的。章太老师做了大会报告《论语言生活的双语制》，后来发表在陈恩泉先生主编的《双语双方言》（第一辑）上。这是一篇阐述中国语言生活和语言政策的理论性论文，我从中获益良多。后来，逢他的著作必买。我清楚地记得，在当年经济相当拮据的情况下，咬牙购买了他主编的大部头著作《普通话基础方言基本词汇集》（五卷本）。可以说，我做“中国的”社会语言学，在很大程度上就是受到他立足中国社会生活做研究的启发。我的《中国社会语言学》曾多次引用他的观点和文献。不过，20世纪，除了学术会议上见过章太老师外，跟他的直接接触并不多。

真正近距离接触章太老师是绿皮书《中国语言生活状况报告》的编写。如果说以往是通过文章和会议认识了解章太老师其文其人的话，16年的近距离接触，则让我感受到了现实版的他。章太老师和绿皮书、绿皮书同仁的故事，几年前邹煜采编的《家国情怀——语言生活派这十年》一书中曾有过多处精彩生动的描述，章太老师去世后周庆生教授、余桂林副总编辑、戴庆厦教授、陆俭明教授等又进行了真切的回忆，这里不再重复，尽管我对这些往事的印象同样深刻难忘。

从第一本绿皮书开始，我和章太老师逐步熟稔起来。每年的绿皮书选题会、审稿会自然是要见面的，其他一些会议，如项目评审、论文答辩等，也常碰到。绿皮书的终审会应该是章太老师最兴奋的日子，从他将这个会称为“大过年”便可看出。大家一起开会，一起讨论，一起吃饭，有时还一起出游，一起唱歌，手舞足蹈，欢声笑语不断。章太老师充满大智慧，事业执着，治学严谨，关爱他人；在生活中，他幽默，活泼，可亲，可敬，可爱，是我们人生的好榜样。下面几张照片记录了章太老师生活中的几个瞬间。

《中国语言生活状况报告》审稿会（2011 年，广东韶关）

这两张照片摄于 2010 年在广东韶关召开的绿皮书审稿会。已发表的好几篇回忆文章都刊登过章太老师的工作照，每张都展现了他在工作中的专注和一丝不苟，上面左图自然也不例外；不过，如果没有上面右图的参照，可能很难想到他是在餐桌前审稿。无论何时何地，工作起来的章太老师都是这样。

我爱开玩笑，也爱起哄。刚加入绿皮书团队的时候，在以章太老师为“老大”的三位老审订面前，还有点儿拘谨和收敛，过了不久便又“顽皮”起来，有点儿没大没小。之所以敢这样，当然与三位长者的宽容和平易近人的“放纵”有关。因同时在广州和北京工作，被戏称“郭三院”，章太老师也这么逗我。在这个团队里，没有上下级，没有老和小，大家都是朋友，其乐融融。这与章太老师这位“老大”的态度密切相关。关于他是老大，陆俭明老师和戴庆厦老师都介绍过了。

章太老师身体不好，夫人邓大夫长期从事医护工作，特别重视卫生和健康，对章太老师的饮食盯得很紧，在吃肉喝酒方面控制，尤其严格。她也常常开导我们注意身体。我们都很感激她，尽管我们有时觉得管得太严。章太老师对来自邓大夫的“管束”则从来都非常“顺从”。他当然也“馋”，在我们的起哄下也想喝一点儿酒，但章太老师处理得非常有策略，既尊重邓大夫，注意身体，也会有一些“小动作”。这些小动作对“火眼金睛”的邓大夫来说肯定是隐藏不住的，只不过她睁只眼闭只眼，权当没有看见而已。绿皮书审稿会的节奏太快，大家很累，需要调节气氛，大家起哄往往是为活跃气氛找由头而已。例如，我们问老先生如何对待“领导”的批评，章太老师说，对策是“虚心接受，坚决不改”，于是引起哄堂大笑。我口没遮拦地脱口就说，“您这是阳奉阴违”，再次引起哄堂大笑。章太老师则没有表现出任何不满，大有欣然接受貌。话题进一步延及陆俭明和戴庆厦两位老师，我又借着兴致，分别冠以“甜言蜜语”“我行我素”两个成语，大家笑得更起劲儿。我说过也就忘到了一边，不想此事被戴老师记在心里，时时提起。此事后载入《家国情怀——语言生活派这十年》。

事实上，章太老师的所谓“阳奉阴违”是他处理家庭关系的一种方式，这也成了绿皮书团队成员处理家庭关系的样板。绿皮书主团队家属被统称为“领导”，就是由此而来。“领导”关心章太老师，章太老师对“领导”也是如此。下面第一张他为邓大夫拍照的瞬间，不难发现，他仍然是那么的专注和认真！

下面第二张照片则生动地再现了他起哄“老六”（六，即陆，指陆俭明老师）的瞬间。我们的章太老师看着陆老师和马老师喝交杯酒，快乐得像个孩子一样，实在让人忍俊不禁！

《中国语言生活状况报告》审稿会期间（2012 年，江苏苏州）

《中国语言生活状况报告》审稿会期间（2012 年，北京）

章太老师非常关心我们的成长，送我的《语言规划研究》和《语言规划概论》都有工工整整的留言和签名。他还时常提醒我们注意身体，说身体是本钱。我有过敏性鼻炎长时间不好，章太老师说他有个偏方，没想到再次见面时他就抄好带了过来。

有机会直接跟章太老师相处 16 年，是一件非常幸运的事。我从他那里得到很多，学术，做人，满满的正能量，满满的幸福感。我感到终生遗憾的事，是一个最大的心愿没有实现。章太老师是我国新时期语言文字工作的重要操盘手，是我国当代语言规划，尤其是20世纪80年代全国语言文字工作会议的最知情者。我和洪波兄一直想通过对他专门访谈，把这段历史记录下来。原计划2021年暑假进行，现在，这已经成了我永远的遗憾！天国里的章太老师，这笔账记在我心里了。

《中国语言生活状况报告》审稿会（2021年，北京宽沟）

最后一张照片摄于2021年3月21日，这是我拥有的章太老师的最后一张照片——绿皮书审订组老哥儿仨的最后合影！我早就选好想用在回忆文章中。后来看到汪磊在绿皮书主编群里发了出来，洪波兄说他有些不忍，我犹豫再三，最终还是决定放在这里。明年他不能跟我们一起“过大年”了，但“过大年”的时候我们一定会想他，会继续向他敬酒。

按中国民间习俗，今天是章太老师的“五七”日。到底在哪天做“五七”，中国各地并不相同，但有传说认为，逝者会在这一天回来做最后的告别，然后去进入新的轮回。无论他在天国，还是又转世到我们这个世界，我都希望他继续关照我们，给我们力量、勇气和欢乐！怀念您，我们永远的章太老师！

（郭熙：暨南大学教授）

一位和蔼可亲有家国情怀的老人

——怀念尊敬的陈章太老师

余桂林

10月17日凌晨，陈章太老师走了，永远离开了我们。尽管此前就知道陈老师病情很不好，但得知他去世的消息，还是有些惊愕，还是难以接受。

一

9月14日，我前往家中看望陈老师。他躺在病床上，师母邓大夫和护理阿姨在一旁照料。师母跟陈老师说我来看他了，问陈老师是否记得我的名字，陈老师嘴里说着我听不太清楚的话，但紧紧抓住我的手，表示他知道我、记得我。师母说，陈老师说话不利索，但脑子还是非常清楚的。我也紧紧握住陈老师的手，请他坚强乐观，配合医生治疗，安慰他会很快好起来的，我们的绿皮书还需要他来审稿把关呢。陈老师一直在说着话，紧抓我的手，似乎在传达着他对绿皮书的牵挂。我当时心里很感动，也很难过。临离开时，师母拿出“中华当代学术著作辑要”丛书的《语言规划研究》初校样，让我带回交给责编，说陈老师在病情出现前看过了，没有大问题，本来还想再看看细节，现在只好请责编处理了。遗憾的是，没等到图书出版，一个多月后，陈老师真的永远地离开了我们。

二

我认识陈老师，缘于《中国语言生活状况报告》（绿皮书）的编辑出版。2005年，教育部语言文字信息管理司正式启动年度中国语言生活报告的编写工作，陈章太、戴庆厦、陆俭明三位老先生受邀担任审订专家，与主编团队、司领导一起审改书稿。我当时担任该书上编的责任编辑，有幸全程参与书稿的编写、审稿、修改、编辑和出版。尽管做绿皮书的稿子比较辛苦，为赶出版进度经常要加班加点誊改整理稿件，出书前一段时期内几乎没有周末和节假日。但是，我感受更多的是幸福和收获，因为能有足够多的时间和机会向这些老先生学习审读、统合、修改稿件。陈老师做过《中国语文》的副主编，知道怎么改稿能让文章文通字顺，能让读者更易阅读和接受，有时一个字或一个标点符号的改动，阅读理解效果就很不一样。陈老师的改稿中，经常会有这样的点睛之笔。印象中陈老师每篇稿子都会有几点总体意见，正文中又有细致的审改，包括字、词、句、标点的改动，有时还旁批改动的原因。

绿皮书部分文章会涉及国家语言政策、相关法律法规等疑难问题，陈老师是语言政策、应用语言学和社会语言学方面的研究专家，又担任过国家语言文字管理机构的主要领导，自然这些疑难问题更多地交他处理，由他提出建议方案供大家讨论。正如（周）庆生主编所说，“面对绿皮书审稿会上提出的许多疑难问题，陈先生总能恰当地站在理论与实践相结合、政策与实施相结合的高度，审视分析这些问题，从而使其迎刃而解。陈先生审稿的独特之处，不单单是能够敏锐发现稿件中的主要问题，很多情况下，还能给出修改意见”。

在我馆出版的《家国情怀——语言生活派这十年》中，陈老师这样说过：

> 我很乐意帮着审审稿、提提意见、改改稿子。因为最早我是研究方言的，到了文改会即后来的国家语委后才转向社会语言学和应用语言学。跟实际工作结合我又偏重研究语言与社会、语言政策和语言规划，这都与语言生活关系密切，所以在这方面下了一些功夫，这既是我的专业又是我的事业，我很乐意干。

陈老师还常说：

> 不管什么情况，只要我身体还允许，还能做一点儿力所能及的工作，你们愿意的话，我会一直兼着这些事情，负责到底。

这些话语也时常在我耳畔响起。

2015 年 10 月 15 日—16 日，第二届中国语言生活学术研讨会暨《中国语言生活状况报告》十周年论坛在北京语言大学举行，陈老师全程出席会议并参加了现场论坛。陈老师在接受访谈时说：

> 这个团队里边我年龄是最大的，可以说我在语言生活派一步一个脚印走了十年，前进了十年。我年纪大一点儿，晃晃悠悠、紧跟慢跟也跟了十年。因为事业和语言问题的关系，我们

> 语言学界一批老中青学者走到一起，走到一起怀着一个家国情怀，为国家社会做一项有益的事业。
>
> 绿皮书十年当中有这么一个凝聚力，既有鲜明的特色，也有一种精神。我归纳了一下，语言生活派的基本精神，就是理想、奉献、实干、创新、团结、友爱。希望语言生活派能够不断地走向群众，伴随语言文化的传播，我们的语言生活状况报告也能走向世界，我们语言生活派的精神，也能够在世界当中逐渐地产生影响。

陈老师是这么说的，绿皮书也是这么往前推进的。

2020 年 11 月 7 日，“中国语言生活皮书”编纂十五周年暨第三届中国语言生活学术研讨会在商务印书馆举行。这么重要的会议，一直参与这项工作的核心人员都应邀出席。陈老师尽管身体不是很好，然而一直惦记着皮书事业，故仍抱病出席会议，而且做了发言。后来听说，他为了参会，准备了两天写发言稿。开幕式那天，本来计划请陈老师在席位上坐着发言，但陈老师坚持自己站在演讲台前发言，于是我搀扶着他上台发言，他饱含深情地说：

> 中国语言生活皮书有一支伴随着成长起来的学术队伍，他们被称为“语言生活派”。在教育部语信司的统筹和指导下，肩负着家国情怀和社会责任，有力地支撑着国家的语言文字事业。每年我与他们审稿期间的亲密接触，都被深深影响和感动。我们的事业后继有人，“语言生活派”越来越大，我感到特别地欣慰和高兴。

陈老师心心念念惦记的还是语言文字事业。这场景让人泪目，这精神更令人感佩。

今年3月，绿皮书在北京郊区审稿，我们依惯例邀请审订和主编们出席。周总（周洪波）和我去家里请陈老师时，他有点儿犹豫，怕给大家添麻烦，在我们的劝说下，还是带着轮椅去了。考虑到陈老师的身体状况，我们本想让他开始出个场就行，但他执意坚持全程，而且还在现场看稿。陈老师是在兑现着“只要身体还允许，愿意为绿皮书做一点力所能及的工作”的承诺。

三

在与陈老师联系和接触过程中，我也经常得到陈老师和师母的关心关照。绿皮书定稿前，主编和审订都需要审改若干次稿件，每次都由我负责打印稿子，寄送给各位老先生，他们看完审改后再寄回给我。陈老师家因为离商务比较近，我多数情况下都是骑车送到家中。令人想不到的是，陈老师看完稿件后，每次都是骑车送回馆里交到我手上。有一次北京刮大风，陈老师仍和往常一样骑车送稿。我说，您打电话给我，我去取就好了。陈老师说，知道你们很忙，我现在还能骑得动车，也正好借机活动活动。我心里明白，陈老师其实是不想让我多跑路，为我省点时间。

陈老师很关心我，时常嘘寒问暖。那时，我孩子在单位旁边灯市口小学上学，有时下班给陈老师送稿子也会把孩子带上，陈老师和师母也都知道孩子的情况。后来每次去陈老师家，陈老师和师母都会问我，孩子几年级了，学习情况怎么样。记得孩子中考前，为提升她的语文学习能力和写作水平，我还专门带着孩子到陈老师家，请陈老师给孩子当面辅导。一同听讲的孩子还有陈老师语用所老同事的外孙。

后来我不做绿皮书的责任编辑了，仍然会抽空去家里看望陈老师，每次陈老师都提醒我说，你担子重了，要注意身体，工作再忙也要注意休息。临走时，师母还会找出一些零食糖果什么的给我带着。

现在尊敬的陈老师走了，但他的家国情怀仍在，他的亲情关怀仍在，他永远活在我心中！

（余桂林：商务印书馆副总编辑、编审）

我记忆中的陈章太老师

伍 巍

第一次见到陈章太老师是1978年，当时我在安徽师大语言研究所参加《汉语大词典》编写工作，他与吕叔湘先生南下安徽，应《汉语大词典》副主编张涤华先生的邀请，他们在芜湖铁山宾馆礼堂做"语言规范问题"学术报告。在"文革"刚结束的江南一隅，能够听到社科院语言所专家的报告还是第一次。章太老师与吕叔湘先生说话平易近人，道理深入浅出，我由此见识了学术"大人物"的风格。

真正接触陈章太老师是10年之后的1988年，他主持《普通话基础方言基本词汇集》的编纂，我有幸被邀请进京帮忙，从事基本材料的整理与抄录，这才有机会熟悉章太老师。当时先后被邀请帮忙的还有湖北的刘时叶，陕西的邢向东，河南的裴泽仁，安徽的刘祥柏、蔡启宁，山东的罗福腾，江苏的苏晓青等人，具体协调我们工作的是语委的胡士云、徐幼军。因基本材料由各地呈送，调查人的水平参差不齐，材料的记录亦高下不一。章太老师最关心的是全国100多个北方方言点基本材料的质量，每一次讨论，他先听取各片材料整理中所发现的问题，逐条记录，再与大家商讨解决的办法。我发现，所有材料的词汇部分有国际音标注音，但缺少变调记录，建议补救。这在当时显然是一个幼稚的想法，《普通话基础方言基本词汇集》是一个浩大工程，要对全国100多个点的方言材料做词汇变调的补充，无论是时间还是人力物力都无法支持。可章太老师还是做了耐心的解释，他说：普通话“以北京语音为标准音”好理解，“以北方方言为基础方言”主要指词汇，可我们至今对“北方话词汇”没有一个系统的调查与统计，其基本面貌至今是不清晰的，我们的工作就是想呈现“北方话词汇”的基本面貌。他最后转达吕叔湘先生的意见（大意）：这项工作是始创性的工作，即使只有词汇的文字记录，那也是贡献。至此我才明白这项工程的意义。于是大家建议缩小复核工作量，只对确有疑问的代表性方言点做实地核对。章太老师接受了这个建议，并进一步主张舍弃一些问题较明显的方言点，为保证材料的质量，宁缺毋滥。由此可见，章太老师在学术上的开放胸怀与实事求是的态度，不管你是大人物、小人物，只要是有价值的建议，他都能认真听取。

我当时负责安徽各点材料的核对，为保证材料的质量，我实地下到安徽各方言点，设法找到原材料的发音人做逐一甄别。编纂后期，我发现南通音系几个韵母的处理存在矛盾，要求核对，章太老师马上想到同住语委大院的王均先生是南通人，他找到王先生，王先生立即表示支持，答应做南通点的复核发音人。可见章太老师平日的为人与他在老先生心目中的印象。王均先生肯定了我的看法，但他担心音系修改后涉及同音字表与词汇的同步订正，工作量较大。为了不辜负王均先生与章太老师的信任，我还是逐字逐词做了修改。

凡是落实的每个点的材料，章太老师都要戴着老花眼镜亲自过目、逐条审查。作为一位年近古稀的学者，治学仍如此严谨，对我们这些后辈学人无疑是一种“身教”的感化。

完成《普通话基础方言基本词汇集》各点的登录后，章太老师主张应附若干语言地图，以显示北方话常用词汇的分布状况。当时没有电脑，更没有地图绘制软件，从地图底稿到不同点词语符号的标记，一应都在章太老师的指导下靠手工操作完成。我先描了一张“中国地图”的底图，复印放大后，再人工剪贴各方言点的位置送给章太老师过目。章太老师一看就皱起了眉头：“南沙群岛的方框呢?”我说：“那里没设方言点呀。”章太老师以不容置辩的口气指出：“正式出版语言地图，即使没有方言点，也要用方框标示南沙群岛的存在，绝对不能省略。”话说得非常肯定。事后我才醒悟这不是小问题，章太老师是站在更高的角度指出了我犯的一个常识错误。当我再次将修改的样图呈陈先生时，他点头表示满意。这件事让我至今难忘。当时，郑伟钟刚从北大毕业，也参加了这个项目。章太老师嘱咐我分出一部分方言图给郑伟钟操作，让他在这个项目中有实际的工作记录。我深知，章太老师这是对年轻学人的关爱与提携。

在协助《普通话基础方言基本词汇集》编纂的那几年里，生活还是比较艰苦的。我们拿着全国粮票到北京，吃饭要搭配杂粮，鸡蛋也要凭票供应，章太老师常常将自家的配给让给我们。帮忙的几位伙伴住在语委大院的后楼，一间房间又当寝室又当办公室。语委食堂不开伙时，只能在房间里自己做饭，章太老师责成胡士云兄弟给我们添置锅碗瓢盆。每季工作告一段落，章太老师都要召集我们进餐馆“犒赏”一顿。

有一年暑假我提前来到北京，章太老师为了集中精力看稿，将师母送到孩子家。书稿手工登录表上的空间很小，必须以绘图的细笔逐字抄录，一连十几天下来，我的眼睛发花。一个星期天，章太老师拿出两副钓鱼竿通知我：“今天不工作，咱们去钓鱼。”大概是在工人体育场，一个废旧的游泳池被人承包养鱼供人垂钓，凡是钓上来的鱼必须论斤购买。我这里几竿下去都没有动静；那边章太老师突然叫起来："伍巍，看！"我顺着喊声看过去，发现他钓竿的连锁钩上分别拖出两条鱼，啪啪地打着水花，他兴奋地喊道："两条！"同时哈哈哈地大笑起来，那开心的笑声恰如一个天真的孩子，根本不像是一个身居高位的领导。

1994 年 6 月，我们暨南大学同届的四位博士生毕业，导师詹伯慧教授聘请陈章太、许葆华、李如龙、张盛裕诸位先生来广州参加我们的博士学位论文答辩。答辩后，章太老师要乘飞机赶回北京，我送他到广州白云机场。南方的 6 月已近高温，章太老师怕热，在贵宾室里选定了一个靠空调的座位坐下，我坐他旁边。这时走来一个两道杠的军人，不大客气地对我说："这个位置能否让给我们首长！"口气好像是毋庸置疑的命令。我下意识地起身，可章太老师却一把拉住我，轻声说"别动！"看也不看"两道杠"。见我们不理会，"两道杠"也就走开了。章太老师随后说："不懂礼貌的人别理他。什么首长？论官职不一定比我大。"一向温柔敦厚的章太老师此刻却表现出嫉恶如仇、当仁不让的性格令我惊讶。我认为，章太老师从骨子里透出的是一个有血性的中国传统文人的气质，为人处世充满了人情味，现代官场的生态并不适合他，这也正是我们尊重他、亲近他的原因所在。

自《普通话基础方言基本词汇集》出版后我很少去北京。我作为暨南大学"方言研究中心"与省重点学科基地负责人期间，曾几次邀请章太老师与师母南下广州，都说身体欠佳而婉辞。此后我作为国家人文社科项目评审专家成员，每隔两三年就有一次去北京的机会，每次到北京我都是先去南小街，再去京西宾馆报到。2017 年

5月16日，我又一次进京，当晚飞机9点多才降落，一下飞机我就打车去南小街看望章太老师与师母，我发现章太老师的身体已大不如前。时间很晚我不敢久坐，告别时已是夜里10点多。当晚的气温较低，章太老师一直将我送到拐棒胡同路口，等了半个多小时都没有出租车，我一再劝章太老师回去，他一直坚持要等我上车。他最后告诉我，他还是想对《普通话基础方言基本词汇集》做一次修订，那年他已85岁。我坦率地回答我有时间参与，只是担心他的身体禁不起劳累。告别时，章太老师说“再说吧，再说吧”，没想到这就是我与章太老师的最后一次见面，如今再也没有“再说”的机会了。

章太老师，我们由衷地怀念您！

（伍巍：暨南大学教授）

高山仰止　春风入怀

——忆陈章太先生

侯　敏

在病房中，惊闻陈章太先生去世的消息，心中猛地一抽，眼泪不禁流了下来，同屋病友惊诧，我告诉她：一位值得尊敬的先生走了。

因了师妹韩荔华的关系（她先生苏金智先后跟陈章太先生学习并同在语用所做社会语言学研究），我很早就知道陈先生，并读过先生的文章。但那时我远在黑龙江，这种认识只是单向的，先生于我，是高山，仰慕，但说不上亲近。

与陈先生较近距离接触，是在我调到中国传媒大学后。与陈先生一起参加学生面试，请陈先生参加并主持我的博士生的毕业答辩，陈先生也邀我参加他的博士生的答辩。后来才知道，我能调来中国传媒大学，正是陈章太先生和于根元先生的大力推荐，这心中的感激自是无法言表。

与陈先生近距离接触，是在最近十几年的绿皮书团队中。人说"家有一老，赛过一宝"。在绿皮书团队这个大家庭中，有三位睿智的审订老先生——陈章太先生、戴庆厦先生、陆俭明先生，是绿皮书家庭中的至宝，一直在为绿皮书导航把关。其中陈章太先生最年长，是他们中的"老大"，正像陆俭明先生怀念文章中所说："在每次审订中，凡是有关语言文字工作的方针政策方面、国家和省部级相关单位的关于语言文字工作状况的‘工作篇’‘专题篇’，都交给章太审订，因为他曾任《中国语文》副主编、国家语委副主任，对全国语言文字工作了如指掌，能高瞻远瞩，所以他会高屋建瓴地对书稿提供指导性的修改意见与建议。”正是绿皮书团队不懈地努力和三位老先生的严格把关，绿皮书才能经历十几年的风风雨雨，一直走到今天。

在语言学界，陈先生算得上是很有名气的人。名气大的人可分为几种。有一种，远远观之，名气很大，令人佩服，一旦近距离接近，不过尔尔，让人失了敬慕之心；还有一种，远观时令人敬仰，越近距离接触，就越发让人增添敬慕、敬爱之心。陈先生属于后者。先生的声望虽是高山仰止，但和先生在一起，却令人感觉如春风入怀，暖意融融。每年审订会见面时大家都会互相拥抱，互致问候，亲如家人。陈先生和师母邓大夫会带一些小礼品或家乡特产给我们，像慈祥的家长。师母喜欢收藏景区门票，我每次得到门票也会小心地收起来，开会时带给师母。虽然每年的见面只有一次两次，但彼此的牵挂却是无时不在。

相信先生驾鹤西去时也一定不会忘记带上我们满满的牵挂和思念，伴随他永远！

（侯敏：中国传媒大学教授）

重读《普通话基础方言基本词汇集》，更感斯人之伟

——纪念陈章太先生

苏新春

我从2005年开始参加语言绿皮书《中国语言生活状况报告》的编写工作，陈章太先生是给绿皮书及其他几色皮书进行学术把关的三位德高望重的老先生之一（另两位是陆俭明先生和戴庆厦先生），见面机会自然就多了，能经常得到先生的言传身教。我因工作单位的缘故，还受到先生更多一层的关心。先生是福建永春人，1955年毕业于厦大中文系，每次见面，先生都会亲切地说小老乡来了，校友来了。接着就是对母校母系发展近况的询问和对老朋友的问候，像李如龙先生、许长安先生、何耿庸先生、周长楫先生、林宝卿先生，都是常常会问到的。

先生一生学术研究与学术领导双肩挑，为中国语言学的发展做出了重要贡献，在语言规划研究、方言学研究、普通话理论与规范研究上发表了众多重要论文和著作。我因研究领域的原因，对由先生与李行健先生共同主编的《普通话基础方言基本词汇集》的阅读次数更多些，深感这是一部具有开创性的词汇学研究著作。普通话

的经典定义包括了三大语言要素，即“北京语音为标准音”，“以北方话为基础方言”，以“典范的现代白话文著作为语法规范”。从《普通话基础方言基本词汇集》书名就能看到，它是解决普通话词汇问题的。调查研究工作于1985年立项，经近百人的努力，历时6年而成，1996年由语文出版社出版，共五卷，第1—2卷为语音，第3—5卷为词汇，773万字，厚达4772页，是一部皇皇巨著。采集了东北、西北、西南、华中23个省区93个县市的语言样本，描绘了它们的语音系统和词汇系统。

《普通话基础方言基本词汇集》对普通话词汇面貌的反映方式有三处值得特别的关注。一是所选的词语。所选的都是基本词、常用词、核心词，多达3200多条，但选取什么样的词来做参照对比的出发点，是很难，很见功力的。它必须要在词汇系统中具有指称上的代表性，指义上的中性，分布与使用上的普遍性。唯有这样它们才会具有更好的覆盖力与可比性。二是比较方式。它的做法是首先在每页的页眉处列出该词语，下面分三栏31列排出93个采样点的词形与读音。一页一词，排出23个省区93个采样点的词语使用状况，对比性强，异同情况一目了然。三是词语的分类。所有词语按语义分类，共分32类，第1至23类是语义类，第24至32类是词性类。下面是32个类的情况：

第三卷“词汇卷上”：1. 天文、气象；2. 地理、矿物；3. 时间、节令；4. 人品、职业；5. 亲属、称谓；6. 婚丧、生育；7. 身体、动作；8. 疾病、医药；9. 用品、器具。

第四卷“词汇卷中”：10. 饮食、起居；11. 房舍、建筑；12. 服饰、穿戴；13. 交际、礼节；14. 交通、电讯；15. 工业、工艺；16. 农业、耕种；17. 植物、花果；18. 动物、虫鱼；19. 商业、经营。

第五卷“词汇卷下”：20. 政治、法律；21. 学校、教育；22. 宗教、祭祀；23. 文化、体育；24. 一般动词；25. 普通名词；26. 方位词；27. 指代词；28. 形容词；29. 副词；30. 介词；31. 数词；32. 量词。

前 23 个语义类代表了普通话词汇系统中最重要的指物名词的语义系统。这些类跟专门反映汉语词汇语义系统的分类词典（如《同义词词典》《现代汉语分类词典》《新编同义词词林》）是有所不同的。它们的共性有哪些，差异有哪些，探索同异的原因与作用，实在是一项很有意义的工作。这些差异是由代表词显示的语义颗粒大小造成的，还是因“词汇描写和对比”与“词汇语义系统描写和建构”的不同造成的？不管原因为何，都在词汇分类系统研究的推进和完善中留下了一笔宝贵财富。再对比李荣先生主编的《现代汉语方言大词典》所采用的词汇分类系统。这些对揭示汉语词汇分类的面貌与方法都能起到积极作用。仔细观察，会发现《普通话基础方言基本词汇集》的前 23 类主要是指物名词。这些类中有的还包括动词，如与“婚丧”同类的“生育”，与“身体”同类的“动作”，与“服饰”同类的“穿戴”，与“农业”同类的“耕种”，与“商业”同类的“经营”。在这些类中，动词明显处于附属地位。为什么有的名词类有动词，有的名词类没有动词？动词为什么没有进行独立的概括归类？没有列出动词的那些名词类，是动词不多，还是不重要，还是缺乏代表词，这也留下了极大的研究空间。

《普通话基础方言基本词汇集》用细致的描写与对比方法，具体而清晰地呈现了普通话基本词汇的真实面貌，大大促进了普通话词汇系统的定型，是一部具有重要开创性、基础性、资源型的词汇学著作，在基本词汇的选词、对比、分类上做了极有意义的探索性工作。

吕叔湘先生在序中言道："语音标准比较明确具体，语法规范也不难掌握。只有词汇的标准显得笼统、抽象。这是由于词汇的特殊性、复杂性和我们对词汇的调查研究不够所造成的。比如说，以北方话为普通话的基础方言，而北方话的情况怎样，我们就说不太清楚。这给共同语的词汇规范工作带来不少问题和困难。"吕先生的话深入揭示了《普通话基础方言基本词汇集》在研究普通话词汇状况，推进普通话词汇规范上所起的作用。在章太先生逝世之际，重读这部著作，缅怀先生词汇学研究上的功绩，更感斯人之伟。

（苏新春：厦门大学教授）

陈章太先生在东京的点滴往事

何群雄　郑梦娟

九十年代初，教育部语言文字应用研究所的三位重量级专家，李行健先生、陈章太先生、曹先擢先生，相继应日本文部省之聘，到东京郊外的国立一桥大学任教。经李老师的保荐，我在一桥大学折敷濑兴先生门下读完了硕博课程，以《〈马氏文通〉以前西人传教士的汉语语法研究》为研究选题获得社会学博士学位。

我和妻子郑梦娟都受陈先生的学恩匪浅。正当我们提笔追思先生往昔的音容相貌时，(周)洪波兄发来嘱托，希望我们多写点先生客座日本的故事。此文主要是以何群雄的视角行文，郑梦娟最终定稿。

一、大教授教小书

在文部省（文部科学省）的编制里，一桥大学可以有一个职位，用于聘请以汉语为母语的外籍专家。但在若干年里，只有折敷濑兴先生启用过这个编制，聘请了语用所的三位专家，每位任期两年。曹老师是最后一任，两年任满后又延长了一年，教到退休。

三位先生的任期较短，主要负责教授本科生的基础外语，也就是现在的“对外汉语”课。大教授教小书，很可惜。陈老师到任那年我硕一，折敷濑先生招了我以后，正好轮到五年一度的海外研究。他把我寄托到田中克彦先生名下代管后，说："学问上你要多请教陈先生，陈先生刚到日本，情况不熟，生活上有什么不便之处找你。"轻轻挥手，"来年会！"

二、大矶会议

1991年陈老师到东京不久，就出席了第二届汉字文化圈国际学术研讨会。第一届是周有光先生代表中国语言学界出席的，第二届就是陈章太老师。会议在横滨海边的大矶王子宾馆举行，那会儿日本的泡沫经济尚未破裂，研讨会办得极其盛大。

没找到那次会议的论文集，实在想不起陈老师报告的具体内容，应该也是有关文字改革和国家语言文字政策方面的话题。留下深刻印象的是，在会议最后的集体答问环节，所有的发言人坐成一长排，接受全场听众的提问。其间，也是发言人之一的东外大（东京外国语大学）教授中岛岭雄，不怀好意地歪过头来向陈老师提问："汉语拼音本来就有威妥玛方式，沿用了几十年，得到了学界和社会的认可。为什么要另起炉灶、重搞一套？结果还不如威氏拼音科学、精确。"主宾席最边上的京都大学副教授高田时雄接过话题，回应道："这个问题我来回答吧。就像日语罗马字有平文式和训令式一样，一个新兴的民族国家决定自己的语言文字当然要考虑大众的民族情绪。相反，无批判地接受按照英语的习惯编排的汉语表音文字方案，这才是问题。"

高田时雄留法十年，那时刚刚回到京都大学做副教授。日本汉学传统上有所谓的"东大派"和"京大派"，其实还可以将东外大分出来。这个学校长期为政府官厅输送实用外语人才，学风比较右，或者说比较保守，中岛岭雄可以算作其中的一个代表。战前的京都大学是所谓的“京都支那学”的大本营，两位代表学者之一的桑原鹭藏，擅长法语，他说自己研究中国就像生物学家解剖苍蝇，带着厌恶，纯粹是科学研究。高田时雄留法，更像桑原的学统，为什么他会主动站出来为陈先生“挡枪”呢？阿辻哲次是“文革”后最早到中国求学的外国留学生中的一个。大矶会议后，阿辻哲次带着高田时雄去一桥拜访陈先生，两个副教授，京都大学人文科学研究所的“双子星座”，正在冉冉升起。原来还有这层关系。

三、做客 NHK

大矶会议之后的另一件事，是陈老师受邀在 NHK 电视台和阿辻哲次做了一个对谈节目，记得好像连续播了三次，该有一个半小时吧，向日本民众介绍了从五十年代的文字改革到“文革”后的语言文字政策的历史过程及其背景知识。这是 NHK 第一次做有关这方面内容的节目，当时海内外关于这段特殊历史时期中国语言文字政策的研究刚刚开始，成果还不多见。更重要的是，作为这段历史的亲身经历者，用时下流行的话语就是“操盘手”，许多语言文字政策、法规就是陈老师参与主持制定、发布的，他在海外媒体的即时现身说法，引起极大关注，并使这段视频具有了不可替代的历史文献价值。

如今的阿辻哲次已经退休，成了京都大学名誉教授。他在自己的著作里回忆说，八十年代初北京的冬天除了大白菜还是大白菜，时间一长就感到明显的维生素 C 不足，日本话叫“野菜不足”，而陈先生会在星期天下午给他送苹果。阿辻说，现在的北京人可能体会不到它的珍贵。可“文革”刚结束的北京，家家都要囤一堆大白菜，一冬天那就是主菜。苹果是语言所通过关系搞来作为福利分给内部专家的，但陈老师却以语言所常务副所长的身份，为他这个留学生争取了一份。因为他的身体不适应，他更需要补充维生素。

四、一桥校园里

一桥大学公务员宿舍RB栋101室，尽北头一楼第一家，两室一厅的老式公房，三位老师曾先后在那安家。冬天阴冷，夏天那堵北墙潮得挂水珠子。李老师回国后，墙学校安排人来粉刷了一遍，窗帘是折敷瀬先生差我到立川廉价超市Tops买来、挂上的，迎接陈老师一家三口的到来。五年后曹老师走了，又是我去把窗帘卸下。“升旗、降旗都是我”，给曹老师的信里，我这样说。

西校舍别馆二楼，上楼梯右拐第一间就是三位老师用过的研究室。隔壁是我的另一个老师，语言学家田中克彦先生。上楼左拐是经济学家中村政则等大教授。不知什么原因，可能是保护老建筑吧，九十年代的日本，那栋楼居然没装空调。东京的夏天，有那么几天“热带夜”，还是很热的。窗外是个大平台，大太阳烤得火热，吹进来的是热风。李老师会在地上、桌上洒点水，电扇吹过，稍稍降点温。日本的大教授们穿着短衫短裤在屋里读书，偶尔在走廊里相遇，赤诚得不好意思，互道一声：“azu~i！”（热啊！）彼此彼此。

宿舍、办公室、日本同事，这就是三位老师在日本的生活小环境。一桥大学周围的大环境很好，三月的樱花大道，四季绿树环绕，掩隐着古罗马式建筑……也算地方一景。写的人很多，这里就不赘述了。

陈老师写稿用铅笔，改稿用橡皮擦擦，纸面很干净。书桌上放着一个长方形的碟子，排着一层铅笔，削得恰到好处，写秃了，换一支。NHK 的稿件是用社科院大稿纸写的，厚厚一摞。写完后抄送中国驻日大使馆一份，陈老师说事关国家政策，请他们过下目、留个底，比较好。陈老师写得一手好字，规整端庄，宽厚大气，字如其人。后悔这么多年一直没有求件墨宝，留个念想。其实是想到过的，从未在老师面前提起过，惜哉！

五、师恩如海

北京，原本是个和我没有关系的地方，因为有了三位老师，就成了回国必去的地方。去南小街，那个院里，看看三位老师和师母们。他们会问我："小何，何さん，在北京有什么事要办的吗？有什么我们可以帮忙的吗？"想了半天，没有了，真的没有了。就是觉得应该来看看，这里有自家人。每次吃饭都是老师们抢着买单，邓师母在一边强势地、半命令式地："行健，你请的多，这次一定是我家请！"一桥大学养成的习惯，逢年过节到老师家吃饭，到南小街依然是吃老师的。

印象中的陈老师，还是九十年代时的样子。从语委大院出来，一行人穿过马路，去九爷府午餐。不知是在造房子还是修路，那条街挖得乱七八糟，刚下过雨，一地的烂泥水洼。陈老师走在最前面，大水洼绕过去，小水洼跨过去，一头走一头叫"当心啊！当心！"，身轻脚健。

师恩如海，"千车载，万船装……载不尽，装不完"，这份情。

（何群雄：自由撰稿人；郑梦娟：中国人民大学副教授）

润物细无声

——追忆陈章太先生

王建华

得知陈章太先生仙逝的消息，我很悲痛。虽然已了解先生近年身体状态不佳，但前一两年还常见到他出现在学术场合，此刻驾鹤西去让我难以接受。先生指导的博士（周）洪波兄说，先生有遗愿，丧事从简，告别仪式就在医院小范围举行。未能送上先生最后一程，心有不安。在网络空间，看到冯志伟先生痛悼老友的文字，听到他充满感情地演唱《怀念战友》，十分感动。近日又陆续读到先生当年的同事或学生的纪念文章，从不同侧面回忆先生做人做事做学问的往事，语言管理和研究的成就贡献，培育后学的师者长者风范，丰满了先生的立体形象。我无缘做先生的同事，亦没能成为其弟子，但作为学界后辈，在学术上同样得到章太先生不少帮助。除了感恩在心，也值得写下来，作为对先生的追思和纪念。

一

章太先生长期在社科院语言研究所、语用所工作，又担任国家语委领导，像我这样的京外学者，与他的接触大多是在学术活动或会议中。比较重要的如 1988 年深圳的双语双方言研讨会、1991 年北京怀柔的应用语言学学术会议、1995 年北京香山的应用语言学成立筹备会议以及 2003 年我在杭州承办的全国语言文字应用研讨会等。之后在国家语委和应用语言学领域举行的多种活动中也经常与他见面。作为国家语言文字事业的领导和学术领军人物，先生运筹帷幄把握大局的能力，协调各方平衡矛盾的水平，开宗立派学术洞见的功力，温和儒雅平易近人的风范，让人心悦诚服，如沐春风，在学术界有广泛的好评。

二

我印象最深的、最值得称道的是先生对年轻学人的褒奖和提携。我第一次近距离接触章太先生是 1988 年暑假在深圳召开的首届“双语双方言”研讨会上。先生既是语用所负责人，又是那次研讨会的主持者之一。他年富力强，精力充沛，那明亮的双眸和响亮的声音让我感到格外亲切。当时我研究生毕业刚两年多，在浙江教育学院工作。根据工作需要在中小学语文教师中做了一番社会调查，对他们在学校、家庭和社会使用的语言情况进行分析，写成文章《语文教师的双方言现象》参加会议。我没有方言研究的学术背景，也没有双语的能力，文章是以社会语言学的方法进行统计分析和讨论的。在小组发言之前，我有些忐忑，壮着胆子请章太先生审看拙文，听取指教。事后想来，对刚认识的前辈学者提这样的请求是有点过分的。但章太先生很认真地看过文章，抬起头来以热情的目光看着我说：“好的，这样的选题有价值，内容也不错，我赞同。”一位学术大家对初出茅庐年轻人的关心爱护和鼓励，溢于言表。先生熠熠发光的眼睛、充满热情的话语给我极大鼓舞。这个场景至今仍历历在目，清晰如昨。后来文章被收入中山大学出版社的《双语双方言》论文集，再后来循着先生的鼓励和指点，我又撰写了《当代中学生的双方言现象》一文，发表于《语言研究》1992年第1期。

章太先生对年轻人的关心和帮助还延伸到我的学生。2004年，我在浙江大学指导的硕士生吴小芬毕业，报考了先生的博士生。录取之前章太先生来电话了解小芬的基本情况，录取之后他对小芬的学习、生活全方位地指导和关心。小芬博士毕业后，先生帮她在北京找好工作。几年后，因种种原因小芬想回浙江生活了，章太先生又亲自打电话给我，嘱我想办法找单位安置好。德高望重的老领导老前辈，如此细心细致地关怀年轻人的学习、生活、工作，这只是众多例子之一。因此他长期得到广大青年学子的交口赞誉，也为我们树立了很好的学习标杆。

更让我感动的还是章太先生对后学的帮助常常默默地进行，不事张扬，润物细无声。上述对小芬的关心是这样，我本人也深受其惠。2002年，我与两位学者合著的《现代汉语语境研究》一书出版，我第一时间寄给先生指教。没想到他很快亲自撰写了书评《语境研究的新篇章——〈现代汉语语境研究〉评介》，具体从"以语用学的理论为指导构架全书体系；分析具体问题既注意理论探索，又注意联系实际；论证问题的思想方法系统、辩证，具有很强的思辨性"三方面展开，称"王建华教授是国内较早研究语境并取得丰硕成果的学者之一，早在1987年初，他就在《中国语文》上发表了《语境歧义分析》，此后也一直关注语境的研究。他们的这部著作在全面吸收前贤研究成果的基础上，运用语用学理论对现代汉语语境中的诸多问题进行比较全面而深入的分析，构建了语境研究较为完整的体系。”并进一步指出“结合更多方面的语言应用来论述语境问题就有所不足”“对语境研究的发展趋势及问题，没有很好地作前瞻性分析”等有待加强之处。既热情鼓励，褒奖有加，又客观中肯，指导到位。此事他事先并没告诉我，我是读到先生发表在《语言文字应用》2004 年第 3 期上的文章才知道的，为之深深地感动。

三

还有一件事也应该提起。20 世纪末，国家语委在全国范围物色人选进京工作。风传在当时担任高校领导职务的语言研究学者中选了三四名比较年轻的候选人。最终是华中师大副校长（李）宇明兄脱颖而出，进京担任教育部语信司司长、国家语委副主任。他在这个岗位上为国家语言文字事业发展做出了很大的贡献。章太先生是此事的主要推手，几名人选他都熟悉，也是他向上级组织推荐的。据说我也是这几人之一，但我从未听他主动说起过此事，而是由其他学者告知的。若干年后一次见面，我冒昧地向章太先生询问，最终证实确有其事。桃李不言，下自成蹊。为国家语言文字事业发展，为语言学科管理选拔人才，章太先生展示了高尚的情操、高远的目光和高贵的品格。先生的逝世，是我国语言文字事业和语言学研究的重大损失，他的贡献，他的精神，他的榜样永远值得我们学习和继承。章太先生千古！

（王建华：浙江科技学院、温州大学教授）

缅怀陈章太先生对应用语言学学科建设的贡献

李晓华

我国著名语言学家陈章太先生离开我们已经一年多了，陈先生在中国传媒大学（原北京广播学院）培养的第一位语言学及应用语言学专业博士周洪波，约我写一篇回忆文章，很多往事历历在目却感觉难以用有限的文字一一尽述。这里仅就陈章太先生对应用语言学学科建设所做的贡献讲几件往事吧。

我是1997年初作为人才引进调入北京广播学院筹建播音主持艺术学院的。当时正赶上广播学院加强学科建设申请博士学位授权点工作紧锣密鼓地推进，我被临时抽调到校学科建设办公室帮忙，负责语言学及应用语言学博士点申报材料的准备。学校确定的第一批重点申报的博士点有三个，语言学及应用语言学学科就是其中之一。由于广播学院的中国播音学学科在国内高校中独树一帜，在应用语言学领域也颇具影响，因而被学校确定为重点建设的学科点。但是，申报一个博士点仅有一个中国播音学研究方向是不够的，经过多方征求专家意见，找到了与国家语委语言文字应用研究所（简称“语用所”）联合申报的办法。于是，广播学院和语用所在张颂先生和许嘉璐先生的共同努力下，开始了携手共建应用语言学重点学科和联合申报博士点的密切合作。语用所派出的几位参加申博工作的专家中，就有陈章太先生。他是我留校任教后刚涉足语言学研究有幸结识的一位德高望重的著名语言学家。

1981 年暑期，中国社会科学院语言研究所，在建瓯举办了“全国汉语方言调查培训班”（建瓯班），来自全国二十一个省市五十多所大学和有关单位的中青年教师和研究人员，参加了培训和建瓯方言调查研究。当时的主讲老师就有陈章太先生、李如龙先生等方言研究的专家。没有想到，十多年之后又有机会就教于这些专家。

陈章太先生曾担任国家语委副主任和语用所所长，在应用语言学学科建设方面贡献卓著。对于博士点的建设，他提出了很多真知灼见。他在专家论证会上说：广播学院应该建立一个应用语言学系，这是很多语言学家的夙愿。吕叔湘先生、朱德熙先生早就想建这样一个系。当时强调两点：一是语言学跟应用结合，既重视基础理论研究，又强调应用性；二是语言学要跨学科，要同人文科学、自然科学（数学、物理、信息科学、计算机科学）结合，进而研究语言学如何与国家发展相结合。我们要既继承传统又不受局限，既吸收西方理论又加以消化。根据现有的和能争取到的条件，我们可以做些什么，应该有清醒的认识。新专业的建立起点要高，应瞄准世界先进水平，与国际接轨。

在陈章太先生等专家的指导下，广播学院于 1999 年成立了应用语言学系，时任全国人大常委会副委员长、国家语委主任的许嘉璐先生发来书面讲话稿致贺，并提出希望：北京广播学院应用语言学系应迅速找到发展应用语言学的切入点，加强同学术界的联系与合作，早出成果，多出人才，尽快发展成为我国研究社会语言学和计算语言学的基地之一。此后，应用语言学系2000年开始招收汉语言专业（应用语言学方向）的本科生，其培养目标为：自然语言的计算机处理、汉语语音识别与合成等计算语言学方面和语文教育、旅游、交通、商贸、广告等社会语言应用方面的高级专门人才。同时，学校还建立了语言学与应用语言学研究基地（下设播音主持艺术研究所、语言传播研究所、广播电视语体研究所，汉语教学与测试研究中心等研究机构）和计算语言学重点实验室。在此番多管齐下的学科专业建设举措之后，语言学及应用语言学博士点设置了中国播音学、社会语言学、计算语言学、广播电视语体学等四个研究方向，为博士点申报打下了扎实的基础。

经过几年的拼搏奋斗，1998年北京广播学院博士点建设终于实现了零的突破，经国务院学位委员会第十六次会议批准，广播学院进入了全国348个博士授予单位之列，并获得新闻学、广播电视艺术学两个博士点。2000年，语言学及应用语言学博士点也获批学位授权，于2001年开始面向全国招收博士研究生。陈章太先生招的第一名博士生就是后来担任商务印书馆总编辑的周洪波。截止到2007年，陈先生在广播学院（2004年更名为“中国传媒大学”）共招收7届11名博士生，其中10人在高校从事应用语言学教学与研究。

陈章太先生在应用语言学学科建设方面的另一贡献，是组织全国专家学者编写了国内第一套“应用语言学系列教材”，由商务印书馆出版。这套教材共七本，包括《应用语言学概论》《社会语言学概论》《计算语言学概论》《汉语语体概论》《对外汉语教学概论》《语言规划概论》《中小学语言教学概论》等，由陈章太先生和于根元先生担任总主编，是近十几年来高校选用的高水平、高质量应用语言学专业教材。

陈章太先生在应用语言学高层次人才的培养方面，倾注了大量的心血和精力。他虽然年事已高，但每年给博士生讲授的“语言学前沿”课，都要重新备课，补充最新的学术研究成果。2013 年冬天，81 岁高龄的陈先生还冒着严寒到传媒大学来讲课。在治学上，陈先生严谨细致的学风更是为人称道，无论是指导博士生的课题研究和论文写作，还是评阅提交答辩的博士学位论文，他都严格要求一丝不苟。

在传媒大学语言学及应用语言学师资队伍建设方面，陈章太先生不遗余力地支持学校大力引进高端人才，积极牵线搭桥推荐国内专家加入中传的学科团队，同时鼓励本校的中青年骨干教师攻读博士学位，为本学科的可持续发展培养后备力量。我本人也是得益于陈先生的推荐，考入了北京大学中文系，攻读沈炯先生指导的实验语音学方向的博士生。在我攻读博士学位期间，又接任了播音主持艺术学院院长的工作，学业上和行政管理中遇到一些难题，都会时常向陈先生请教，他总是真诚开导指点迷津，使我从中获益良多。特别是我的博士学位论文答辩会，请到了陈章太先生参加，他的细致入微的点评和寄予厚望的鼓励，令我深受教益、感恩不尽，至今难以忘怀。

（李晓华：中国传媒大学教授）

怀念我们的顾问陈章太先生

周　荐

陈章太先生是中国语言学界重量级的学者，他曾任中国社科院语言研究所副所长、《中国语文》副主编、国家语委常务副主任、教育部语言文字应用研究所所长等要职。陈先生是福建永春人，早年在闽方言研究和社会语言学研究上取得辉煌的成就；从语言研究所调任语言文字应用研究所之后，先生又在语言规范化尤其是词汇规范等领域内取得重要的成果，陈先生与李行健先生合作的《普通话基础方言基本词汇集》就是他本时期的重要的代表性著作。陈先生到语用所工作，我也才有了近距离向先生讨教的机缘。

2003 年国家语委成立全国语言文字标准化技术委员会，其中的汉语语汇分技术委员会挂靠南开大学。语汇分会延请了三位著名学者做顾问，他们是陈章太先生、李行健先生、刘叔新先生。陈先生位列首席，因此他是我们语汇分会的“首席顾问”。我每年赴京就语汇分会的工作请示汇报，为尽量少给先生们添扰，有时会将陈、李两位顾问请到一起，向他们请益。两位先生每次都非常认真地听取我的汇报，之后，陈先生总会提一些问题要我注意，给予我指导性的意见。陈先生的意见总是高屋建瓴，而且既富理论色彩又符合国家的大政方针，与国家语言政策完全契合。

2008 年 8 月我南下澳门，旋即受命参与组建澳门语言文化研究中心，我又恭请陈先生出任澳门语言文化研究中心的顾问之一。先生不仅一口答允出任顾问，而且 2009 年 11 月 17 日中心在澳门理工学院举行成立大会时，陈先生在师母的陪伴下亲临澳门，对澳门中心的工作表示鼎力支持，也对我的工作给予鼎助。这令我极为感动。陈先生担任澳门语言文化研究中心顾问之后，我再赴京汇报工作，常就语汇分会、澳门中心两个机构的工作一起汇报，陈先生总是举重若轻，看上去很复杂的问题先生稍加点拨便令我们茅塞顿开。

2015 年，澳门语言文化研究中心换届（每三年一届），致函先生，恳请先生俯允继续担任顾问之职。先生复信，要求不再考虑他担任顾问，原信如下：

澳门语言文化研究中心：

你们好！

来函敬悉，迟复致歉！贵中心于2009年成立时，承蒙厚爱，聘请我为中心顾问，甚为感谢！近年来，因为我年事已高，精力所限，没能为中心做什么事情，深感愧疚和抱歉！中心管委会拟于近期换届，值此，我恳请贵中心允许我不再担任中心顾问。有负厚意，敬希见谅！

特此谨呈，并致

夏安！

陈章太

2015 年 8 月 3 日

虽然先生不再担任澳门语言文化研究中心的顾问，但他仍任全国语标委汉语语汇分会的首席顾问，我仍有机会不时去向先生请示汇报工作。考虑到老人家年事日高，为了不太打扰先生，我尽量利用与先生同时出席学术活动之机向先生请益，比如到京参加“语言生活派”的活动时。先生见到我，总是和蔼可亲，无论是语汇分会的工作还是澳门中心的情况老人家都不时垂问，显示出两个研究机构的工作老人家始终萦绕心怀，给予垂注。我一直想与老人家拍个合照，但每次谈完工作看到老人家面露疲态，就不敢再打扰他，想等下次先拍照再汇报，总会有机会的。2021 年 9 月上旬我辞去澳门的教职接受北师珠海校区的聘任，计划待疫情稍稍缓解即赴京向国家语委汇报，也去拜望拜望陈先生等老领导，也了却我的心愿，孰料竟收到先生不幸于 10 月 17 日病逝的噩耗。

陈先生是大学者、大先生，他慈祥待人如和煦春风，点化施教而不着痕迹。先生虽已与吾侪天人永隔，但他高尚的节操、儒雅的风范，令人缅怀，永世钦仰。

（周荐：北京师范大学教授）

遥对明月多尽望　无限思念满心怀

——深切怀念陈章太先生

韩荔华

陈章太先生仙逝，对先生的深切缅怀之情绵绵不尽……我们与陈先生和师母交往多年，感情深厚……无限感佩先生在工作上对我的关怀与提携，无限感念先生在生活中对我的关心与照顾。

工作上，我得到了陈先生的许多提携与支持。2000年6月陈先生为我的《导游语言概论》作序。陈先生知道我从二十世纪八十年代中期开始收集整理导游语言相关资料，九十年代中期开始陆续写作《导游语言概论》。当时我向陈章太先生谈起写作计划，陈先生不仅一直鼓励我抓紧时间写作，还经常关心询问写作进展情况。成稿后，陈先生在百忙中审阅了全稿，提出了许多很有价值的修改意见，并为本书作序。陈先生认为：

> 随着我国改革开放的不断深入和经济、文化等事业的迅速发展，我国的旅游事业正在蓬蓬勃勃地发展起来，成为最具活力的产业之一。旅游事业的发展，促进导游队伍的壮大，导游队伍的壮大和导游人员素质的提高，又促进旅游事业的进一步兴旺；导游行业和旅游事业是相互依存、相互促进的密不可分的关系。

强调：

导游语言是导游的交际工具，是一种社会行业语，属社会语言学研究的范畴。它如同传播语言、法律语言、广告语言、公关语言等其他社会行业语一样，有自己的特点和规律。导游语言尽管有口语和书面语之分，直接导游语和间接导游语之别，但它的总特点是准确、得体、简洁、流畅、生动、优美，具有针对性、灵活性、启发性和韵味性，讲究语音调谐、词语锤炼和句式选择。为使导游语言具有上述这些特点，优秀的导游员总是努力加强自身的语言修养，并且尽量运用语言的各种表达手段，有时还辅之以图像、照片、实物等其他有效办法，用最简洁、生动的语言传递最多最丰富的有关信息和知识，最大地提高旅游者的兴趣，收取最佳的导游效果。语言在社会运用中，其交际功能可以转化为社会价值和经济价值，最明显的是社会行业语的应用，尤其是广告语言、导游语言、公关语言和法律语言，这是值得我们充分重视的。

陈先生还论述了导游人员掌握并善于运用导游语言的重要性：

导游是一种职业，是一种十分讲究语言艺术的职业。称职的优秀的导游员会给旅游者带来愉快、欢乐和知识，创造较好的社会效益和经济效益；水平不高的导游员就做不到这一点，甚至不受旅游者的欢迎，产生不良的效果。要当一名称职、优秀的导游员，除了热爱导游事业，具有良好的职业道德和心理素质，以及丰富的知识，较高的文化素养和较强的应变能力以外，很好掌握和善于运用导游语言也是必不可少的重要条件。

序言中陈先生对我的一些夸赞之辞多是出于对我的鞭策与鼓励。先生全力扶掖后辈的精神，将激励更多学子进一步广泛而深入地进行旅游语言研究，进而为中国社会语言学发展繁荣做出更大贡献。

2007 年 9 月 8 日在北京第二外国语学院召开了中国修辞学会旅游语言研究会成立大会暨第一届旅游语言研讨会，陈先生拨冗莅会指导，再次就旅游语言研究问题做了重要发言，强调旅游语言研究的重要性，号召学者们关注旅游语言研究的各个角度各个层面的各种相关问题，指出旅游语言研究是一个大有可为的研究领域。

生活上，陈先生和师母对我们关怀照顾有加。2000 年 10 月底我夫妻俩同时要去外地出差，特别是我当时要参加一个行业资格考试的试题审校工作，从 2000 年 10 月 30 日到 11 月 2 日要被封闭四天。当时上初中的孩子无人照料，我急得不知如何是好。陈先生和师母听说后，老两口儿 29 日晚就住到我们家来帮忙，解除了我们的后顾之忧，使我们能够安心工作。我回家后，陈先生和师母兴高采烈地讲述着几天的生活情形……老两口儿忙里忙外，不仅帮我看家照顾孩子，洗衣买菜做饭，还大搞厨房卫生，添置厨房用品，去西街买了一次性杯子、簸箕、漏斗、塑料盘子、三角塑料架、筷子笼、洗涤用品……家里到处打扫得干干净净，厨房更是焕然一新。长辈努力打理柴米油盐酱醋茶日常生活的认真态度深深感动了我，他们尽心地将平常日子过得井井有条的精神更是深深植入我的心间。

2019 年 10 月的一天，我取晾晒在院子里的被子，遇到散步的陈先生。先生马上过来要帮我收被子，我惊吓得一再婉谢，我取下一床被子一边往家走一边回头不断对陈先生说"您回家吧！您回家吧！"结果我放下被子从家门出来时看到抱着被子的陈先生迎面而来。我急得什么似的，陈先生却特别开心，我接过被子放回去就不由分说地搀着陈先生说说笑笑地把他老人家送回了家，看着先生进家关上门才放下心来……眼前浮现着当时热热闹闹的情景，眼中却已是泪水涟涟……

2019 年 12 月 29 日，听说陈先生抱恙在家，我们立刻去看望。先生躺在床上……这是多年来我们第一次看到先生在家卧床。看到我们进来，先生一定要坐起来，我们反复劝不要起来先生才躺好。先生跟我们反复强调身体健康是生命的第一要义。一再嘱咐我们：要好好注意身体，一旦病痛缠身只有自己忍受，谁也代替不了。2020 年 1 月疫情蔓延之后，我们不敢过于频繁地去陈先生家，但保持着联系，也偶尔去家里看望先生。2020 年 7 月的一天上午，突然听到窗外有敲击声，循声望向窗外似乎又听不到什么动静了。一会儿又传来敲击声，我扒着窗台才看到是陈先生拿着拐杖敲窗栏杆。陈先生一看见我就说："金智在家吗？我想你们了！"我们马上跑出去围着先生问长问短……先生跟我们说很是想念我们，看见我家窗户开着估计家中有人，喊了几声没人答应，才开始敲窗栏杆……听到先生说想念我们，我立刻热泪盈眶地搂住先生肩膀不停轻轻摇动，表达着心中的感动之情。我们请先生家里坐，先生说疫情期间就不去了。我们就站在院子里聊天儿……金智担心先生站得时间长累着就把先生送回了家。

2021 年 1 月 1 日，我们从福建漳州回北京，傍晚一到家立刻去给陈先生和师母送去先生喜欢的家乡特产——水仙鲜切花和乌龙茶。陈先生非常高兴，说只有闽南才会有水仙鲜切花。陈先生兴致勃勃地讲了许多福建永春老家的事儿……2021 年 8 月 11 日我们去陈先生家里看望先生，卧床的先生还是要坐起来，我们坚持着扶先生躺好……先生还是喜欢聊福建永春老家的事儿……语速缓慢但又很执着，温馨亲切的言谈还犹在耳畔……

件件往事述说不尽，往日一幕幕鲜活生动的情景仍然历历如在眼前……先生虽仙逝，美德垂千古。陈先生对我的提携之恩、关怀之情，我将永远铭记于心。

（韩荔华：北京第二外国语学院教授）

倾注在《语言与国家》里的家国情怀和大家风范

——深切缅怀陈章太先生！

赵世举

2021年10月17日，也许注定是个令人悲伤而难忘的日子！霜降迫近，天气阴沉，深秋的武汉，寒气阵阵袭人。不知何故，有些莫名不宁，懒得做事，平时瞎忙乎很少看微信群的我，鬼使神差地刷起微信群来。突然，冯志伟先生的一条"惊悉挚友陈章太先生于今日凌晨去世……"的消息，刺入眼帘，顿时惊愕良久，难以置信。记得9月的某日，周洪波兄还告诉我，陈先生出院，他去看望，先生恢复尚好。怎么可能？！缓过神来，便急切地带着"证伪"的心理给洪波兄发了一条微信，期盼是误传。然而，天违人愿，洪波兄真切地回复"是的。今天凌晨走的……"悲痛难抑，热泪潸然。随即询问如何安排，有何合适的哀悼方式，无奈洪波兄告知只打算家人、好友小范围告别。我明白，无缘入门的私淑者，是不宜去添麻烦的，因此只好拜托洪波兄代致哀悼和对陈先生家人的问候。至今抱憾。

近来，不断读到陈先生的老友、同事、学生发表的追思文章，也抑制不住想写点什么来表达哀思。其实说来惭愧，我因最初主要从事古代汉语教学和研究，孤陋寡闻，对陈先生的工作和学术知之不多，只知道他是国家语委的一位领导。后来因为兼做相关行政工作的缘故，才开始拜读陈先生的有关讲话和文章，有了一定的认识。记得 1987 年读到他在《语文建设》第 1 期上发表的《语言学观念的更新和语言文字工作》一文，眼睛为之一亮，十分钦佩其广阔的学术视野和先进的学术观念，留下了非常深刻的印象。1993 年深圳教育学院和深圳市语委办联合主办第三届双语双方言研讨会（国际），我有幸受邀（后因临时有事未能成行），为撰写会议论文《双语双方言运用的心态透视》一文（后收入会议论文集《双语双方言（三）》，汉学出版社 1994），读到了陈先生出席第一届双语双方言研讨会的论文《论语言生活的双语制》（《双语双方言》，中山大学出版社 1989），对陈先生有了进一步的认识。而与陈先生真正熟识，是自 2011 年编写《语言与国家》开始的。尽管直接打交道并不多，且主要是各种会议上相遇，但陈先生之风，熏润我颇深，让我受益，令我感佩。我对陈先生的崇敬之情，或许也不亚于其他朋友。

为追忆先生，近日特意从尘封的资料堆垛里找到了《语言与国家》编写过程中留下的原始记录，细细重温了跟陈先生相关的部分。睹物思人，陈先生多次精心审订《语言与国家》的情形跃然再现，历历在目。

教育部语信司和商务印书馆高度重视《语言与国家》一书的编写，为保证质量，两任司长李宇明、张浩明和时任副司长田立新，时任商务印书馆总经理于殿利和副总编周洪波等，多次出席审稿会，掌舵把脉，同时特邀陈章太先生和陆俭明先生担任审订，为该书把关。

陈章太先生第一次出席审稿会是 2014 年 2 月 16 日，在商务印书馆，那是审议第三稿。同时出席会议的有北京大学陆俭明先生、时任北京语言大学党委书记的李宇明教授、时任语信司司长张浩明和副司长田立新、时任商务印书馆总经理于殿利和副总编周洪波、时任北京华文学院副院长的郭熙教授，以及时任语信司处长易军和李强同志、时任商务印书馆汉语编辑中心主任余桂林等。会议开了整整一天。

一般而言，作为年逾 80 的德高望重的审订人，就稿子宏观方面把把脉、提提原则要求即可。但陈先生不是！他不仅一丝不苟地通审全稿，就宏观问题、关键问题发表卓见，而且在局部细节方面也提了许多宝贵意见（陆俭明先生也是如此）。我根据速录稿和我的笔记统计了一下，在当天的会议中，陈先生除了轮到他的一次系统性发言之外，先后随机插话整整 10 次，而且仅第一次发言就达 2400 多字之长，贡献了很多思想和具体意见。因此，本次会议他至少获得两项第一：年龄第一长，发言次数第一多。其高度认真负责的精神，由此可见一斑。主持审订会的李宇明教授评点说："陈老师历来做事认真，今天就体现了。"更令我至今难忘的是，他发言开始就表示歉意说，稿子还有一点没有来得及看完，并不无幽默地解释道，因为最近生病了，还在康复中，是在家里邓医生的严格监管和协助下看的稿子。一位 80 多岁的老领导老专家这种敬业忘我的精神，能不令人崇敬、感动？

在《语言与国家》书稿审订中，陈先生的一言一行，无不体现出对国家语言文字事业的赤诚和高瞻远瞩。他不仅从语言学和语言文字事业发展、国家和社会需求的高度对该书的价值、内容、观点、写法等给予高度评价，说了许多鼓励的话，而且对书稿的修改完善提出了很多重要的指导意见。

在宏观方面，他告诫我们：全书一定要体现出一个主线，这个主线应该是党的十七届六中全会提出来的“大力推广和规范使用国家通用语言文字，科学保护各民族语言文字”。这是我们国家语言政策跟语言规划最重要的最新的最根本的核心思想。与此相应，要“妥善处理各种语言关系，构建和谐语言生活”。这个是我们的主线。他还先后强调：我们国家语言国情长期以来是主体性与多样性相统一，或者说统一性与多样性相结合，以国家通用语言文字为主体。这个一定要坚持下去，这既符合中国的国情，也符合整个国际语言生活发展状况。这些指导，为《语言与国家》的编写确立了定盘星和主旋律。

在具体方面，陈先生也一丝不苟地指导很多。比如，关于如何正确处理普通话与方言的关系问题，他指出：

> 这也是语言关系当中很重要的问题，我们现在碰到许多新情况、新问题，是必须要考虑的。这一问题怎么把握、怎么处理？你处理得左一点也不对，对方言不重视显然不对，因为方言是跟语言感情，跟文化、习俗各个方面乃至整个思想观念都联系在一起的；方言问题你放得太宽，也不对，现在有人提出来要保卫方言、要为方言立法，这些东西我们是不能支持的，需要把握好。

他又指出：

> 还有一个具体问题是语言情感跟语言安全问题，这个问题

我们好像涉及得不多。实际上语言情感跟国家安全、跟语言安全关系非常密切，这个问题怎么论述、怎么看、怎么处理？需要重视。

他还要求我们：

这本书要保证它是高水平的，真正能把我们的目的体现出来，所以一定要再认真点，好好再琢磨。从观点、理念一直到每一件事实，包括国内国外的每一个案例都要非常准确。

写法上，包括论述的风格上，现在各章在这个问题上有差别，一看就看出来了。所以我补充一点意见就是要再细细地琢磨，从内容到事实、到观点、到语言使用，这整个都要，包括表述的风格、语言的风格等尽量统一。

这些细致的提醒和指导，对我们编写质量的提高发挥了重要作用。

陈先生还教导我们要有世界眼光，在内容和写法上正确处理好国内与国外的关系。他说：

编这样一本书不容易。难度在哪里啊？因为语言与国家的问题，不光是全中国的，还包括世界，包括国际上历史的跟现在的，范围非常广泛，所以处理起来很难。你要单单细数中国的问题比较好办，集中论述外国的问题也比较好办，可它现在是交叉穿插的。涉及广泛的好处是空间比较大，可以选择最典型的个案、最新点，选择空间比较大，但是怎么把国内国外

> 的协调在一起，处理得比较得当，这个难度就比较大，它是一个整体啊……不仅是中国的，但又要以中国为主，能体现出我们自己国家的一些特色，难度很大，所以总体上希望能再细细地打磨。

既表达一种很高的期待，也充满体谅和关怀。

陈先生还特别提醒我们要有忧患意识，他说：

> 这里头是有一些忧患意识的，国内国外的都有，但是这方面还不够。初步读完了以后，看看确实我们国家这方面差得太多，差得太大。说实在的，跟某些国家来比，不要说跟美国来比了，跟某些比较重要的西方国家比，我们都还差得很远。

对事业、对国家的忧患之感和拳拳之心溢于言表。

在整个审稿过程之中，陈先生既高标准、严要求，也饱含体谅、宽容和关爱。每当指出问题时，他几乎都不忘说明其难度，以减少编写者的压力。比如在开场白中说：

> 我最近也涉及这些问题（主编《语言规划概论》），语言规划跟（国家的）各个方面都有关，所以深感还没有这样就语言与国家关系的最顶层的系统论述的专著。虽然国内国外包括最近翻译过来的几本书也涉及这个问题，但是没有专门就这个问题进行全面地阐述，所以我看到这个非常高兴。我觉得这是个很大的问题，写起来不容易。但是现在初步来看，我感觉完成得很好，应该说，虽然写四年了，但是这四年（能写成这样子）

确实已经很不容易了，因为这个问题涉及太广了，所以看到这个书稿以后我非常高兴……整个内容很重要很全面，论述语言与国家凡是能涉及的问题差不多都谈到了，案例很丰富，分析也比较深刻，全书的结构架构比较完整合理，形式比较活泼新颖，特别像各节的阅读提示，跟那些小标题……这样一部重要的著作采用这种形式我觉得非常活泼新鲜。论述也比较简明清晰，看起来读下来整个清清楚楚。观点很重要，树立的观点是鲜明平稳的……但是，因为这本书要论述的问题很大，内容广泛，案例又很丰富，所以说怎么样做得更精炼、更加准确、更加严谨、更加清晰，而且写起来更规范，这些方面我觉得还是可以做一些工作的。

陈先生指出问题前的这番话，显然给编者以莫大的鼓励和宽慰，意在避免影响编者的积极性。既体现出先生宽以待人的胸襟，也展现出先生处事的艺术，令人敬佩。

《语言与国家》审稿会虽然已远去近八年，但陈章太先生在会上的音容笑貌宛在，其情怀和风范更是铭刻心中。古人云："高山仰止，景行行止，虽不能至，然心向往之！"这恰似我的真切心声。

（赵世举：武汉大学教授）

追念敬爱的陈章太老师

邢向东

10月17日，“今日语言学”公众号发布了陈章太老师不幸辞世的消息。我久久盯着手机，难以抑制悲痛的心情。十几天来，眼前不断浮现出陈老师慈祥和蔼的面容，脑子里萦绕着跟陈老师交往的点点滴滴和他对我的提携、关怀之恩。于是在泪眼模糊中写下这些追念的文字。

一

我最早认识陈章太老师是在1983年。那年我考上内蒙古师大的研究生，奉导师马国凡先生指派，到“全国高等学校文字改革学会”秘书处当秘书。高校文改学会在朝内南小街51号文改会大楼407室。陈老师那时担任文改会常务副主任兼秘书长，他的办公室在二楼。

高校文改学会秘书处的日常工作，主要是接待外地来京的文改学会领导，比如吴积才先生、武占坤先生和马老师等先后来京，就住在文改会招待所，我都会陪着他们去拜访陈老师。时间略长，跟陈老师就熟悉了。陈老师对我十分关心，见面总是喊我“小邢”，嘘寒问暖的，还时常问起马老师的情况。在陈老师面前，我一点也不感到拘束，从见他第一面起，就叫“陈老师”，没有叫过先生。

马老师、陈老师给我介绍了一些先生，没有接待任务时，我就去北大、北师大、人大中文系旁听，或者从文改会图书馆借书看，晚饭后常跟刘一玲等年轻老师打乒乓球。乒乓球案子就在陈老师办公室外面那个厅里。陈老师大多数时候在办公室加班看书、批阅文件、写文章、写材料。他关着门工作，一般不干涉我们。但有一次陈老师正忙着写材料，我跟陈老师的公子打球打得兴起，动静太大了，他出来说了陈公子几句，但没说我。从那以后，在陈老师加班的时候，我们打乒乓球乖了许多。陈老师就是这样，对自己的孩子要求严格，对别的年轻人很宽容。

二

1986 年，陈章太、李行健老师主持的国家社科基金重点项目“北方话词汇调查”立项，最初共设了 96 个调查点，实际调查了 100 多个点。内蒙古 6 个点委托马老师负责。马老师让我和盛守谋、马叔骏等老师调查，由我负责写调查报告。那是我第一次调查内蒙古的汉语方言。项目进入材料汇总阶段后，语用所先后借调了几位高校青年教师加入项目组。我在 1989 年春被借调到语用所，在陈老师、李老师直接领导下工作，负责抄录、整理音系、同音字表、词汇对照表。语用所的徐幼军、胡士云负责具体联络，随时解决材料中的问题。我和伍巍、裴泽仁、刘时叶、蔡启宁几位住在语委宿舍楼顶楼的一个大房间里。那里既是办公室，又是卧室兼厨房。近半年的时间，每天中午吃食堂，晚上煮面条。陈老师和李老师给了我们许多指导、照顾。项目组每周开一次讨论会，陈老师逢会必到，跟我们一起研讨材料，不放过一点疑问。哪些地方的调查材料不清楚，都要给有关专家写信或电话核实。在这之前，我拜读过陈老师和李如龙先生的《论闽方言的一致性》和《论闽方言内部的主要差异》两篇长文（分别发表在《中国语言学报》第一期、第二期），对陈老师的学问崇拜得五体投地。通过这半年的密切接触，他对学问的一丝不苟和对年轻人的关爱，他的急公好义、和蔼可亲，更是给我留下了难以磨灭的印象。我问陈老师内蒙古的调查材料质量怎么样，他鼓励我说："你们内蒙（古）的材料是中等偏上，挺不错的。"

9月份，我们结束借调，各自回了原单位。临行前，在胡士云家里，陈老师跟我们一起吃了顿饭。那天，陈老师、邓师母都在，大家喝了不少酒，我还唱了陕北民歌和内蒙古民歌。在陈老师亲自指导下工作了半年时间，现在要告别了，大家都有些恋恋不舍，怅然若失。

在"北方话词汇调查"研究成果《普通话基础方言基本词汇集》的编纂、出版阶段，所有的编、校工作大多由陈老师、李老师和其他几位老师完成。全书共五大卷，两卷方言音系、两卷词汇对照、一卷词汇对照和方言地图，工作量之大可想而知。后来刘一玲告诉我，校对《普通话基础方言基本词汇集》时正值盛夏，陈老师经常穿着背心短裤，吹着电扇，日以继夜地连轴转，以至于有一次劳累过度发生脑梗，差点出了大事儿！

三

1994—1995年间，我先后在《方言》《内蒙古大学学报》等期刊发表了几篇内蒙古晋语语气表达系统的文章，想申请中国社会科学院的青年语言学奖（现已更名为“吕叔湘青年语言学奖”）。我打电话把想法跟陈老师说了，想请他写推荐书。陈老师二话没说，让我把论文寄给他，很快就把推荐书写好寄给了我。我给陈老师寄的是“裸文”，他必须通读全文才能写推荐书。青年语言学奖是吕叔湘先生设立的，那些年获奖的都是郭在贻、项楚等大家。陈老师大概明白我很难获奖，但他不忍心拒绝一个在自己领导下工作过的年轻人。

2000年，我写完博士学位论文《神木方言研究》，请陈老师做论文评阅专家。我从济南坐火车到北京，去他家里送论文。陈老师家里我以前去过几次，但从来没有带过礼物。那次，我带了二斤内蒙古产的枸杞，是用中药店的包装纸简单包的。他和邓师母还招待我喝了好茶。过了几天，我从呼和浩特到北京，从陈老师、张振兴老师等几位先生那里拿到了评阅书。陈老师的评阅书写了满满两页，一方面给论文以很高的评价，另一方面也指出：“神木方言是陕北晋语的重要点，同山西晋语、内蒙古晋语关系密切。文中对神木方言同山西晋语、内蒙古晋语的比较有所不足，最好辟专节讨论。”陈老师的评语一针见血，点明了论文最欠缺的环节。我的博士学位论文共60万字，可想而知，写这个评审意见，他花费了不少宝贵的时间和心血！

博士毕业后，我回到陕西师大工作。在几次学术会议上见过陈老师。我们还应一个学校之约，同台做过一次学术报告。每次见面他都要详细询问我的研究工作和生活情况，询问马国凡老师、钱曾怡老师的情况，总是那样娓娓道来，和蔼可亲。我平时只是偶尔打电话问候他老人家。问候虽然不多，但感恩之情，历久弥深。后来应陕西师大学生开办的“师说”节目写了一篇《从兴趣到担当——

我的方言研究之路》，其中提到陈老师对我的影响：

> 内蒙古地区的调查报告完成以后，我在1989年春被借调到“北方话词汇调查”课题组，参加项目的统稿工作，同几个年轻人一起，在陈章太、李行健先生的亲自指导下整理方言材料，不仅在专业上受到很好的训练，得到了提高，对北方话的情况了解更多，而且和陈先生、李先生以及几位年轻朋友结下了深厚的友谊。陈先生、李先生都是语言学界的著名学者，又特别和蔼可亲，他们对学术一丝不苟的作风、平易低调的做人态度给我留下了很深的印象，我对他们充满了由衷的敬意。

我想把从陈老师等老一辈身上感受到的优良品德，传递给青年学生。

一个人的成长道路上，凝聚着许多老师、前辈的心血。我们之所以能有所成就，离不开他们的教导、督促和提携。就我而言，遇到陈老师这样的前辈大家，给我各种各样的帮助和关爱，何其幸运！陈老师给我的影响，不仅仅在于直接的指导和提携，更在于他用自己高尚的人格，用自己的正直、谦逊、淡泊、严谨，润物无声地影响了我，使我在取得点滴成绩时能够保持清醒，在年轻人需要帮助时能够竭尽所能，施以援手。我想，这应该是陈老师最希望看到的。

先生之风，山高水长！敬爱的陈老师千古！

（邢向东：陕西师范大学教授）

学者情怀，师者风范

——追忆陈章太先生二三事

赵蓉晖

有幸与陈先生相识，大约是在2006年前后，那时先生已经退休。我开始参加《中国语言生活状况报告》的写作和讨论，得以结识作为审订的章太先生。我对先生这样的前辈充满敬仰。起初，我只知道陈先生是国家语言文字工作的前辈，学术修养和管理经验兼备，对书稿内容的评论和建议总是一语中的，切中要害；随着接触机会增多，我对先生的了解越来越多。先生之于我，变成了可亲可敬的长者，在为学、为师、为人上都启迪良多。

先生学养深厚，工作态度严谨，有两件事给我留下了深刻印象。2015年，我在研究历年国家语言文字工作规划文本时，约请他做电话访谈。先生不仅详细回答了我的问题，还补充了很多线索和内容，看得出他对国家语委的工作非常熟悉。我们谈了一个多小时，结束时先生还叮嘱我，有问题一定再联系他。同年，《语言战略研究》杂志在准备创刊时，约我对先生主持编写的《语言规划概论》写一篇书评，主编要求我一定要发现问题、指出问题，不能只唱赞歌，以此为新刊的书评栏目定个调子。接到任务后我很忐忑，因为书的作者都是国内做语言规划和研究的知名学者，我是外语专业出身的，对国内情况可能把握不准，评论该用什么标准，把握到什么尺度，实在没底。硬着头皮写出近八千字的初稿后，我特意发给章太先生，请他提提意见。没想到先生很快就给我打来电话，肯定了我的分析，鼓励我大胆写。他当时提到，中国语言规划的实践经验非常丰富，但是理论总结不足，也缺少将中国实践置于世界背景下的比较和反思，对海外同行的研究了解也不多，他希望我能发挥自己外语专业的特点，突出这部分内容，以帮助同行们看到未来努力的方向。先生的真诚、坦荡，让我深深领略了前辈学者尊重事实、虚怀若谷、为国家担当的情怀。

先生温润如玉，总是关心和鼓励后人，他为长为师的风格，深深感染和影响了我。我和先生实际见面的机会屈指可数，但是每次见面，他都会真诚地询问我的近况，说些勉励的话。看得出，他并非客套地寒暄，而是真的关心和想了解学界的进展，关心国家语言文字事业的发展。2011 年，上海外国语大学中国外语战略研究中心成为国家语委的首家科研基地时，先生慨然应允担任中心第一期建设的顾问，2016 年再次担任第二期建设的顾问，从大方向上给我们提出了很多中肯的建议。先生桃李满天下，他的众多弟子都已成为行业中的翘楚。有好几次活动间隙，看到先生和弟子们聚在一起，气氛特别欢乐和谐；先生和他们交谈时，也全无学界权威的架子，完全是慈爱的长者形象。与先生以及他的弟子们打交道多了，特别容易被他们的真诚、务实、互助感染。久而久之，难免心生向往，有一次我半开玩笑半认真地向先生提出"您收我做弟子吧"，他呵呵笑着说"好啊好啊，这是我的光荣……"虽是有些玩笑成分，但是我从心底里把先生作为学习的榜样。他对待学生和年轻学人的态度和做法，成为我自己带学生做导师时的榜样。臧克家在《有的人》中有句诗:“只要春风吹到的地方,到处是青青的野草。”先生在不经意间给他人带来的影响,就像诗中所说的春风,于无声处感化、影响着他人。

章太先生坦荡真诚,与人为善,学术成就斐然,品格风范令人敬仰。先生温润如玉,令人如沐春风,每每想到他,都是平和而温暖的感觉。先生虽已驾鹤远去,但我感觉只有时空上的分隔,先生的情怀和风范永远留在我们心间。

（赵蓉晖:上海外国语大学教授）

我们会永远记得陈老师！

许小颖

在微信朋友圈中看到陈章太老师去世的消息，得知只有小型的告别仪式，我不敢去打扰他的家人。连续两周看微信公众号中的缅怀纪念文章，才慢慢知道我认识的和蔼的陈老师除了是“绿皮书”三审订之一、在闽语和语言规划研究领域多有建树之外，还曾任诸多重要职务，而且，在同行和学生的记录中，尤其是待人细微处，陈老师堪称完美的君子。

我很遗憾与陈老师没有太多交流的机会。但在少数几次的相处中，师母邓庆春却给我留下了更深的印象。第一次见陈老师和邓师母是在毛力群的毕业典礼上。我应邀作为亲友团出席，我只记得自己参加了典礼，给毛力群买了一束花。但第二次跟毛力群到陈老师家中的时候，师母一下就叫出我的名字，还说起第一次见面的很多细节，那应该是两三年以后的事了，师母的记忆力令人折服。她当时解释说，在我去她家之前，她专门翻读了毕业典礼那次见面写下的日记。听了师母的解释，我很感动，她竟然记得我，还专门翻阅了日记。对我而言，这似乎是第一次也是唯一一次被人看作重要的客人。

随后数年，我一直在国外，少数几次回国休假时可能在一些活动中见过师母一两次，多是见面打招呼，并没有机会多聊。这次在美国经历疫情和中美之间的冲突后回国，我一直处在休整状态中。漫长而延宕的隔离和无数惊恐的日夜，让我经常只有在历史古迹和人间烟火并存的北京街头游荡才感到不那么焦灼。前两天北京经历了一次严重雾霾，昨天又下了十多年来最早的冬雪。今天雪过天晴，连续多日不能出屋的我已经强烈憧憬外出街头打卡了，这时想到师母一个人要在那套整洁漂亮的房子里独居，我决定去拜访师母。

问到电话和地址后，我拿起手机给师母打电话。

"师母，我是毛毛的同学，我是小颖。"

或许是南方人的习惯，我没说自己的姓。但还没等我说我是北师大的，也没有片刻的思考和犹豫，师母用熟悉而开朗的声音瞬间回答我："知道知道，你是许小颖，你是毛毛的好朋友，你是北师大的。很多年没有见了。我这里还有你的照片，一直给你留着，想着总会见面的。"

我惊讶地合不拢嘴。上次见面有一晚上的时间翻日记，这次可是直接接听电话时的反应，她记得我，补上我的姓，记得我的单位，还留着我的照片。八十八岁的老人，这样的热忱和记忆力真的是太让人难以想象了。

我们约好了时间，我打算步行去看师母。

我沿着二环、金宝街、朝阳门南小街步行去师母家，一共走了一小时二十分钟。雪后北京天空蔚蓝空气清新，地面还铺着些雪，路上行人极少。路过语用所，我还拍了张照片。第一次来这楼里参观学习已经是三十年前，三十年弹指一挥间。时光匆匆，犹如路人行色匆匆。

到师母家了。敲门入屋坐下，师母回忆陈老师 2019 年得肾病，两年疫情期间无微不至的亲自护理，却终因没有先兆的脑梗和后发的肺炎离世。她虽然知道陈老师已经在家多次摔跤，显示出骨质疏松和大脑的老化，脑梗出院后卧床鼻饲，大小便失禁，生活质量极低，人也终有一别，但她始终无法释怀，觉得或是因为自己的照料不周，竟无法挽留陈老师的生命。虽是冷静的陈述，克制的语气，但说到“我竟然挽救不了章太的生命”时，泪水瞬间润湿了眼眶。

在这个午后，面对相伴六十年后开始独对四壁的老人，我希望我这样一个和陈老师没有那么多交集的人能让她暂时忘却伤痛。

我只能看着师母说：“师母，您这样精心地照料，应该没有遗憾了。我现在就是特别特别想要您好好的。”

师母说：“陈老师离世的伤痛只有我自己知道，你劝我的话，道理我都懂，跟别人我也都会说，可是现在我做不到，我还出不来。看着这家里的一切我都难过，不能看，怪不得演员要体验生活，很多事只有自己经历了才明白。”说起陈老师，她又闪起泪花。

不知什么时候，我们的话题回到了她为什么能有这么好的记忆力上。我现在对即时对话特别感兴趣，经常回顾生活中每一个“此时此地”的沟通瞬间，跟师母匆匆地说了一句：“我录像可以吗？”师母回答说：“可以！”我就录下了这个瞬间。

“您还想起什么？您能一下子叫出我的名字。”

“可不是吗？叫许小颖。2010年啊，那时候还是北京广播学院嘛，是吧，那时候认识的，你跟毛毛是好朋友，参加毕业典礼，一直跟了一天。”

“对啊！”我确认我叫小颖而已，对于跟了一天我已经不记得了。就接着问：

“一天都还有什么事儿？”

“吃的饭，就在那个什么餐厅，在广播学院，在那个，内蒙古餐厅，反正就是中午吃一顿饭。完了以后，那天人多着呢，博士硕士。结果不是，我们就提早退了不是?”

“我也去吃饭了吗?”

“你肯定吃饭了。”

“真的？我也吃上饭了。我跟您一起先走的?”

“不是。咱们都撤了。后面好多人在等，他们三个人是主要的，陈老师就去参加了。”

“您写到日记里了吗，这些事儿?”

“可能有吧！我看看。”

师母就起身找日记去。这段对话让我十分汗颜，我只记得去了毛毛的毕业典礼，别的什么都不记得了，可八十八岁高龄的师母却清晰地记得很多细节。现在想来，思考我自己的人生和我要面对的越来越严重的失忆可能是我在这个午后来拜访师母的另一个重要原因。

师母翻查到当天的日记。我们重回到饭桌前读这一天的记录，日记为证，事实并没有太多出入，就是我们这一群人，就是在“内蒙古餐厅”，师母的记忆丰富而精准。

读完日记，我们还聊了很多很多。

我问师母是否还记得陈老师早年工作中的事。师母说早年他们并不住在一起，陈老师住在城里，她在自己工作的地方，中间常常有好几个小时的车程。不住一起，就只知道换工作、发表文章、做不同项目等大的事情，小的细节就不知道了。我们还聊到师母一个人拉扯两个孩子长大的岁月，陈老师似乎一直都在忙工作。有一次，师母在劳动中出了事故，失去了意识，在场的人怎么也找不到亲属，最后有个知道情况的人就喊着说："她的丈夫不在家的，就她自己带两个孩子，快直接送医院吧。"师母也说起退休后在生活中对陈老师虽然关爱但可能太过严苛。

只要说到陈老师，师母又开始抹泪。在师母的回忆里，我看到了把自己的一生都奉献给新中国语言事业的语言学家陈老师。我没能一直录像，只能希望以后有机会再拜访师母，或许能开启一个对比我的健忘和师母的"健记"的研究，或许能记下更多的陈老师的工作和生活。

出门时，碰上了师母大儿媳妇来看她，她略微见外，轻声地说了声"谢谢"。我想或许是疫情，我这么来拜访老人也只是给老人家添麻烦了。

回家翻看录像，听着师母的朗朗笑声，我写下这段文字以帮助我记下这个午后和这个午后的师母。我手里拿着师母给我留了十多年的照片，想着她说的"我们总会见面的"，这是疫情中雪后京城最暖人的话语。我终究是没有机会再见陈老师了，但犹如师母记得我，我也会永远记得陈老师。

（许小颖：北京师范大学副教授）

温润如玉，暖人心扉

——我心目中的陈章太先生

张日培

10 月 17 日那天，因为赶稿，我未关注微信上的各类信息。晚间 9 点多，孙晓先老师告诉我，她从魏丹老师那里得到消息，陈章太先生过世了。我惊讶万分，立即打开微信，看到“语言生活 π”群里满屏哀悼，往上“爬”了好多“楼”，才看到冯志伟老师在下午 15:34 发布了相关信息。19:16 时，冯老师又在群里发了他泣唱《怀念战友》的音频，入耳尽是悲伤。

在惊愕的同时，我脑海里浮现出去年 11 月 7 日在商务印书馆举行的“中国语言生活皮书”编纂十五周年暨第三届中国语言生活学术研讨会上，陈先生出席会议并讲话的情景。那时，先生已经行动不便，来去匆忙，我未能和先生说上话。这之后，应该是在 3 月份 2021 年绿皮书审稿会上还见到过一次先生，但我在线上，先生在线下会议室里，电脑上看得不太真切。这才半年的时间，先生就走了，走得那么突然！我想，除了临终陪伴左右的几位老师，大家大概都没有这方面的思想准备，这无疑是一条震动整个“语言生活派”的消息。

我与先生的“亲密接触”不多，那段时间在“发蒙”的状态中，我始终勾勒不出从第一次到最后一次“亲密接触”的清晰线索来。就是记得，或者与先生单独交谈，或者是有先生在的场合中，先生和风细雨的话语，总让我感觉被一种温暖包围着。如果要我概括对先生的印象，那就是和蔼、温厚、平淡、睿智。

10月17日以来，语信司交办的《数说“十三五”国家语委科研》视频制作进入最后逐帧打磨定稿阶段，上海市语委委托的“党的语言文字事业在上海”展进入脚本终审和布展阶段，很多调研项目进入收尾交稿阶段，还有一项重大学术活动的筹办工作也到了最后冲刺阶段。“偷闲”时看微信，一篇篇纪念文章，使我进一步加深了对先生的了解、敬仰和怀念；特别是比较熟悉的老师们的文章，不时唤起我对一些场景的回忆。

10月20日，8日下厂印刷的《国家语委“十三五”科研工作》画册交货了。手捧散发着油墨香的画册，想起语信司领导早在5月份审核第二稿时就特别关照，在“语言生活研究”部分，要将“语言生活派三老”的照片凸显一下，翻到那一页，心头不禁一紧。

10月下旬，语信司领导对紧锣密鼓推进中的《数说“十三五”国家语委科研》视频制作工作再次要求，视频中三老照片的位置要进一步凸显，以此向三老致敬，以此缅怀陈先生。

11月5日，“党的语言文字事业百年光辉历程”上海巡展暨“党的语言文字事业在上海”展开展。而就在那一天，魏丹老师给我发微信，向我求证先生2005年来沪的事情，我将展会现场的照片发给她，心头又是一阵唏嘘。

印象中，我和先生的第一次“亲密接触”应该就发生在那一年。2000年《中华人民共和国国家通用语言文字法》颁布后，全国人大教科文卫委、国家语委大力推进各地制定地方性法规或规章，要求各地因地制宜细化相关规定，以利法律的贯彻落实。2003 年，全国人大教科文卫委、国家语委来沪专题调研和推进。2004 年，上海接受并通过了国家语委组织的一类城市语言文字工作评估，“加快推进地方立法工作”是评估组在评估报告中对上海下一步工作提出的明确建议。经过两年多的调研和广泛征求意见及部门协调，2005 年上海的地方立法工作取得突破性进展。6 月，市政府向市十二届人大常委会提交《上海市实施〈中华人民共和国国家通用语言文字法〉办法（草案）》（以下简称《办法（草案）》），并提请审议。之后，先后在 9 月和 11 月召开的市十二届人大常委会第二十二次会议和第二十四次会议对《办法（草案）》进行了两次审议。12 月 29 日，市十二届人大常委会第二十五次会议通过了《办法》。其中，9 月 22 日的第一次审议至关重要，需要让常委会全体委员先了解语言立法的目的意义、要解决的主要问题、面临的主要困难等各方面情况，才能进入具体条文的讨论和审议。为此，市人大教科文卫委要求市语委办邀请一位具有权威影响力的专家来给常委们做语言文字法制讲座，最好国家语委能来人。魏丹老师就向我们推荐了当时已经退休、担任国家语委咨询委员会委员的陈先生。

由于要请的是国家语委老领导，孙晓先老师强调一定要郑重。为此，派我在七八月间专程赴京探望老领导，正式提出邀请，并汇报当时还是草案的《办法》的起草思路。所以，我和先生的第一次“亲密接触”是在先生的家里。进门前我十分忐忑，从来没有到那么大的领导家里做客的经历，生怕谈吐不当，留下不好印象，甚至耽误了工作。但先生和师母邓老师二老的热情好客与平易近人，大大出乎我的意料，给我这个小辈沏茶、切水果，使我很快就不拘谨了，顺利完成了任务。只可惜，当时的手机不像现在这么功能强大，没有留下照片。9月，先生夫妇和魏丹老师一同来沪。我们生怕对年逾古稀的二老照顾不周，而二老十分随和、和蔼可亲，且时时处处为他人着想，生怕给我们添麻烦，每一次交流都让我如沐春风。

第一次“亲密接触”中先生给我留下的印象是：待人和蔼可亲，工作一丝不苟。当时，上海的语言生活很活跃，语言应用很复杂，对语言问题的认识和观念也很多元。先生高度重视上海的这个讲座，向我了解上海的相关情况，深入研读上海《办法》的草案，接受邀请后精心准备，早早给我们发来了演讲的全部文字稿和演示文稿，还就相关问题征求我们的意见。先生讲座的题目是《我国语言立法的实践与思考》，高屋建瓴、深入浅出地讲解了我国为什么要进行语言立法，我国语言立法在政治、现代化建设、社会生活、国际交流、语言文字工作等方面的重要意义，解释了我国语言立法涉及的一些问题，阐明了《中华人民共和国国家通用语言文字法》的特点。还特别阐述了普通话和方言、简化字与繁体字和异体字、外国语文在中国使用的相关政策问题，为上海《办法》做出相关规定提供了有力支撑。先生的讲座获得广泛好评，上海的语言立法成果离不开先生一丝不苟的辛勤付出。

在筹办“党的语言文字事业在上海”展过程中，我和孙晓先老师、栾印华老师等几位当年亲历者翻找旧照片，找到了2005年先生来上海人大做讲座的几张照片。据栾老师回忆，当时人大不让外人进入会场，只能跑到导播室抓拍几张，其中就有陈老师正在做讲座的这张，虽然是隔着玻璃，还模糊，但却是所有抓拍的照片中最有价值的。于是这张照片就成了“语言文字法治建设”板块的主打照片。不想恰是展览开幕当天收到魏丹老师的微信，我们感慨，这是对先生最好的纪念！

自那以后的大概10年间，我和先生就几乎没有交集了。2014年我从上海市语委办转岗到上海市教科院国家语言文字政策研究中心任职后，和先生的“亲密接触”才逐渐多起来。我到岗后，中心还处于起步阶段，研究方向、功能定位等都还在摸索当中。受《中国高等教育研究新进展》的启发，我们汇总梳理了2014年我国学者发表的语言政策研究类论文，并择其精要进行了内容摘编，取名为《2014年中国语言文字政策研究新进展》，上报语信司，同时请李宇明老师作序。李老师指出，这“事实上已具有些‘蓝皮书’的设想品格”。语信司后来决定将其作为语言生活蓝皮书，并定名为《中国语言文字政策研究发展报告(2015)》，于2016年初出版。出版时，我们在商务印书馆召开专家咨询会，先生在郭龙生老师的陪同下不辞辛劳前来参会，和与会的李宇明、周庆生、周洪波等老师一起，就蓝皮书的编制提出了很多宝贵意见。

2017年，中心又承担了语言生活白皮书《中国语言文字事业发展报告》的编制任务，我们邀请中青年学者、语委的老同志等共同参与。因为是第一次编，在框架体例确定、资料数据收集等方面都遇到不少困难，到6月初商务印书馆在宽沟开审订会时，稿子仍不是很成熟。写作组就在宽沟现场作战，在审订专家的指导下逐字逐句修改。先生是审订专家之一，那时已85岁高龄，但仍全程陪伴我们完成改稿工作。后来，先生一直担任白皮书的审订，有时与其他皮书一起联合召开审订会，先生总会到场；有时请先生书面审订。先生将书稿看得十分认真和细致，不仅定方向、把政策，别字错符也会一一指出来。

这些年的“亲密接触”中，先生总是以严谨细致的态度对待我们提交的每一份“作业”，总是以深厚的学养和高站位、大智慧指导我们解决难题，总是从建设性的角度帮助我们不断提升，总是以宽广的胸怀包容我们，总是以亲切的话语鼓励我们，这是先生留给我们的最珍贵的财富，令我终生难忘。

愿先生安息，先生温润、睿智、平淡的长者形象将永留我们心间！

（孙晓先老师、栾印华老师对本文撰写给予指导和大力支持，很多珍贵的照片和资料饱含着二位老师对陈先生的怀念）

（张日培：上海市教科院国家语言文字政策研究中心副主任）

深切悼念陈章太先生

王 辉

虽然前几日从同事毛力群教授处得知，陈章太先生已病危入院，但10月17日获悉先生已于凌晨辞世的消息，还是觉得十分突然。17日晚与几位远道而来的师友小聚后回到家中，独坐在书房里，想起与陈章太先生交往的点滴，不禁泪目。

我于2006年至2009年在中国传媒大学师从李宇明先生读博，修习语言规划与语言政策。期间，与同在中传担任教授、博导的陈章太先生有较多的接触和向他学习的机会。在那以前，我就曾研读过陈先生关于社会语言学、语言规划的相关论著，颇受影响和启发，对于先生有关语言变异、普通话词汇规范问题等方面的研究印象尤深。陈先生主张从中国语言生活实际出发做研究，对语言生活的新变化非常关注。从与先生的多次交流中，能感觉到他既注重对中国语言生活现实的调查研究，也关注国际上社会语言学研究的新趋向，秉持一种中外融合、兼容并蓄的治学之道。

博士毕业后，我曾专门到陈先生家里探望。陈先生和夫人对我亲切和蔼，热情招待，并询问我毕业后的工作和研究情况，勉励我在工作之余继续深入做研究。先生亲切的面容、谦和的态度和鼓励的眼神，让我若临秋水，如沐春风。先生是德高望重、成就卓著的语言学家，能对后生晚学如此关怀，我甚感荣幸。

2015 年 9 月，我筹划召开宁夏大学语言规划与语言政策研究所成立 10 周年学术研讨会，想请陈先生莅临指导。电话接通后，陈先生告诉我，他身体状况欠佳，无法与会。我听后感到非常遗憾。先生随即说宁夏大学语言规划与语言政策研究所起步早，做得不错，他会给我们发一个贺词。果然，10 月会议召开时，教育部语用所郭龙生研究员带来了陈先生的贺词，并在大会上宣读，我们听后倍受鼓舞。郭龙生研究员还给我带来了一份惊喜，那就是陈先生亲自签名的《语言规划概论》，那是一部我们期待已久的学术巨著。

2015 年 12 月，由国家语委立项支持的研究成果《"一带一路"国家语言状况与语言政策》(第一卷)在社会科学文献出版社举行新书发布会，陈先生也应我的邀请出席，在会场前排就座，给予我们"金砖"团队莫大鼓励。

此后，由于工作繁忙，再没有合适机会去看望陈先生。直到 2019 年 5 月，我去北京出差，访问教育部语用所时，恰好碰到了在那里准备开会的陈章太先生，匆匆过去问候，先生和蔼的笑容一如既往。没有想到，这次见面竟成了永别。

我以为，真正的大学者，哪怕是他随便的一句话，也会给人带来启迪。陈先生无疑就是这样一位大家。陈先生已离开我们，让每个和他接触过的人难以忘怀。他奖掖后学、扶助新人，让人常怀感恩感激之情。但先生留给我们的不仅仅是无尽的追忆和深切的怀念。陈章太先生高贵的品格、谦逊的作风、开阔的胸怀、和善的态度以及丰厚的成果，将激励我们在淬炼品德修为、提升学术品质之路上不断前行。

先生之风，山高水长。陈先生千古！

（王辉：浙江师范大学教授）

幽默风趣的审订

——“阳奉阴违”的陈老

邹　煜

2021 年 10 月 17 日，陈章太先生永远离开了我们。不时读到先生的老友、同事和学生的追思文字，也一直想写一些文字来缅怀先生，却不知该如何下笔。

陈先生是我辈仰望的大家。我上研究生期间，陈先生等多位前辈大佬在我们学校带博士研究生。第一次认识陈先生是在 2003 年 9 月，我有幸选修了陈先生开设的“语言规划概论”课程。通过一学期的课程学习，陈先生广阔的学术视野和前沿的学术观念令我耳目一新，也给我留下了非常非常深刻的印象。随后，在博士生学位论文开题、答辩中会时不时见到陈先生，有时候我是开题会、答辩会的秘书，有时候是旁听者。会上，陈先生非常随和，对晚辈更多的是鼓励，他的发言往往能让人豁然开朗，启发大家打开思路。

我真正走近陈先生，是自 2015 年 3 月采写《家国情怀——语言生活派这十年》开始的。因为这本书，我先后访谈了四十多位语言生活派成员，包括绿皮书的审订、主编、责编、作者及其铁杆粉丝等，大部分是面对面访谈的，也有个别是通过邮件、短信、微信和电话访谈的。陈先生曾任国家语委副主任，是绿皮书的资深审订之一，对于他的访谈是这本书最为重要的内容。那是 2015 年 4 月 30 日上午，在七北路 69 号，北京华文学院，陈先生利用审稿的间隙接受了近两个小时的深度访谈。当时访谈的情形至今还时不时地浮现在我脑海里，恍如昨日。

访谈陈先生的内容最后被集中写进了《家国情怀——语言生活派这十年》这本书的第 4 章“审订们的人格魅力”。这一章，主要记录的是陈章太、戴庆厦和陆俭明三位老先生担任绿皮书审订十余年间的认真劲儿，以及各种趣事、逸事，以体现三位老先生风趣幽默的人格魅力。正如李宇明教授当时在接受访谈时所说的那样：“三位老先生都已年过八十，但每次依然那么精神、那么认真，也给大家带来无尽的欢乐。每年的五一审稿会，于他们而言，犹如过去小孩儿盼过年一样，盼望着这一年一度的相聚。”三位老先生的风趣幽默经过郭熙老师的概括可谓“家喻户晓”，戴庆厦先生“我行我素”、陆俭明先生“甜言蜜语”，而陈先生则是“阳奉阴违”。

为什么是“阳奉阴违”呢？

> 陈先生说，他们问，你们三个人跟老伴儿，跟你们的“领导”怎么相处的？我说：我是在龚千炎那儿学到的，我和他是老朋友，原来在语言所的时候就是同事。龚千炎支着儿说，没有别的，好对付，阳奉阴违嘛！我说，什么意思呢？他说，你说点儿好听的，你别跟她顶。我说，我不会说好听的，但是容忍我会，包括老伴儿唠叨一点儿我能理解，不计较，但是说好听的我这个人不会，嘴巴没有你强。他说，你总得说几句，只要一句好话人家就喜欢听了，就不生气了。所以，大家觉得这个好，那你就“阳奉阴违”呗。

陈先生说，我跟老伴儿的结合没有别的什么理由，唯一的一个理由就是缘分。

陈章太和邓庆春于1960年结婚，结婚前一两年他们彼此都不认识，在朋友的撮合下，两人见了面，彼此坦诚相待，互相信任。两人都非常忙，邓庆春先是北京胸科医院的护士长，后来不仅当大夫，还身兼多项党政工作；陈章太也经常出差，一出去搞方言调查就是好几个月。所以，两人真正见面的时间很少。后来接触多了一些，感情不断加深。他们有时候会到北海东边的一个小山头去，那里是情人谈恋爱的圣地。二老金婚的时候，还一起去那儿怀旧，一直坐到很晚才回家。

在陈章太看来，他和老伴儿邓庆春因为这种缘分维持终生。两人在一起生活了半个多世纪，难免会有磕磕碰碰、吵吵闹闹，但彼此从不计较，互相理解，互相包容，互相照顾。

陈先生最后说，同事之间的关系，包括夫妻之间的关系，一定要换位思考，要替别人想想，包括处理家庭邻里关系。

记得当时访谈的时候，谈及他与老伴儿邓庆春大夫的爱情故事，如数家珍，娓娓道来，让我们听得入了迷。遗憾的是后来成书时删去了不少。不过，我们也专门访谈了邓庆春大夫。邓大夫有记日记的习惯，我们还拍摄了她陪同陈先生参与绿皮书审稿所记录下来的十多本日记，也印证了陈先生“阳奉阴违”的幽默。例如，2011年4月30日至5月4日，绿皮书五一审稿会在广东韶关举行，邓庆春大夫在5月2日的日记中写道：

5月2日晚6点30分，在聚福楼酒店二层一个大餐厅里，今晚10余人围圆桌而坐，为北大教授陆俭明、马真50年金婚庆典，由周庆生主持，李宇明致辞，后有服务员献花。陆俭明、马真老师还讲述恋爱的经过，相依50年的心路历程，并要戴庆厦、章太也要讲50年的情感家庭生活，要回放2008、2010年为我们办金婚的视频，最后有陈敏、杨尔弘、侯敏提问。比如问，陆俭明和马真是谁追谁等。会场气氛欢快，笑声、掌声不断，他们老两口儿都答复得很好，在场人很满意。

日记中提到的“要回放2008、2010年为我们办金婚的视频”，分别指的是：2008年5月9—12日，绿皮书审稿会在北京怀柔的法官进修学院举行，期间大家为戴庆厦夫妇庆祝金婚；2010年5月26—28日，绿皮书审稿会在北京大兴的国家教育行政学院举行，期间大家为陈章太夫妇庆贺金婚，陈先生和邓大夫共唱歌曲《夕阳红》。

在当天日记的末尾，邓庆春大夫还写道：

章太即兴发言一首打油诗，为我们的婚姻：
三生有幸结姻缘，琐碎争论是家常，
有苦有乐走过来，相爱相依过晚年。

如今，我会时不时翻看这些文字，回望2015年“五一”前夕的那个上午，感觉像是还在聆听陈先生的讲述一样。

（邹煜：中国传媒大学教授）

与时俱进　才德俱佳

——回忆陈章太先生对我的提携、教导与关怀

娄开阳

惊闻陈章太先生不幸离世，非常震惊！上个月教师节的时候我还去家里看望过先生，没想到这才刚过了一个月，先生就驾鹤西游了。想到先生对我的提携、教导与关怀，眼泪就止不住地流下来！

陈先生是我的恩师，是我学术生命中的贵人！之所以这么说，是因为：陈先生是我研究生入学面试专家委员会的主席，是我研究生学位论文开题委员会的主席，是我研究生学位论文答辩委员会的主席；是我博士生入学面试专家委员会的主席，是我博士生学位论文开题委员会的主席，是我博士学位论文答辩委员会的主席；是我研究生阶段导师组的组长，是我博士生阶段导师组的组长——其地位尤在两位导师之上。可以说，陈先生是我学业生涯中的提携者，是我学术道路上的引领者，是我日常生活中的护佑者。

一

陈先生是我学业上的提携者。如果没有先生的提携，我很可能无法顺利提前攻读博士学位。先生宅心仁厚，一直以来都很乐于提

携后辈。

我是十多年前考入北京广播学院（今中国传媒大学）播音主持艺术学院应用语言学系的，攻读应用语言学理论与历史方向的硕士学位。研二的时候，大学决定让部分成绩突出的同学经过推免提前攻博。我和於春师妹的笔试成绩并列第一，有幸进入面试环节。按照学校的规定，播音学院只有一个名额，而两人面试的成绩也都不错。我当时觉得落榜的那个人一定会是我，因为我各方面的综合素质均不如於师妹。此时，作为面试专家委员会主席的陈先生展现了他原则性与灵活性相结合的工作作风：与其他面试专家商量后向研究生处提出，可否破例增加一个名额，让我和於春两个人都能够提前攻博。这里也特别感谢当时的研究生处处长云贵彬教授，他特别请示了校领导，最终研究生处同意了面试专家组的这个提议。这样，我才有幸比 2004 级的博士同学提前半年入读，我和於春师妹也为此被戏称为“不三不四班的”。

事后想来，当时如果没有陈先生等面试专家力荐，我真的有可能失去读博的机会。彼时我的经济负担较重（夫妻二人同时在京求学），实在无法承担两个人的学费和生活费。而当时只有少量计划内的名额免交学费，绝大多数计划外的名额都是需要交学费的。提前攻博的名额当然属于计划内，这等于救了我一“命”，改变了我的人生轨迹——正因为以陈先生为首的面试专家委员会给了我提前攻博的机会，才使我没有放弃学术研究，否则我很可能要放弃读博了。

特别需要说明的是，陈先生也是推荐我读博的两位专家之一。按照国家规定，每位申请读博的同学须有两位业内专家推荐。由于陈先生也是我硕士阶段的导师组组长，对我比较了解，所以当我提出这一要求时欣然为我写了推荐信。时隔多年，此事仍历历在目，仿佛就发生在昨天。所以，称先生是我学业生涯中的提携者绝非妄言，而是有真真切切的实例作为明证的。

二

陈先生是我学术上的引领者。先生在学术上给我的谆谆教诲，使我获益匪浅。先生高瞻远瞩，一直以来都很勇于与时俱进。

先生自己就是一个活生生的例子。他早年供职于社科院语言所，专攻方言研究，著有《邵武市志 · 方言志》《大田县志 · 方言志》等力作。后来先生担任国家语委副主任兼秘书长，开始关注语言生活，研究方向也转向语言规划与语言政策领域，最终成为语言生活派的开创人之一。从原有的研究领域转型另一个方向是很需要学术勇气的，但陈先生不畏艰难，勇于与时俱进，开拓创新。陈先生给我们讲授“语言规划研究”课的时候，已有大量这方面的论著问世，先生的总结性著作《语言规划研究》已于 2005 年由商务印书馆出版，我还有幸获赠了一本。

陈先生不仅自己关注语言生活，还鼓励后辈们积极投身于语言生活领域的研究。最典型的例子是 2005 年第一本《中国语言生活状况报告》(绿皮书)撰写、审稿过程中先生对我的教导。2004 年，“中国语言生活状况报告”获得国家语委重点课题立项。我和郑梦娟师姐、李艳华师妹成为绿皮书秘书组的成员，为大家提供资料检索、会务办理等服务(其中我还是第一次专家审稿会的负责人)。陈先生和陆俭明先生、戴庆厦先生一起担任绿皮书的审订。原本我们只是协助主编周庆生教授、副主编郭熙教授和周洪波师兄做一些日常服务工作，但绿皮书中我国台湾地区的语言政策当时无人研究。主编周庆生老师就跟先生和(李)宇明老师、(王)铁琨司长、郭熙师叔和(周)洪波师兄商量，不再招收新人，而是从秘书组中抽调人手来做这一专题——于是我和艳华师妹就担负起了研究台湾地区语言政策的任务。

此前我一直专注于现代汉语本体研究，硕士阶段一直跟随吴为章先生学习配价语法，博士阶段则主攻现代汉语篇章语法，对语言生活研究既没有兴趣也没有经验。接到这一研究任务之后内心颇为忐忑，很担心完不成。但陈先生、宇明老师和庆生老师一直鼓励我们，先生私下里还特别向我强调：语言学学者一定要注意服务国家、服务社会。于是，就这样硬着头皮接下了任务，开启了我的语言生活研究之旅——其间为了写好这一专题，我还特意跑到国台办请教蔡其泉处长，了解台湾地区的语言生活状况。最终幸不辱命，我和艳华师妹如期交稿(主要内容都是艳华写的，我在其中只起了次要作用)。这篇论文后来还有幸以《台湾当局语言政策分析》的题目发表在《语言文字应用》2007 年第 1 期上。

对于课题组来说，这只是一件小事，但对我个人来说却是一件大事——使我开始关注语言生活，明白学以致用、服务国家的道理，从而正式成为“语言生活派”的一员。所以，称先生是我学术道路上的引领者绝非胡言，而是有真真切切的实例作为明证的。

三

陈先生是我生活中的护佑者。如果没有先生的照顾，我很可能无法渡过研究生阶段的生活难关。先生细致入微，一直以来都很乐于关怀学生。

前文说过，我是夫妻二人同时入京读书的，平时的经济压力较大。最难的时候，我同时在北大对外汉语教育学院和北二外对外汉语教育学院兼授三门课。更要命的是，我从传媒大学赶到北大往返要花四个小时，而在北大只上两个小时的课，也就是说三分之二的时间在路上，跑路的时间是授课时间的两倍。

陈先生偶然得知我的情况后觉得这样子太辛苦，就向我的硕士导师、播音学院院长李晓华教授建议，如果可以的话是否可以给我在校内安排几节课？适逢学院师资力量短缺，需要“口语表达与文案写作”课的小课老师，而我是有讲师职称的。晓华老师一向自律，为避嫌，此前从不安排自己的学生在学院兼职。但这次有了陈先生的建议，也就同意我和栾洪金师姐、马力师弟等几位有工作经验的同学担任这门课的小课老师。于是我就有幸成为了乒乓球世界冠军杨颖的小课辅导老师，她当时退役后来播音学院读书。

我本不是陈先生门下的弟子，但先生对我关怀备至，非常乐于帮助我。可能只是先生偶然间对晓华老师提及的几句话，但却极大地缓解了我的燃眉之急，帮助我渡过了生活上的难关。所以，称先生是我日常生活中的护佑者绝非虚言，而是有真真切切的实例作为明证的。

四

先生的恩德，从不敢忘；先生的教诲，铭记在心！2019年，在恩师90华诞即将来临之际，我在日本《汉语与汉语教学研究》第10号上发表了一篇拙文《日本学生汉语中介语语篇的结构特征研究》。在文末的谢辞中我特意写道：2020年是笔者的博士答辩主席、国际著名语言学家陈章太先生90华诞，仅以拙文为恩师贺寿！

先生已经永远离开我们了，但先生与时俱进的治学精神仍在！先生才德俱佳的人生风骨犹存！我辈后人当继承发扬先生遗志，把语言生活研究坚定不移地推进下去！

章决句断，作育英才，提携后辈，先生治学精神仍在！

太平盛世，效忠国家，服务社会，恩师人生风骨犹存！

——挽恩师陈章太先生

先生一路走好！

（娄开阳：中央民族大学教授）

鼓励后学的贤者，指引方向的灯塔
——纪念陈章太先生

孙浩峰

2021年10月16日，周六，在金华连绵阴冷的秋雨中，我随王辉教授和毛力群教授，带领各自所指导的研究生前往义乌开展社会语言学调查。去程闲聊中，从毛老师那里得知：陈章太先生住院了，情况不太好。当时大家都期盼情况能有所好转，然而没想到先生在次日凌晨竟与世长辞。

初见先生还是在10年前的锦州。2011年6月3日至5日，第六届全国社会语言学学术研讨会在渤海大学召开，彼时研二在读的我，除了承担会务工作外，还以《语言伦理学视角下的网络语言暴力现象探析》为题，"忙里偷闲"地参加了小组讨论。这篇论文是我的学术处女作，虽然文章字里行间透着青涩与稚嫩，但作为小组评议专家的陈先生却没有"嫌弃"它，先生给予了文章选题极大的肯定和鼓励，并提出了宝贵修改意见。如今再来翻看这篇旧作，不禁唏嘘泪目。

会议结束后，硕导夏中华教授安排我陪同陈先生及陆俭明、程祥徽、王铁琨等诸位先生前往渤海之滨的笔架山进行文化考察。近水楼台先得月，登山途中，我就日常读书中的困惑向先生诚恳求教，先生则耐心倾听，并对我提出的问题一一解答。先生得知我对社会语言学情有独钟后，很是高兴，并鼓励我在学习理论知识的同时，还要注意关注日常生活中的语言现象，学以致用。遗憾的是，当日和先生的多张珍贵合影，因旧电脑硬盘的损坏再无法找回。

十年弹指一挥间，我也从初出茅庐的小硕士成为浙江师范大学课堂上的一名青年教师，曾经向先生求教的画面仍历历在目。感谢先生的一教之缘，给我的学术研究之路留下了一段宝贵回忆；感恩先生的学术思想和理念，让我的社会语言学研究之路有了指引方向的灯塔；感佩先生筹办的《语言文字应用》，为学界同仁的学术成长提供了平台和动力。我想，作为学界晚辈和厦大中文系系友，纪念先生最好的方式就是将先生的学术思想和社会语言学研究薪火相传。

愿天堂没有病痛，先生千古！

（孙浩峰：浙江师范大学讲师）

做研究要多打几个问号

——追思陈章太先生

彭　雪

今年10月17日凌晨，陈章太先生永远地离开了我们。听到这一噩耗，我内心久久不能平复。一代著名语言学家就这样陨落了，而很多人还不熟悉他的名字和他的故事。

5月12日，经教育部语言文字应用研究所郭龙生教授引荐，关彦庆老师带领我们一行人拜访了陈章太先生。刚一进门，邓庆春医生热情地欢迎我们的到来。走几步路便迎面看见陈先生已经穿戴整齐地坐在餐桌前，笑盈盈地朝我们挥挥手，这一幕让我们一路的忐忑不安烟消云散，心中更是泛起阵阵暖意。采访时先生神采飞扬、侃侃而谈的样子给我们留下了很深的印象。不承想，当日与先生一别竟成了永诀，深深的不舍之情不禁袭来。

陈先生一生为语言文字事业殚精竭虑，默默奉献自己的一生。先生的思想是语言文字事业的宝贵财富，在关老师的引导下，我最后将硕士学位论文题目定为“陈章太语言规划理念研究”。作为后辈，在享受先生带给我们的宝贵知识和精神财富的同时，我却没能写出一篇成型的文章给先生一个交代，没能将自己查获的资料交给先生，为此愧疚不已。带着这种复杂的心情，写下了以下文字，追思前辈，感恩他留给我们的精神财富。

一、“服务”成为先生的毕生追求

爱国是陈章太先生一生的代名词。他将个人命运与国家命运紧紧相连，他的学术方向和工作事项紧紧跟随国家需要不断进行调整和改变。他的一生是饱满的，也是永不停歇的。当我们询问陈先生是如何走上语言文字工作之路时，先生精神倍增，目光炯炯，滔滔不绝地与我们聊起了往事，那些细节更加让我们懂得了先生报国的初心。1951 年先生考入福州大学，后转入厦门大学，大学期间他身为学生会主席，致力于通过实践来服务同学；1956 年先生调入中国科学院语言研究所，参与方言调查来服务家乡；1960 年先生在《中国语文》编辑部任职，负责审稿和编辑，开始关注语言学成果来服务语言科学建设；1983 年先生调到中国文字改革委员会，作为秘书长转向社会语言学和应用语言学的研究，开始服务语言文字工作；1996 年先生从国家语委退休，继续深入调查语言、进行社会语言学理论和应用语言学教材建设；2005 年起先生出任《中国语言生活状况报告》的审订，十多年来持续为构建和谐语言生活服务……

纵观陈先生的人生图谱，“服务”两个字贯穿了始终。从服务同学、家乡，到语言学、语言文字工作和语言生活，他服务的范围越来越广，责任越来越大，任务越来越难。但是先生乐在其中，永远保持“为国家富强，为语言生活和谐”不断奋斗的初心。如今先生虽已离开，但是这份爱国心无时无刻不激励我们要努力将自己所学应用到实践中服务社会，为国家长治久安，为创造和谐的语言生活不断奋斗。

二、“领跑”彰显先生的学术眼光

陈先生敢为人先，打破学术禁区，将学科发展和社会发展产生的问题作为学术研究旨趣，将发现问题、分析问题、解决问题视为自己研究的指导思想。改革开放初期，语言规范程度不高，语言学落后于社会发展需要，语言文字事业方向摇摆不定，先生正是在这个时候纠偏正向，推动语言学和语言文字事业适应社会发展需要。从其学术成果来看：《语言美与精神文明建设》(1985)被称为第一本史论结合探讨语言美的理论著作；《略论汉语口语的规范》(1983)首次提出口语规范三级标准；《普通话基础方言基本词汇集》(1996)是第一部历时六年进行北方话词汇普查的巨著；《语文生活调查刍议》(1994)是第一篇倡议语言生活全面调查的文章；《语言规划概论》(2015)被视为国内第一部语言规划学的教材……许许多多个“第一”体现了陈先生学术领跑者的地位。这种领跑是学术眼光和学术视野的开阔。先生在学术研究上不闭门造车，而是根据国家建设和学科建设需要去研究问题和解决问题。

回想起今年5月的那次拜访，临走时陈先生缓慢地挥手告别，向前微探身子，微笑着反复地叮嘱我们“做研究要多打几个问号”，那信赖的眼神成为永恒的画面。那时我并不明白“问题意识”的含义，也未曾读懂先生话中隐含的深意。今日回想起来，先生一生的研究历程早已渗透了问题意识，先生的话中更是隐含了对后学的鼓励和期盼，隐含了对语言文字事业传承和发展的寄托。语言学不是无用之学，也不是无为之学，语言研究要以学科建设和社会发展为己任，这是先生用行动留给我们的学术指南。

三、“跨界”体现先生的创新理念

陈先生在工作实践中尊重语言文字规律，用联系发展的眼光看待学科和事业。当我们向先生请教语言规划学与应用语言学和社会语言学两门学科的关系时，先生没有直接给出答案，而是从语言谈起，先生强调“语言与社会、文化应该紧密结合，语言要记录社会、描写社会、为社会发展服务”，语言研究更应该打破学科之间的壁垒，要加强语言学与其他学科的联系。先生殷勤希望我们不仅要学习语言学知识，更要学习其他与社会有关系的学科的知识。“要有发展的观点，及时留心各种语言新现象，进行深入研究。”这些是先生对未来语言学发展的寄语，也是对语言研究者深情的嘱托。不仅陈先生本人关注语言学和语言文字事业，我们还从邓医生的日记中看到了她对语言文字工作的关注和支持。在访谈中，快人快语的邓医生更是时常提点、补充陈先生开会、做报告的相关内容，我们深深动容，深受鼓舞。

陈章太先生一辈子都在为语言文字事业奔走效力，他眼界开阔，敢为人先，既拓宽了语言学的版图，也拓宽了语言文字事业的疆域；他乐此不疲地做研究、搞学术，在生命的尽头做到了忠于事业、终于事业。先生不仅给每个与他接触过的人带来无限启迪，而且留下的学术财富将成为语言文字事业未来发展的原始积累。感念先生为我国语言文字事业创造的光辉前景。先生谦逊的作风、爱国的情怀、发展的眼光，将永远激励我们后人不断提升品德修养和学识水平，为祖国语言文字事业而奋斗。

陈章太先生千古！

（彭雪：长春市慧谷学校小学教师）

我很幸运，这辈子能够遇见这么好的老师！

——深切怀念陈章太先生

周洪波

陈章太老师今年90岁了。他的身体已经不那么硬朗，背有些驼了，说话也慢了很多，但总的来说没啥大毛病，精神状态一直还好。

8月21日傍晚，我按常例打电话问候陈老师，可是家里电话没人接听。第二天上午又去电话，还是如此。我觉得有点儿异常，就改拨师母手机，接通后她哽咽着告诉我，陈老师因为突发脑梗，前天去协和医院急诊，当天傍晚又转到了隆福医院住院。我知道陈老师十多年前曾经得过脑梗，想不到又一次脑梗，好像还有点儿严重，于是我决定马上进城探望，同时告诉了宇明和郭熙二兄。我们三个人一道赶到了陈老师家，听师母讲述大致情况之后，知道陈老师的病情已经趋于平稳，心里才稍稍踏实下来。半个多月后，陈老师可以出院了，我随着陈老师的儿子陈坚一起去医院接他，当护士推着平车把他送出病房时，陈坚问他，认得这个人是谁吗？陈老师看着我，脱口而出："洪波！"在场的人都很高兴。在家卧床康复，尽管有师母和保姆的精心照料，陈老师还是因肺部出现炎症再次住进了隆福医院。起初病情尚可控制，师母与他视频通话时，陈老师还开玩笑，说自己“一下子死不掉”。本来眼看要康复出院了，不料各项体征指标持续下跌，陈老师很快就陷入昏迷状态。10月17日凌晨，陈老师病情急转直下，我接到陈坚的电话立即赶去，他已经永远离开了我们……

一

我第一次见到陈老师是1986年在安徽大学。那时，我已经毕业留校任教。陈老师应中文系主任袁晖老师之邀去安徽大学讲学，讲的是我国当前语言文字工作。讲座的具体内容，只记得有简化汉字今后是不是要继续进行，汉语拼音化方向今后是不是要改变，至于其他，已经很模糊了。说实话，那时我对国家语言政策知之甚少，但此前在资料室看过《瞭望》杂志陈老师答记者问的文章，对能在《瞭望》上发文章的专家我是顶礼膜拜的。陈老师激情洋溢的演讲，当时给我留下了深刻的印象。

1990年，我从北京广播学院硕士研究生毕业后，来到国家语委语言文字应用研究所求职，闯过了几道关，最后一关是所长亲自面试。记得那一天，我忐忑不安地走进陈老师的办公室，坐下后做了一番自我介绍，陈老师静静地听着。他似乎看出我有点儿缺乏信心，就直接问我：你觉得自己专业基础有什么不足？我坦诚地回答，在高校的主要工作是教学，科研没怎么上路。他微笑着告诉我，有了从教经历，再转型做科研，那是有一定优势的。就这样，我非常幸运地入职语用所，在应用语言学研究室，先后跟着龚千炎、于根元两位老师做课题研究。我很珍惜研究室那种在工作中学习、在学习中成长的机会。第二年，陈老师赴日本一桥大学任教，我心里有些惆怅，语用所曾经的辉煌还能否重现……

二

1998年，国家语委机构调整，我跳槽到商务印书馆工作。在编辑出版岗位上，有感于当时学界偏重语言本体研究而忽略语言应用的状况，我邀请陈老师主编一套“应用语言学系列教材”，他欣然应允，并提议与于根元老师共同主编，很快拟定了教材的编写方案。第二年，在北京广播学院召开的第四次应用语言学学术研讨会上，陈老师做了“关于编写应用语言学系列教材的几个问题”的报告，紧接着在商务印书馆召开编写会议，就教材的缘起、特色、要求等做出具体说明。第一批教材就有《应用语言学概论》（于根元主编）、《计算语言学概论》（俞士汶主编）、《对外汉语教学概论》（赵金铭主编）、《语言规划概论》（陈章太主编）、《社会语言学概论》（戴庆厦主编）、《汉语语体概论》（袁晖主编）等10本。这套教材出版后，得到了语言学界的极大好评。其中，《应用语言学概论》《对外汉语教学概论》差不多每年重印一次，成了商务印书馆新的品牌。这套教材从选题策划到组织编写，陈老师都可谓深谋远虑，厥功至伟。

商务印书馆是学术出版的殿堂。在商务做编辑工作，每天与学术打交道，我渐渐感到自己的学术储备远不够用，于是，读博充电就成了心里不时涌起的愿望。2001年春的一天，我接到陈老师的电话，他说将在北京广播学院招收社会语言学方向的博士生，我可以去报考。听了这消息，我是又高兴又担心，因为只有三四个月的备考时间了，我又天天坐班，不免有些畏难，生怕辜负了老师的期望。陈老师一直鼓励我，说我有语用所的科研基础，专业应该不成问题，重点是要攻克英语。在老师的鞭策下，我背水一战，如愿成为陈老师的博士研究生开门弟子。能够回到陈老师身边，经常得到陈老师的耳提面命，我确实倍感幸福。

俗话说万事开头难，而读博对于工作繁忙的我来说，最后的毕业论文成了最大的难题。陈老师希望我在语用所新词语研究的基础上再往前迈一步，可当我把毕业论文锁定《汉语新词语的动态研究》这一题目时，却发现我仅仅有些“散钱”，缺少的是“钱串子”，可“钱串子”是要靠不断耕耘而收获的。陈老师知道我的论文写作陷于困境，总是不断地点拨我。经过痛苦而漫长的努力，2010 年，我终于在老师博士关门之前通过了答辩，让陈老师在 80 大寿之时了却了一桩心事。

三

十多年来，陈老师和戴庆厦老师、陆俭明老师一直担任中国语言生活绿皮书的审订工作，陈老师是三位审订中的老大，又长期在国家语言文字部门工作，每年主审绿皮书的“特稿篇”“专题篇”和“工作篇”，改起稿来得心应手。记得有一次会务组考虑他的身体状况，只分给他三篇审稿任务，结果他劲头十足，一口气要了六篇，中间也不休息。师母在旁看了很担心，就问他：“你平时中午都要休息，怎么现在审稿也不休息了呢?”陈老师边摆手边连声说：“没事儿没事儿。”就这样，每年绿皮书的集中审稿或学术研讨，成了编纂团队最开心的时光，大家都盼着这样的相聚。

去年 11 月，绿皮书编纂十五周年研讨会在商务印书馆举行，陈老师的身体大不如前，我问他参会吗，他脱口而出“参加”，我又问他发言不，他说可以讲几句。后来听师母说，他为此准备了两天，写下了一千多字的发言稿。开会那天，陈老师吊着尿袋，在（余）桂林的搀扶下上台发言，他饱含深情地说：“看着十五年前大家精心栽下的这株（绿皮书）幼苗，今天已经长成一棵枝繁叶茂的大树，作为一名老兵，我感到特别高兴。”此情此景，让人不禁泪目。今年3月，绿皮书在（北京）郊区审稿，我和桂林去家里请他时，他有点儿犹豫，怕给大家添麻烦，在我们的劝说下，还是带着轮椅去了。本想他参加半天即可，但他执意全程坚持下来。他曾经多次说过，只要身体还允许，愿意为绿皮书做一点力所能及的工作。他是这么说的，也是这么做的。

四

陈老师除了对我工作学习上的提携帮助外，生活上也给予了很多的关怀。2007年绿皮书在绩溪审稿，正值我父亲去世不久，陈老师和师母去家里安慰我妈妈，回京后每年还给我妈妈打电话问候。去年我接妈妈来京小住，她特意提出要去看望陈老师。我爱人小赵曾在新加坡国立大学读博，论文是有关语言意识形态的研究，陈老师像对待自己的学生一样，一章一章地帮她修改，还夸奖她的论文比我写得更好一些。后来小赵因父母先后离世，大病了一场，陈老师和师母坐着公交车去北大医院看望，让我们感动不已。师母是医院的老护士长，我每次拿到体检报告后都去陈老师家，请师母帮我看指标结果。最近，陈门弟子跟老师的儿子陈坚、小永说起这些事情，他们异口同声地说，爸爸对学生比对我们还要好。这让我感慨万分，这样的好老师，哪儿去找啊！

我在想，对于一位学人，如果只有子女或学生说他好，应该不算什么；要是同事或同行都说他好，特别是不仅当面，而且背后也说他好，那才是真正的好。陈老师就是这样一位有学问、有德行的人！陈老师逝世后，我第一时间用微信向几位学界领导和同行报告了这个噩耗。中国社科院江蓝生老师称他是“忠厚长者”，北京师范大学王宁老师说“他是个好人”，北京大学陆俭明老师说“我们会一直怀念他”，中央民族大学戴庆厦老师回复“哭章太兄”，社科院语言所（张）伯江兄说“最不希望他走”，北京语言大学（李）宇明兄叮嘱要“好好送送先生”…… 我再次深切感悟到，做学问，首先要学会做人，做一个品行好的人！

我很幸运，这辈子能够遇见这么好的老师！

（周洪波：商务印书馆编审，
曾在语言文字应用研究所工作）

“特长”的赠书寄语

冯学锋

陈章太先生是我的博士生导师。在我的印象中，陈先生是大学问家，是做大事的人；他的学问和工作都是与国家的语言文字事业紧密联系在一起的。

我曾与(周)洪波师兄、(谢)俊英师妹一道，请教先生：怎样用一句话描述您的学术人生？

先生严肃认真几乎是一字一顿地说：“当老实人，做实在事！”

一句话，让我想起先生的种种“实在”。

读博期间，我有幸参与了先生主持的国家语言文字应用“十五”科研项目“语言规划基本理论研究”的研究工作，具体承担了“汉语言文字规划研究”。蒙先生悉心指导，获益匪浅，深深感受到了“老实人”“做实在事”。

若干年后，项目成果作为研究生教材出版了。出样书的那天，先生特地打电话给我，询问快递地址。我说，您不用麻烦了，我自己买一本，很方便的。先生说：“我还特地留言签名了呢！”

两天后，书寄到了，我打开扉页一看，被先生的“实在”惊呆了！

学锋惠存！

学锋是我的第二届博士研究生。他在读博期间，就关注语言规划问题。2002 年，我领头申请到国家语言文字应用"十五"科研项目"语言规划基本理论研究"，学锋参加了这个项目，具体负责汉语言文字规划研究，其主要成果写入本书的第四章。他查阅了大量文献资料，认真研究，反复修改，数易其稿。书稿内容较为充实、全面，分析论述比较细致、深刻，有些部分颇有新意，为项目研究尽心尽力！作为导师和主编，我甚感欣慰，并表谢意！

陈章太

2015-8-10 于北京寓所永春斋

我原以为赠书寄语就是"惠存""指正"一类的客气话，没想到先生给我的是一篇"特长"的赠书寄语，写了满满一页，包括对我研究工作的描述、肯定以及谢意等，全面而细致，令人感佩不已！是的，这是一篇"特长"的赠书寄语，它显示了真正大学问家的"老实""实在"的"特长"！

（冯学锋：武汉大学教授）

缅怀导师陈章太先生

张　黎

10月17号零点刚过，我接到电话赶到医院时，陈章太老师已经与世长辞。虽然两天来已经有了心理准备，但此时仍然不敢相信，我深深敬重和爱戴的导师真的离开了我们，他的音容笑貌将只留存于记忆中了。

第一次见到陈章太老师是1984年冬天，我读大四的时候。当时社科院语用所刚成立，拟开始招收硕士研究生，陈老师专门到北大给我们专业的学生做招生说明。当时对陈老师的印象是年富力强、干练且平易近人。他对同学们现场提出的问题都耐心、和蔼地做了解答。到了1986年，偶然的机会在福建遇到陈老师，才有了相识。他当时夸了我一句："一看就是我们南方小伙儿。"每当想起这句话，我都会忍俊不禁。没想到，10多年后我会成为陈老师的弟子。

当年报考陈老师的博士生时，我是仓促上阵的。报名后，去拜访陈老师，他对我的报考感到有些意外，但还是对我给予了肯定，说相信我的功底很好，同时也坦诚地说我以前不搞社会语言学研究，而备考的时间又很短，报考是有难度的。结果我考上了，跟陈老师通电话，他语带惊喜地连说："没想到，你还真挺厉害！"然后也再次指出我的不足，告诫我读博后要继续补足短板。陈老师就是这样率真。

我入学不久，陈老师给我们几个弟子八个字的寄语：勤奋、务实、严谨、灵活。这八个字成为我们在学习、科研、工作中时常用来要求和评判自己的标准，由此也可一窥陈老师的治学与做事的信念和准则。他几十年辛勤耕耘，成果丰硕，堪称学术标杆。拜读陈老师的学术论文和学术专著，便能深刻体会到他严谨的治学态度。我的博士学位论文写作过程一再延宕，因此都有点怕见陈老师和讨论论文，但陈老师对我很宽容，总是表示理解我，也不断鼓励我。每次我把论文的草稿给他看，他都从百忙之中抽空仔细阅读、批改，甚至连错别字和标点符号都不放过。陈老师要求研究材料的全面性和可靠性，要求统计分析的精确性，这就需要学生花费大量的时间和精力，付出艰辛的努力，但也有益于培养学生良好的治学精神。陈老师提倡搞应用语言学研究不仅仅要有广博的知识(如跨学科跨领域的知识)，还要联系社会、服务社会，这对我日后拓展研究领域大有启发。

师从陈老师，深切感受到他的人格魅力。他宠辱不惊、淡泊名利，言谈举止淡定、儒雅。陈老师待学生如亲人，关爱有加。我平时因为忙，主动跟陈老师联系不多，反而是陈老师和师母很挂念我，隔一段时间就会给我打电话，关心我的生活、身体健康，说我太累了，很不容易，要照顾好自己。甚至有一年春节时，我还没来得及给陈老师拜年，老师倒先给我打电话，让我惭愧不已。每次我们弟子去跟陈老师聚会，老师和师母都一定会为我们每个人准备一份礼物，让我们感受到家人般的关怀与温暖。

陈老师严格而亲切的导师形象、儒雅的学者风范、仁厚的为人胸襟，感人至深。师从陈老师攻读博士的日子，是一段难忘的美好时光。投师陈老师门下，是我的幸运。回忆跟陈老师在一起的情景，永远都是暖暖的幸福感觉。

（张黎：北京语言大学教授）

一方端砚的记忆

——怀念恩师陈章太先生

汪　磊

国庆假期，打电话问候师母、问询陈先生的病情，师母一句“陈老师这次可能扛不过来了”，让我惴惴不安。不日，周洪波师兄微信“陈老师病危，我在师母家里”，那几天都不太敢刷微信，更是怕接到师兄的电话。终于挨过了16号，然而，17号清晨，看到陈门弟子群已有9条微信，我不得不点开了，师兄“泣告：敬爱的陈老师于17日0点32分与世长辞……”我立马打电话给在外地的爱人：我要飞北京，陈先生走了……就哽咽地说不出话来。师从十八年，今日痛别了，先生的音容笑貌时常在脑海里闪回。

在我的书柜里，始终珍藏着一方端砚，不仅仅因为它是越来越稀少的端州老坑砚石，更因为它是我与陈章太先生最初交往的见证。

为了圆多年的读博梦想，从事自己更为喜欢的专业，在2002年的秋风里，我报考了当时设在北京广播学院的与教育部语用所联合招收的语言学及应用语言学专业社会语言学方向的博士，导师就是陈章太先生。对我这个晚辈后学来说，陈章太先生的名字那是如雷贯耳，但我却从未有当面求教的机缘。于是，我心怀忐忑、冒昧地给陈先生写下了第一封信。

一位八十年代读研时的学兄很是关心，打电话问到考博之事，当得知我与所要报考的博导素未谋面时，他连发三个惊叹："那不扯呢嘛！你这不是愣考吗？那能考上吗？"

而让我十分意外的是，2003年的春节，在与家人欢度佳节并紧张地备考期间，我竟接到了陈先生从北京家中打来的长途电话。他过问了我的复习情况，给了我考试科目设置上的及时点拨。这让我十分地感动、万分地感激，心想一定要给先生带上一份有特色的物件，执弟子礼，以示谢意。于是，在确定进京赶考的行程后，我特意托人购买了肇庆的城市名片——端砚，一方正宗的老坑砚。

阳春三月，我第一次叩响陈先生的家门，为我开门的是一位胖瘦适中、气质儒雅的长者。他，就是我报考的导师陈章太先生，一点也看不出，已是年逾古稀的人了。

在第一次跟先生面对面谈过专业、聊过学问之后，我奉上一点小小的心意，而出乎我意料的是，先生十分坚决地拒收！几番往来，他终于"松口"说："端砚可以先留下来，等你考完回广东，我再给你寄回去。"感佩之余，我真有些不知该怎么办好了。

这时，师母走过来，帮我说话了："章太，你看小汪从广东那么远地带过来，这么沉的东西，你就收下吧！"先生则厉声地对她说："你不要插嘴，这事儿你不用管。"那种对师母说话的语气和表情，是我师从陈先生十八年来，第一次见到，也是唯一的一次！

就这样，我怀揣崇敬之心，把那方端砚带回了宾馆，带回了肇庆，又从端州（隋置端州，宋更名肇庆府）带到了广州，一直珍藏着，视为永久的纪念。我也终如愿以偿，成为陈先生的弟子。我是幸运的，因为先生不问出身、一视同仁地对待每位求学者。得遇先生，是我此生求知道路上最大的福分！

虽然我这个并不聪慧的学生，如今早已过了知天命之年，但陈先生的人格魅力始终激励着我前行；虽然我注定不可能成为像他那样的大师级的学者，但我完全可以成为如先生那样的高德之人，于我的学生、我的专业、我的国家。

进入十月中下旬，就是广东一年中最舒适的季节了，而在我的内心里却是这些年最痛楚的时节。几经修改成文，泪水始终挂在脸上；几次失声痛哭，书房里的猫咪瞪大眼睛愣愣地望着我。而这种情形是于我恰好跟陈先生同龄、几年前过世的父亲，所没有过的……对不起！

（汪磊：广东外语外贸大学教授）

不思量　自难忘

——忆恩师陈章太先生

朱学佳

2021 年的春，似乎来得晚些。

淫雨霏霏，乍暖还寒。

告别陈先生，我和师母走到门口。

她拉着我的手，有些哽咽，“谢谢你时常惦念老师，只是陈老师这病啥时能好呀”。

师母是个利落的女人，多困顿的曾经，也不见她皱眉，此时，怕是心力交瘁了吧。

我不忍多言，只怕哪句说重了，又惹人伤心。匆匆安慰了师母几句，便走下了楼梯。

空气中还掺杂着昨天雨水的潮湿，打得脚步也比以往沉重了许多。

我深深吸了口气，想排解内心的压抑，一缕似有似无的香气，悄然飘进了我的鼻孔。

这才发现，院里的桃花，竟在不知不觉间开放了。我循着黑褐色的枝条望去，似是找到了十八年前的记忆——

2003年，3月。

北京的春，漫天沙尘。犹记得那天，却明媚得我睁不开眼睛。

从846路公交车下来，走过天桥，穿过小巷就进了陈先生家小区的院子，套着呢子大衣的我，与街头衣着清爽的年轻人相比，显得格格不入。揣着不安，带着希冀，我一遍遍地琢磨，陈先生会是怎样一个人。

院子里一片灼灼的红映入眼帘。那是一排盛放的桃花，在略显灰暗的初春里，光彩夺目。

一位精神矍铄的老人正站在那里。

他转头看到我，带着肯定，夹着猜测："朱学佳?"

有那么一刹那，我恍惚了。

阳光透过桃花的枝丫，在他身上投下斑驳的光影，连带着那一身灰衣，也温暖起来了。

这笑容，似是离疆时父亲的叮咛，似是火车开动前丈夫的不舍，竟让我觉得莫名的熟悉。

直到多年后，我才发现，这感觉，也许就叫作——缘分吧。

初到北京，囊中羞涩，望着语音培训班那一纸通知书，我苦笑了一下，无奈地放在一边。没承想第二天，先生便递给我一个厚厚的信封，说，"去报名吧，机会难得!"我惊喜又感动，在那个收入并不高的年代，先生却慷慨解囊，支援我的生活。

后来有次和小永(陈先生之子)聊天说及此事，他笑着调侃道："怪不得老爸总问老妈要钱呢!"

池塘里的荷，依旧艳艳地开着。

桌上的风扇，微微嗡嗡地响着。

我附在陈先生耳边，“陈先生，我先走啦！改天再来看您！”

他的眸子慢慢有了光泽，含糊不清地“哦哦”着，挣扎着起身，摸索着床边的拐杖。

我忙扶住先生，“您快躺好，别出来了！”

他却摆摆手，坚持要送我。

这是陈先生做人的原则，克己复礼，待人以诚。

他在师母的搀扶下，蹒跚到门口，颤颤巍巍地抬手，朝我挥了挥，我知道，他让我走吧。

我转身下楼，鼻子酸涩，那一级一级的台阶，竟被泪水模糊了界限。

天地一片朦胧，屋外的大雨下了整整一天。

我委屈地抱怨，“陈先生，您说，为什么会有如此不公平的事情？”

陈先生抬眸望着我，目光温润如水。

他将师母沏好的茶推给我，“喝茶吧”。

我抱着茶杯，喋喋不休地絮叨着，他就在一旁静静地听着。

时钟一格一格地走着，似乎也想带走我内心的苦闷。

傍晚的时候，雨停了。斜阳照着草树，清新欲滴。

陈先生把我送到楼下。

我郁结的胸，似乎轻松了一些。

陈先生说：“我送给你们的八个字还记得吗？”“勤奋、严谨、务实、灵活”我脱口而出。他转身看着我，淡淡道：“灵活、变通很重要。”

夕阳的光芒，在先生周身镀上了一层金色，他逆光立于我面前，正如屹立不倒的荷。

多年后，我想，若我早些悟懂先生的哲学，会不会少走许多弯路？

先生一生，以道德抵俗世浮华，因情操立知识人格。他不仅是我学问上的导师，更是我人生的导师。

扫帚扫过落叶，留下一道道痕迹，清冷的，孤寂的。

先生走得安详。看着他被推进……我不敢相信，这么好的先生，这么好的人，就这么走了。

落叶聚还散，人生不相见。

秋风清，秋月明。

北漂多年，我终于在这座城市有了一个小屋。

门铃清脆，先生和师母带着在京的师兄妹来了。

大家欢笑着参观我的新居，热热闹闹的，像亲人一样。

我有了房子，他像女儿终于找到婆家般幸福。

是的，先生就像老父亲，带着一家子来给我这个大女儿暖房。

有亲人，才叫家。

屋仅可安身，家才能暖心。

几碟小菜，一瓶红酒，我却喝得醉醺醺的。

席间最高兴的，是先生。

他开玩笑说：修身，齐家，治国，平天下。学佳，你如今算得齐家，就等你在学术上的建树了。

似此星辰非昨夜，为谁风露立中宵。

如今思来，终有负先生期望。

先生，您还记得那年的大雪吗？

飘飘洒洒的，落在玻璃外的窗台上，厚厚的一层。

我伏在客厅的桌子上，一遍一遍地听音，却总是确定不了，心里焦躁不安。

您过来，像个孩子一样，趴在桌子上，陪我一起听，一起找。

就那样啊，一个下午。

终于确定了两个新的变异音，我们开心得手舞足蹈。

如今，生命中对我最好的那个人，就这样去了。音容笑貌，犹在心间。逝者长已矣，存者更要大步向前，不负余生。

若说这一生所遇幸事，成为陈先生的弟子，便算得上头一件。若我能在工作上有点儿成绩，若我能在待人接物时有些许和气，我都要感谢我的恩师。

（朱学佳：中共北京市委政法委员会党校教授）

山高水长有时尽，唯我师恩日月长
——忆吾师陈章太先生

夏　历

恩师陈章太先生走了。再次坐在先生家里，温暖的小客厅里没有了先生的身影，师母旁边的位置空荡荡的。无法再听到看到先生的音容笑貌，学生的情感不知道该如何安置。

如师如父　岁月静好

从第一次和先生联系，询问考博事宜至今，已经过了十八个年头了。十八年间，我和先生之间的相处简单自然，如清澈见底的山泉水，随着时间的推移慢慢流淌，安静而美好。我的父母去世比较早，先生和师母给了我很多温暖，让我在父母离去之后，还能时时感受到来自长辈的关爱。每次打电话给先生，他都叮嘱我多保重，对我取得的一点成绩给予很大肯定。记得博士毕业的第二年，北京市有一个高校优秀博士毕业论文的评选活动，我的论文是中国传媒大学符合推优条件的两篇中的一篇，而最终另外一篇被选上了。当时我很失落，先生在电话里劝慰我，说我的论文做得很好，只是限于名额、限于专业未能一起送审而已。先生一直都这么肯定和鼓励我们，让我们在工作中始终能够保持自信和上进的心态，在单位以一种积极、正面的形象示人。

名师指路 一生感念

饮其流者怀其源，学其成时念吾师。陈门弟子在先生的指引下，在社会语言学这个领域耕耘着，取得了很多研究成果，也培养出了很多后继人才。我投入先生门下，先生让我关注城市新移民群体农民工的语言状况，嘱我在这个领域深耕细作。遵从先生的教诲，十多年我不间断地关注该群体的语言现状、语言问题和语言需求等，期间的研究成果让我申请到了省级项目、教育部青年项目和国家社会科学规划基金项目，将我培育成了教授，受益终生。先生为我们指引的研究方向，让我们在学术之路上阔步前行。没有先生高屋建瓴的指引，就没有今天的我们，也就不会有我们继续培育的研究生们。先生的师恩，值得我们用一生去感念！

淡泊名利 宁静致远

先生很平和，有大家风范。先生和风细雨的每一言每一语都能为我指明前进的方向，也能让我心平气和地去面对个人发展中的波折。记得刚读完博士，心劲儿很大，评副教授时遇到一点磨难，心中颇为不平，和先生电话诉说，先生无评无责，很温和地说了一句“别太心急，不过相差两三年的事情”，再无太多言语。先生这一句话，我用了很多年反复体味，越来越明白，能退能过、泰然处之是一种本事，是一种胸怀，是一种格局，很多事情争来争去差之不远。

先生教育我们的话不多，我却总能感受到那平实质朴交谈中流淌出的大智慧，大道至简也大抵如此吧。希望我能把先生做人做事的风格传承下来，也能传承下去。

最后，借悼师诗文一首，略加改动，以表我此刻心境。

玉壶存冰心，生笔写师魂。
谆谆如父语，殷殷似友亲。
轻盈数行字，浓抹一生人。
寄己与来者，成功报师恩。

（夏历：沈阳师范大学教授）

亲情，永不会别离

——怀念恩师陈章太先生

吴小芬

2019 年 12 月底，趁语委第三期“语言文字中青年学者出国研修项目”成果汇报会在北京语言大学召开，我去陈先生家看望老师和师母。临走的时候，师母指着一套蓝色茶具说：“这是我从日本带回来的茶具，托盘是回国自己配的。孩子你不嫌弃的话送给你，拿回家，等以后我们不在了留个念想。”我欣然接受。师母用报纸层层叠叠包裹好，我带回了杭州。陈老师和师母的东西，带在身边倍感亲切。只是不承想，此行之后，所有关于先生的一切，对于我来说都成了念想。一想到以后他不在这个世界上了，去北京再也看不到老师，心里空落落的……很不习惯。

送别先生次日，我回到杭州，开始整理十多年前从北京带回来的东西，搜寻留下来的关于先生的一切——移动硬盘里的老照片，关于先生的生平介绍，他不同年龄的一寸证件照，以及早些年发表在各种期刊的文字留存、送我的留有批注的学术书籍。泪水不自觉地流了下来，一切的一切都还在，只是，陈先生，他这一次真的离开了。我再也不能在想念他的时候拨打尾号 0402 的电话，电话那头再也不会响起先生亲切的声音：“小芬啊！是小芬的电话！”

十八岁的时候，我在家乡小城的殡仪馆送走了自己的父亲。这一次，我奔向京城，在八宝山殡仪馆送别恩师。经历了社会磨炼，人到中年，一样钻心地痛，忍不住一次又一次泪流满面。先生是我成年以后的父亲，引领我学术成长，身体力行教我怎么做人。

一、陈老师，是一位大先生

第一次见到陈老师，是 2003 年 11 月 8 日在浙江教育学院召开的第三届全国语言文字应用学术研讨会上。那时候我读研三，准备考博，也联系了其他高校和老师并开始准备起来。陈先生是学界泰斗，是我老师的老师，我本来没有想过可以报考他的博士生。陈先生回北京前，我鼓起勇气忐忑不安地当面表达了自己想报考博士生的愿望。至今忘不了先生临行前握住我的温暖的双手，说愿意尝试招一个应届生试试，我的外语功底不错，但是没有工作经验，对社会语言学的相关理论和实践不够，鼓励我好好准备。一位拍大合影总是坐在第一排最中间的德高望重的老先生，对一个什么都不知道的黄毛丫头的热情鼓励，让我感动了很久。后来入了门读了博士，知道这就是陈先生，对谁都是如此，待人温和，从来没有架子。

开学术会议的时候，碰上学界其他有名望的专家，先生总是会正式地向其他专家学者介绍我们在场弟子。说实话对于小字辈的我来说，当时心里还是挺怯的。

陈老师的好是有口皆碑的，向来慈眉善目，看着乐呵呵的。他没有门派之见，我读博的时候他对班里每一位同学都很好，其他老师的学生有事情找他，也从来没有半个“不”字，一样耐心解答，上门的时候热情接待。去陈老师家，有时候会碰上家里刚好有客人，或者中间有客人上门。不管客人多大年龄，每次客人走的时候陈老师都会起身热情相送到门口。我想这才是真正的大家，谦谦君子，温润如玉。

二、淡定从容，笑对人生

师母说："他还不想死，挺想活着的。上次医院抢救回来后他很开心，说：'还好，这次没死成！'"每每想到师母的这番话，我都忍不住鼻子发酸，我多么多么希望我的陈老师能再次被抢救回来，再多活上几年！这是乐观和善的陈老师，一如他在我心中的形象。

走近陈老师的时候，他已年过古稀。关于他的年轻干练、权高位重都是从其他前辈处听说的。我看到的陈老师，是一位平易近人、乐观和善的老先生。陈先生的人生并不是一帆风顺，但在闲谈中，他从来不曾有对生活片言只语的不满和抱怨，也从没有对任何人的负面评价。先生是磊落之人，眼里看到的都是这个世界的光亮。这样的人生态度，也投射到对我日常的教育中。博士毕业时我去做编辑工作，陈老师觉得好，说这是语言文字的应用，要我多向单位的老编辑请教。我从编辑回到讲台，他仍是觉得好，觉得当老师更可以学以致用。在他的眼里，没有不好的工作性质和工作环境，年轻人就应该多埋头学习，工作要认真踏实，努力了一定会有好的结果。

在街头看到相扶着的老两口，脑子里总是浮现老师和师母的身影。陈老师脾气好，师母伶牙俐齿。每每我们夸陈老师的时候，师母就开始"数落"陈老师这不会那不会，陈老师总是笑呵呵地回应：

"师母说得对，师母说得对！"读博的时候，智能手机还不像现在这么流行。陈老师开始学电脑打字、手机打字了，我教他怎么输入字符，乐呵呵的他，多开心！

三、是导师，更是大家长

陈老师带的学生不多，早些年在社科院带了两位硕士，其他的便是从 2001 年到 2007 年招的 7 届 11 位博士研究生。我入校的时候，陈老师门下已经带着四位师兄一位师姐。师兄师姐都是我的师长辈，年龄也比我大不少。但是在陈门，因了陈老师和师母，师兄师姐们真的亲如一家人。

2004 年中秋节是个工作日，我刚入学不久，和师兄师姐们也还不是很熟悉。当时除了高我一级的师兄师姐在校以外，其他师兄都忙于工作。刚好师兄冯学锋从武汉大学回传媒大学，陈先生委托冯师兄召集在校的几位过中秋，代表他和师母请我们吃饭。冯师兄说什么也不肯要陈先生的钱，陈老师下令必须由他来请，冯师兄只能"受命"。忙于工作的大师兄周洪波委托冯师兄给大家带了月饼，我们在校的四位弟子就像家人一样一起在学校过了一个团圆节。

陈老师常说退休之后带了一批自己的学生是晚年生活最幸福的事情。出于健康考虑，师母很少让陈老师在外面吃饭。但每逢师门聚会，陈老师和师母就会特别开心。人少的时候，老两口就会带我们到东四附近的民芳餐厅小聚，师母会跟大家抢着买单，我一次都没抢到过。

陈门的弟子，都吃过师母老家湖北的孝感麻糖，都没少从陈老师家拿东西。每次打电话的时候，先向陈老师汇报情况，讲完了陈老师会说“和你师母说”，再把话筒给师母，师母再全方位地把工作、生活各种情况都关切地问一遍。老两口关心爱护每一个学生，这种关心延及我们的家人，师母能如数家珍地报出每一个学生配偶叫什么名字，属什么的，孩子多大了，什么时候生的，叫什么名字；谁身体不好了，陈老师和师母便要叮嘱多休息，工作、生活不要太累了；每次打电话和见面都要问候家人好不好……我们都已经习惯了享受这些关爱。

四、似一盏明灯，照亮我前行的路

陈老师对我最好，我一直这么认为。师母常挂在嘴边的一句话是：“这孩子父亲走得早，怪可怜的！”我是陈老师招的第一个应届生，其他师兄师姐都是在职攻读学位。陈老师常常说最操心我。是的，衣食住行，工作、成家、育儿，所有的事情老师和师母都记挂在心。爱，点点滴滴，无微不至。

2004 年春天去北京参加博士生入学考试，回杭州的时候，汪师兄交给我一个信封，里面是陈老师的手写信，勉励我好好学习，随信是 600 块钱给我作为路费——因为陈老师觉得我没有工作收入，从杭州到北京考博需要一笔大花销。那时，考试结果还没出来，我还没迈入陈门。回杭州的火车上，我内心五味杂陈，这样的老师，我怎能不好好珍惜？读博的时候，放寒假去老师家告别，师母给我一个信封作为压岁钱。我想，在他们心里，我就是一个孩子。博士学位论文答辩完的谢师宴，是师母偷偷先去买了单。工作了，在外面租房，师母说刚工作，钱省着点儿，收拾了电饭锅、汤锅、砧板、菜刀等各种日用品给我，连床头柜都是从老师家客房搬的。每次走的时候，陈老师总会嘱咐："生活有没有困难？有困难就和你师母说！"

2005年春季，我在朝阳医院做一个小手术。陈老师和师母不放心，托付在校的汪师兄和朱师姐陪同我。陈老师还亲自打电话给大师兄，公事繁忙的师兄和嫂子一起来医院看望我。陈老师和师母让我时刻都被爱包裹着，虽离家千里，身边却随时有亲人。

2008年的冬至，北京进入最冷的季节，我在公交车上感觉双脚都已经不是自己的了。到了老师家，桌子上依然摆着陈老师一早去买的糖炒栗子。热气腾腾的糖炒栗子和师母现煮的可可奶，是北方寒冬里家才有的温度！

回杭州工作还没落定的时候，先生跟着一起操心。当我的硕士导师王建华老师告诉我先生还亲自打电话给他让予以关照时，内心说不出的感动："在老师的心里，我就是那个永远需要操心的孩子。"

因天性率真，初入职场，工作中也曾遇到过挫折，感到委屈。与先生面对面坐在餐桌前，我絮絮叨叨诉说，还不时掉几滴眼泪。先生对我表示理解，送给了我四个字"不卑不亢"，鼓励我坚持自己的想法，不要因为太在意他人的看法委屈自己。这四个字我一直铭记在心，也鞭策着我不断前行。

先生在学界德高望重，我就像个莽撞冒失的孩子，不小心闯入了陈门，心安理得地享受着陈老师和师母给予的一切关爱。结婚、生子了，老师和师母从北京寄床品、孩子的衣服、吃的零食来。熟悉亲切的朝内小街后拐棒胡同甲2号，就像自己的家在那里一样。女儿在6岁的时候终于得以见到"北京爷爷、北京奶奶"，感慨道："妈妈，以前爷爷奶奶对你特别好，现在对我也这么好！"

五、先生，真的已经走了

十八年前的杭州，也是这个季节，我见到了陈先生，开启了这段师生缘。会议的最后一天先生启程随语用所团队回北京，我在车前送别。老师张开他的双手，紧紧握住我的手，让我好好准备，欢迎我成为他的学生。那双温暖宽厚的手，一直让我难以忘怀，暖在心里。十八年后，在河边的落叶中，我一遍一遍想起待我如慈父的陈先生。没有入门的时候，我跟随其他人称呼老师为“陈先生”，入门后陈先生成为我亲切和蔼的陈老师。而今，我的陈老师远去了，语言学界的陈章太先生休息了。安歇吧，陈先生！只是，千万般的不舍，却不能不相送。

先生紧紧握着我的双手，戴着老花镜伏案工作的后背，纸面上用铅笔一笔一画做的标注，寒风中推着单车微弯的身影，与师母肩并肩走在路上的样子，电话那头洪亮的声音，餐桌上热气腾腾的小街炒栗子……慈祥温和的老父亲，认真严谨的陈老师——永远都会在我的心里。

“悲歌可以当泣，远望可以当归。”刻骨的伤痛难以用拙笔表述，仅以此小文送别我的恩师陈章太先生。

泣悼恩师

秋风吹落桂花香，黄叶飘零满目凉。
师恩如海长相忆，亲情永在心底藏。

（吴小芬：杭州师范大学讲师）

认真做事，老实做人

——回忆陈章太先生

谢俊英

在我的学术成长道路上，得遇陈章太先生，做他的学生，深感是一件幸事。

在与陈先生的工作交往和跟随陈先生学习的过程中，印象最深的是初次见到陈章太先生的情形。那还是1989年11月在江西庐山由南昌大学举办的第二届全国社会语言学学术讨论会上，当时我还是研究生，但已深为陈先生儒雅的风采和平易近人的气度折服。作为会议主办单位语用所的负责人，陈先生在会议期间关心和认真对待与会的专家和学生的论文和发言，只要说到社会语言学研究，就谈笑风生、热情地鼓励。会议上，陈先生提出了从我国语言实际出发研究社会语言学的学术主张，我深感这一主张今天仍是非常正确的。由此，社会语言学专业研究就一直萦绕我心怀。待到再次见到陈先生，已是1995年10月我调到国家语委语用所后了，其时陈先生已退休。

1996年陈先生呕心沥血主编的《普通话基础方言基本词汇集》获了图书大奖，印象中，他把自己的奖金发给语用所的同事，每人500块。当时那可是一个多月的工资，他的疏财大气令人钦敬。

忙忙碌碌中，一晃多年过去。在陈老师和师母的热情鼓励下，经过两年的准备，2005 年我考取北京广播学院（现在的中国传媒大学）博士研究生，迈进陈门，得以师从陈老师，进一步提升专业研究能力。

陈先生认真做事、老实做人的教诲我一直牢记在心，读书研究我都本着老老实实的态度，在学期间，每一门课都不敢轻忽，只怕有辱师门。先生重视外语、重视数据，强调结合国情做调查研究，语言方言变异、语言规划规范、语言国情是陈先生一生倾注心血、辛勤耕耘的学术沃土，他勤奋坚韧、孜孜于社会语言学事业的精神激励着后学弟子。

陈先生得知我选择以方言变异研究作为毕业论文题目时非常高兴，给予肯定和鼓励，或许是因为这样的定量定性结合的研究设计符合先生曾经致力于方言调查研究的学术追求。

在学七年，我学习知识、提高能力并努力工作，但毕业论文一直像块石头似的压在心头。陈先生作为导师虽然不催，但我仍然感到惴惴，每次去见他之前我都争取论文写作有所进展以使先生能够心安一些。到 2012 年迈出师门时，陈先生已年过八旬。

新中国成立六十周年时，杂志约陈先生写有关语言文字工作发展历程的纪念文章，蒙先生抬爱，让我帮忙做文章写作准备工作，能够就文章写作的问题时常就教于先生、再次接受先生的悉心指导深感荣幸。文章发表后没想到竟有我的署名，真是诚惶诚恐。文章写作过程中，陈先生深厚的理论素养、对国家语言文字工作清晰而深刻的认识和对语言文字工作的熟悉、热爱和理性思考，令我充满敬意、深受教益。

记得每每下班回家晚，住在语委家属院的陈先生和师母就会打电话到我办公室说“小谢，下班了快回家吧，别搞太晚了”。现在，陈先生遽然离开，驾鹤西去，想不到他那熟悉的身影和声音竟成了回忆。想到以后再也听不到陈先生的教诲，真的失去曾天真地以为可以时时请益的导师，失去工作生活中时常提醒的忠厚长者，心绪难平。师恩难忘，唯有认真做事、老实做人，努力不辜负先生的教导。

先生之风日月长，养浩然气；师门之学源流远，有后来人。

（谢俊英：教育部语言文字应用研究所研究员）

天涯海角有尽处，只有师恩无穷期

——悼念恩师陈章太先生

佟秋妹

听到陈先生于10月17日凌晨逝世的消息，我非常震惊，不愿相信这是事实，但先生真的永远离开了我们……那些和先生在一起相处的时光，今天想起来仍历历在目。

与陈先生结缘是因为考博的时候我的硕导苏晓青教授建议我考陈先生的博士，并说如果能在陈先生门下那是极好的。那时我只是在一些权威的文章、期刊或报道中听过、见过陈先生的大名，感觉离我很远，后来怀着忐忑不安的心来到北京跟陈先生见了第一次面。没见之前总以为这样大名鼎鼎、如雷贯耳的大家应该是高冷、严肃、令人敬畏的，但见了面之后才知先生是如此的平易近人、和蔼可亲。他对我接下来的研究计划很感兴趣，并鼓励我放平心态，好好备考。先生的鼓励给了我很大的信心。在经过漫长的等待之后，有一天突然接到陈先生的电话，他告诉我被录取了。那一刻我欣喜若狂又分外感动，欣喜的是我终于心想事成，感动的是陈先生竟然百忙之中给我打了这个电话。

读博期间，陈老师和师母生活上给予了我无微不至的关心，使我在陌生的北京体会到了如同家人般的温暖，化解了异地求学的孤寂。但在学业上，陈老师的要求却是非常严格的，有一次因为自己的疏忽，论文初稿没有按时交，陈老师在电话里“严厉”地批评了我。那应该是我第一次也是唯一一次见陈老师“发火”，电话那头的我虽然自责又紧张，但是我也深深地感受到了陈老师对学生的关心和严谨的治学态度。在校三年，从入学到毕业，可以说在陈先生的一路呵护和帮助下，我的学业一帆风顺！

先生除了教给我们专业知识，关心我们的生活外，他对待工作的那份认真、执着一直影响着我。时间转瞬即逝，毕业时对北京总是依依不舍，这其中有很多是对陈先生和师母、对陈门温暖大家庭的不舍……

陈先生不只在读博时关心我们，在毕业后也时时牵挂着我们这些弟子。我刚工作不久，陌生的人与事以及繁杂的工作使我焦头烂额、疲于应付。有一天突然接到陈先生的电话，电话接通后耳边传来了熟悉的声音：“孩子，最近都还好吧？”这温暖的话语舒缓了我一直紧绷的神经，眼泪也夺眶而出，一直以来积累的压力也释放了很多，陈老师的牵挂和鼓励也给了我迎接新挑战的勇气。在得知我结婚的消息后，陈老师和师母特意为我准备了礼物，并在信封的背面亲手写了一段祝福的话语，这个信封我珍藏了起来，这是我收到的最好的礼物！再后来陈老师和师母更是细心地为我刚出生的孩子准备了很多东西，既有外套又有内衣，既有盖的毯子也有铺的垫子。这些东西到现在都还在，每次一看到这些东西，就会想起先生和师母，内心也充满了感动！

2019 年 11 月陈门弟子在北京相聚，先生当时虽然步履略显缓慢，但仍然精神矍铄，看得出来他见到我们是多么的高兴！可没想到这竟是我们的最后一面……

时间不能让人忘却所有，相反只会让人越发怀念，回想往昔，点点滴滴涌上心头。陈先生是我的恩师，是我学业生涯的贵人，也是无私的给予我关爱和温暖的父亲样的人。虽然先生走了，但音容宛在，教诲在心，他高尚的情操、高贵的品格永远是我的榜样，值得我永远铭记和学习！

（佟秋妹：中国计量大学副教授）

不问归途　永留人间

——纪念恩师陈章太先生

李　伟

转眼，恩师陈章太老师已经走了一个多月了，语言学界的各位前辈师友、师门的各位兄弟姐妹不断地推出纪念陈老师的文字，而我却迟迟未能动笔。因为，我无法坦然接受，在我的意识里陈老师没走！我一直找不到地方安放自己的这份情绪，脑子茫然，世界茫然。如今，盯着电脑却已满面泪流。

一篇篇文章，不同的视角，不同的回忆，却呈现了同样的“大爱”——爱事业，爱亲朋，爱学生，爱身边的每一个人，这就是我的老师，一位温润如玉的男子，一个总是带给他人光明和温暖的人。脑子里反复响起臧克家的那一句“有的人死了，他还活着”。陈老师用自己的一生彰显了什么叫俯首甘为孺子牛，什么叫平凡中的伟大，什么叫润物细无声。

一位宽容为怀的智者

我博士选了社会语言学方向，又想去北京读书，我的硕导余志鸿老师对我说：“那你就报陈章太先生吧。陈先生是语言学方面的大家，治学严谨，涉猎面广，最重要的是人极好！”于是，在那个网络还不甚通达的年代，我在有限的网络资源中“初识”陈老师。2006年1月，趁着寒假，我第一次拜访了陈老师。至今，我能清楚地记得，柔和的灯光下，陈老师笑着，欢迎我报考他的博士。后来，陈老师就与我聊我的硕士论文，聊山西方言，鼓励我在语言学研究道路上继续努力。临出门的时候，陈老师对我说：“可以考虑多报几所学校，这样考上的机会大。”我知道老师是真心为我好，因为他坦言报他的人太多了，却只有1个名额。陈老师的随和坦诚，让我在那一刻反而没有了怯意，我想那我就今年试着考，大不了排队考，年年考。

2006年4月，我到北京参加考试。机缘巧合，我住在了陈先生的楼下，仅一个天花板之隔。有勇气报考，不代表有胆子见老师。那段时间，我没有登门拜访过陈老师一次，但楼上楼下总是会碰面的。每每碰到陈老师，都是陈老师在认认真真地扫楼梯，从楼上到楼下，一手簸箕一手扫帚，犄角旮旯扫得干干净净。陈老师见我，依旧是笑如春风，可能是看出我内心的忐忑，也不问我复习得怎么样了什么的，而是一边扫地一边正儿八经地和我拉家常：“我还有一项专职工作就是扫楼梯，从三层周有光老师家门口扫到一层，每周雷打不动！”我说：“您扫得真干净！”他说：“嗯，有的时候，师母还嫌我扫不干净呢！”我能感觉到大专家语言中的小委屈。想起来，真的让人忍俊不禁。而今，看着楼道里静静挂着的扫帚和墙角的簸箕，陈老师认真打扫的样子又浮现在眼前。

考完试的一天晚上，我突然接到家里电话，说母亲脑出血入院。我急速赶回，虽一墙之隔，与陈老师却未有只言片语的辞别。因为考得没底，始终也没有勇气联系陈老师。就这样，日子很快过去了。

6月的一天，我突然接到了来自陈老师的电话。陈老师的声音暖暖的，没有任何责备，告诉我："小李，你考得不错啊，可以录取。"我激动着，同时也被感动着。因为，我从未给陈老师留下过我的任何联系方式；更因为，认识陈老师的短短数月，我的表现是那般不谙世事，但是陈老师还是接受了我，仿佛陈老师明白我的踌躇不前和内心顾虑，宽容了我一切不懂礼貌的行为。这就是我的老师，一位善解人意、宽容为怀的智者。

一位成就他人的师者

在我心里，陈老师于我是有大恩的人。对于一个高校教师来说，学术是立足之本。如果说我的硕士生导师是我学术道路的启蒙人，那么陈老师就是给予我学术生命的人。在众多的考生中，陈老师把上学的唯一机会给了我，这就是大恩。从此，我有机会和陈老师学习，有机会接触更多的良师益友，有了更大的发展空间，有了自我发展的力量和能力。我的博士学位论文是研究方言语音变异，除了社会语言学的调查，还需要方言调查的能力，可我的方言调查和听音记音能力都不足。于是，每次上完课，陈老师就给我补方言调查的知识。调查完了，录音录了一大堆，难题又出来了，很多音理不清头绪，我头大得直想哭。陈老师又趴在桌子上，陪着我一个一个听音辨音。为了让我能更好地完成毕业论文，陈老师亲自给张振兴老师打电话，让我去向张老师讨教；亲自给北京语言大学的郭风岚老师打电话，请她赠书给我……就这样一件件事，一次次帮助，拉着我成长。陈老师在我《汉语阳泉方言语音变异研究》一书的序言中写道："我感谢她做了我想做而未能做的有益研究与探索！"可我想说，那个应该说感谢的人是我！从论文定题，到论文写作，到顺利完成，有您才有我，是您成就了我的学术人生！亲爱的陈老师，您走了，但您永远活在我心中。

一位言语幽默的老人

陈先生有时也很“调皮”。他带我们这些博士学生时已有70岁，学生多数是在职的，如期毕业的为数不多，长期抗战的为数不少。我是倒数第二个入门的，2009年我毕业，门内就剩下关门弟子和日常工作忙碌的师兄师姐需要毕业了。于是乎，在一次聚餐中，陈老师说：“你们几个快着点，我要收摊喽！”“收摊”让大家哄然大笑，却让未毕业的师兄师姐压力倍增！大家口头嬉笑着、答应着，得让老师如期收摊。2010年，在老师温柔的压力下，师门绝大多数学生都顺利地毕业了。

一位慈善仁爱的长者

缘起陈老师，我们天南地北的11个学生有了一个温馨快乐的家，老师和师母就是家长！从上学开始，二位老人就像爸爸妈妈一样，逢年过节吃的喝的甚至还有穿的，给我们每人一份。我上学的时候，寒暑假还会带着二老送给父亲的礼物回家；有孩子后，每年又会收到老师和师母邮寄给孩子的礼物。毕业后，离开北京，有时一忙很久不给陈老师电话，老师和师母就惦记上了，打电话过来第一句话就是：“小李，最近好吧，没什么事吧？”有的时候我在想，陈老师和师母真是为我们操碎了心。他们的爱那么无私，我们是最幸福的！

在这个家里，我们每个人都学会了团结友爱，学会了温柔以待。陈老师走了，但我们的家更牢固更亲近了。眼中含着泪，我们这些女弟子对师兄们说“长兄如父”“二兄如叔”“三兄如舅”“四兄如哥”……老师在，家在；师母在，家在；老师走了，家依旧在。人生变幻，亲情永驻！

陈老师家的这方小空间，聚了很多人的缘，也圆了很多人的梦！老师润物无声，以身立教，为人师表。相识的十六年，陈老师的一言一行深深地影响着我。我有这样的老师，我真的非常幸运！

秋风起兮送恩师，谨记先生谆谆教诲；
江水凝兮盼春归，长忆先生嘉德懿行。

（李伟：山西师范大学副教授）

先生之风　山高水长

——纪念恩师陈章太先生

毛力群

日日阴雨的江南，迟桂花终于开了。

湿冷的空气里氤氲着沁人心脾的花香，让我想起11年前陈老师应邀来浙师（浙江师范大学）讲学，也正是这个时节。师母也陪同而来，说金华的空气湿润润的，干眼症都好了许多……

先生离开我们一周了，这一周的每一天，不停忙碌的间隙，都会不时想起和先生有关的那些往事，眼泪，止不住地淌下来……

长歌当哭，是弟子们对鞠躬尽瘁、一心为公的先生的祭悼。

于我而言，这萦怀的情绪不是悲伤，是不想，不忍，不舍，是对恩师的无尽缅怀。

我是先生的关门弟子，先生收我于门下时已年过七旬。他老人家对于我国语言文字工作的卓然成就，对于社会语言学领域的开宗与拓展，对于语言生活派的贡献大家已有公认。此时我脑子里回旋的全都是亲切的认真的谦逊的高尚的先生形象，仿佛先生从不曾远离。

含着泪，我做了一个纪念先生的视频，并没有配上悲哀的音乐。逝者长已矣，生者如斯夫，但那些温暖的片段如吉光片羽，将永远留在弟子心里。

背影

入陈门15年了,经历了陈老师大大小小长长短短的无数次送别。

每次离开陈老师家,无论早晚,他都坚持亲自下楼相送,从腰板挺直一直送到身子佝偻,年近九旬。人多时,陈老师会送到小区门口;就我一个人,他老人家一定坚持送我到公交站或看我打上车,目送汽车发动。每次离开老师家,手里都提着师母送的礼物,孝感麻糖、小街栗子、热乎乎的火烧、师母亲手做的素什锦……

多年前,柳絮儿漫天飘的那个夜晚,陈老师走在我前面带路,他的步子略显蹒跚,深一脚浅一脚的样子,满地的柳絮儿绕着他的脚翻飞。记得当时曾偷偷拍下过一张照片,现在却遍寻不着,但这一幕已深深刻进脑海,每每想起,总是心头暖暖,润湿眼眶……

电话

每次看我坐上车,陈老师才会折返回家,临别前总会叮嘱:毛毛,到宿舍后打个电话来报一下平安啊!可常常是我刚到宿舍还没来得及打电话报平安,陈老师的电话就已经打来,问我是否平安返校。毕业后每次赴京出差,或专程看望导师和师母,他们一定会记住我返程的时间,刚上高铁,陈老师或师母的电话就会打来:毛毛,你平安上车了吧……二老没有女儿,视我如己出,我通常也是一两周就打电话问候,有时工作一忙忘了联系,他们的电话就会打过来,问我是不是工作太忙了?女儿是不是还听话?父母身体状况是不是都还好……

从今往后，再也不能在电话里听到陈老师慈父般的关心了！

评语

陈老师年事渐高，不怎么会操作电脑，帮弟子们改论文还是按他的老传统逐字逐句细细密密地修改。当年开题报告、毕业论文稿上，老师红笔写着修改意见，小到标点符号，大至文章框架，一丝不苟，一页不落。

毕业以后，有时写文章还是会发给陈老师看，让陈老师提提意见和建议。陈老师看完必定来电，让我对着稿子，他把他的修改意见在电话里逐字逐句耐心地跟我说，直到我完全领会。如今，那写满导师评语的稿子已成为我的珍藏，每每翻看，感动不已，也以此激励自己，不要辜负了陈老师悉心培养的一片苦心。

尽瘁

陈老师常说的一句话是“要是我再年轻 20 岁多好啊，那我还可以多做很多想做的事，也能多为你们做很多事！”

陈老师心里眼里都是他人，从不忍心拒绝他人，出席会议、撰稿发言、评阅文章，年过八旬还亲力亲为。有时也会跟我叹气说：人老喽，吃不消喽！可直到最近两年，他也不曾停下过扶持年轻人、尽心竭力帮助人的脚步。8 月还跟先生通过电话，可那时我已不太能听清他说的是什么了，但肯定是让我工作不要太辛苦，要注意身体等诸如此类的嘱咐，我嗯嗯啊啊地应答着，一阵阵心疼与悲凉涌上心头。

10月，因为医院不能探视，我还想着等陈老师出院了再赴京看望，可这一等，就永远等不到了！

先生在中国传媒大学一共带了7届11名弟子，人数并不多，但在先生的指引下，个个都在社会语言学领域里辛勤耕耘，小有成绩，并且心系陈门，团结友爱，亲如兄弟姊妹。先生老了，他先走了，他可以对我们放心了。先生的教诲，我们永远都记得！

我们一边告别一边希冀，生活如这一江秋水，仍将沐浴阳光，映衬云霓，缓缓前行。

（毛力群：浙江师范大学教授）

春风如沐，永不言别

——怀念吾师陈章太先生

毛力群

两个月前的今日，正是北京最美的金秋，吾师九十高龄，安详离世。此刻，冬日微寒，萦怀的情绪不再是悲伤，而是不想、不忍、不舍，是对恩师的无尽缅怀。

两个月来，众多同仁、亲朋、弟子著文，追思悼颂先生，先生若有知，应会含笑九泉。一位德高望重的学者离去，倘只有子女或弟子说他好，也许不算什么；但同事和同行都在悼文里细述先生情谊，称道他毕生情系家国、深耕学术、心怀仁爱，那必是真正的好。

师母曾说，章太是国家的人。先生生于福建永春一个贫穷山村，是新中国第一批大学生，他感念党恩，将报效祖国、服务人民作为毕生追求。先生对党对国家对事业对家乡竭尽忠诚、鞠躬尽瘁，人称“拼命三郎”。先生曾协助吕叔湘先生主持语言研究所工作，主编《中国语文》杂志，在中国文字改革委员会改名为“国家语言文字工作委员会”、创建语言文字应用研究所的标志性历史进程中，起到了关键作用。先生身居要职，格局大，站位高，视野阔，是新时期国家语言文字工作的重要领导人。卸任后，先生退而不休，十六载倾情倾力，担任《中国语言生活状况报告》（绿皮书）的审订专家。去年(2020年)11月，先生身体大不如前，却执意挂着尿袋出席绿皮书研讨会，他说："看着十五年前大家精心栽下的这株幼苗，今天已经长成一棵枝繁叶茂的大树，作为一名老兵，我感到特别高兴。"此情此景，一想起就不禁泪下潸然。

先生的同事们常说，陈先生是目光敏锐、扎根学术沃土的人。先生始终着眼于国家重大需求和世界学术前沿，致力于社会语言应用与语言变异研究，是我国社会语言学领域的先行者。先生于20世纪90年代初期提出"语文生活"概念，引领了当下绿皮书"语言生活派"之"语言生活""语言状况""语言国情""语情"等系列新概念。先生在汉语方言学，尤其是闽方言和北方话词汇的研究方面取得重大成果。他最早提出汉语口语规范、普通话水平测试三级六等标准的设想，在语言立法、语言政策、语言规划理论研究方面做出了巨大贡献。先生曾是第三期普通话语音研究班学员，而我这个关门弟子是改名后的"中央普通话进修班"第十九期学员，一脉相承，与有荣焉！

弟子们都说，先生慈如父，关爱常相随。"拥有你们这些弟子是我退休后最幸福的事。要是我再年轻20岁多好啊，那我还可以多做很多想做的事！"这是先生近年来常对我们说的话。先生是心有大爱之人，谦谦君子，温润如玉，扶持、引领、提携后学，让人如沐春风，如饮甘霖；先生是豁达磊落之人，眼里看到的都是这个世界的光亮与美好。先生为弟子修改论文一丝不苟，呕心沥血，我至今珍藏先生为我用红笔细细密密修改的开题报告。同门们也珍藏着先生和师母馈赠的无数生活用品和纪念品。大智谦和，大善包容，先生之爱润物无声，点点滴滴，无微不至。先生的婚姻亦堪称楷模，金婚的交杯酒、钻石婚的爱心纸条，是师母所言"天有情，人有意”的经典永流传。

空山人远去，回首落梅花。我们一边告别一边希冀，生活将沐浴阳光，映衬云霓，缓缓前行。先生永在心中，我们将永远念您敬您爱您！

（毛力群：浙江师范大学教授）

文改会改名与国家语委创建

陈章太

编者按：2019年6月，《语言战略研究》第4期拟设"中国语言学七十年·多人谈"专栏，邀请陈章太先生谈当年中国文字改革委员会改名国家语言文字工作委员会的话题，陈先生欣然应允，很快交来《文改会改名与国家语委创建》一文，现把该文收进纪念文集里。

1949年新中国成立后，百废待兴，国家亟待建设，社会急需发展，人民生活急待提高，语言文字及其应用同这些方面关系密切，所以党和国家领导决定在全国范围内开展轰轰烈烈的文字改革运动，主要任务是简化汉字、推广普通话、制定和推行《汉语拼音方案》，加强现代汉语规范化。经过几年的努力，文字改革工作取得巨大成绩，对国家的政治、经济、文化、教育、科技发展做出重要贡献。然而在1966年发生的"文化大革命"，对文字改革工作冲击很大，文改工作停滞，机构变动，人员离散，特别是匆促公布《第二次汉字简化方案》，引起社会语言文字使用的极大混乱，文改会受到社会强烈批评，无法开展工作，国务院不得不调整文改会领导班子。那时我在中国社会科学院语言研究所任副所长兼《中国语文》杂志副主编。时任中共中央政治局委员、中央书记处书记和中国社会科学院院长的胡乔木同志分管文改会工作，他是一位高层领导，大学问家，学术功底深厚，对语言文字工作一直十分重视，大力支持。我在语言所任副所长时，因为工作关系，跟他偶有接触。在调整文改会领导班子时，他同吕叔湘先生商议，要我到文改会工作，吕先生感到有些为难，最终同意我暂调文改会。我到文改会后，负责日常工作。乔木同志多次叫我到他在南长街南口的一个小院家中及中南海临时住处谈工作，主要是听取汇报，指示工作，讨论问题。当时交给的任务是：1. 筹建文改会新领导班子；2. 研究、制订新时期文改工作方针任务；3. 组建一支有较强工作能力和科研实力的骨干队伍，尽力发挥文改智囊团作用。在筹建文改会新领导班子时，我们临时班子反复商议、研究，提出三个方案报请乔木同志审阅。第一个方案是通过中组部调山西省委书记王大任同志到文改会任主任，因为山西大同推广普通话取得很大成绩，是全国最早普及普通话的先进县。王大任始终给予极大的支持，但因王大任已调任吉林省委书记，无法调他到文改会；第二个方案是请大语言学家，当时兼任文改会副主任的吕叔湘先生任新班子的主任，因为吕先生不同意而未成。乔木同志与中组部和国务院有关部门商议后，同意第三个方案，即时任北京市委书记、市政协主席，过去曾长期任中科院社会科学部副主任的刘导生同志到文改会任主任，陈原、陈章太、王均为副主任。陈章太兼秘书长，委员由 26 人组成。报请国务院审批后颁发任命书。1985 年国务院发文，将中国文字改革委员会改名为国家语言文字工作委员会，仍为国务院直属机构，由国家教育委员会代管。国家语委成立后，拟扩大工作范围，将民族语文工作、外语工作、科技术语工作、人地名工作等划归国家语委管理。1986 年 1 月，国家教育委员会和国家语委联合召开规模颇大的“全国语言文字工作会议”，中央领导人和有关部门、各地区都有代表和专家参加。会议讨论、制定新时期语言文字工作方针任务和有关的重大问题，如宣布废止《第二次汉字简化方案》，重新发表《简化字总表》，修订《第二次汉字简化方案》，宣布今后一个时期汉字不再简化，汉字形体保持相对稳定；组建语言文字应用研究所；文字改革出版社改名语文出版社，扩大出版范围；《文字改革》杂志改名《语文建设》；研究拟订语言文字“七五”规划、制定“八五”规划；大力推广、积极普及普通话；积极促进各省区市及地级市成立语言文字工作机构；支持协助有关部门成立语言学会、协会等，如中国语言学会、中国应用语言学会（筹）、中国语文现代化学会、中国文字学会、中国语文报刊协会、中国辞书学会、中国中文信息学会等。推动、协助研究制定《〈中华人民共和国国家通用语言文字法〉实施办法》及有些地方的语言文字法规。明确提出改革开放新时期要加强语言文字规范化、标准化、信息化、现代化建设，制定语言文字规范标准，强调指出开展语言文字工作，要紧密联系语言生活实际，讲求实效，为国家、社会建设发挥积极作用。开展语言文字事业国际交流合作及港澳台交流合作。

文改会改名国家语委，显示了新中国的文字改革方向从为国家全力加强基础建设进入为改革开放加强现代化、规范化、信息化的新时期。我有幸参加这一重要转型时期的文改工作和语言文字工作，学到了不少新知识新理论新经验，为国家、社会发展更好服务，感到十分高兴和充实！现在我年纪大了，常感力不从心，但只要是为我大半生从事的语言文字事业，我又力所能及，我还会尽力而为！

谈谈我的社会语言学治学之路

陈章太

编者按：2004 年 5 月 20 日（星期四）下午，教育部语言文字应用研究所社会语言学研究室主任苏金智邀请陈章太先生在所会议室做学术讲座，现身说法介绍陈先生的治学经验。参加讲座的有语用所社会语言学与媒体语言研究室研究人员、语用所年轻研究人员、北京广播学院（今中国传媒大学）语言学及应用语言学专业博士生等。讲座结束后，陈先生还回答了大家关注的问题。

我做了一点社会语言学的研究，但是做得并不是很好。今天我想敞开心扉具体谈谈我的学术生涯和一些想法与体会，像这样比较详细具体地讲还是第一次。虽然过去报纸、杂志上或某些专书对我也有所介绍，但是我还没有接受过这样一种座谈式的访谈。

一、我的学术成长历程

我想首先向大家介绍我的个人身世，因为这个跟我后来走上社会语言学道路有关系。我生长在闽南地区一个贫穷偏僻的山村。大家知道闽南是侨乡，我也有华侨背景，但是华侨并不像大家想象的那样都很富有。闽南地区的侨民大都居住在东南亚地区，如菲律宾、泰国、缅甸等，我的家人主要居住在菲律宾。自我懂事以后，祖父与伯父先后去世，老实忠厚的父亲不善于生意的经营，原来日子不错的家庭开始衰败。我小时候的生活很苦，在农村所有的农活都做过，砍柴、割草、放牛、挑担什么都干过。讲这个的原因，是想说我母亲虽然只念过一点私塾，但是在这种非常苦的日子里，一直想办法让我读书。而这种苦难的经历也培养了我一种乐观、顽强、奋斗的人生态度。母亲时常教育我："人活在世上要不怕苦"，"路是自己走出来的"。这样一种教育，对我后来的人生道路影响很大。

那时候读书学费很低的，但就我家的困难来说，那很少的学费都很难支付，我母亲就是在这种非常困难的情况下支持我念书，一直读到高中。1951 年，我高中二年级还没有读完，由于新中国刚成立，急需培养人才，大学招生时可以提前报考，当然现在看来是不可能的事情。这样我高二还没有读完就考上了大学。作为国家培养的大学生，吃、住等，一切生活都是国家包了，不交学费，对于我这样的穷学生，每个月还有 7 元的助学金。可以说我完全是国家培养出来的。从走过的这些路我深深感受到，一个人对自己来说要乐观自信，顽强奋斗，对社会、对国家要有一种感激、报答的心情。从我的经历来说，在社会进步、国家发展那么艰难的情况下培养我们是多么不容易啊。我应该关心社会，回报社会。因此我比较热心社会工作，从中学到大学，我一直在班级、学校承担一些社会工作，与同学、老师乃至校外的一些人接触较多，又常常走进社会，现在想来这也许与后来走上社会语言学研究有一定关系。由于平时与社会接触较多，感觉社会语言学是研究语言与社会之间密切关系的，社会语言学的有些研究与我平时所见所想有所接近，自然引发了我对社会语言学的兴趣。

在大学期间，语言与文学没有分开，课程的设置也是文学较多，平时读书、写文章，大家也都会选择文学，没有人选择语言学。当时厦门大学的洪笃仁先生（《汉语大词典》的副主编之一）、黄典诚先生的语言学研究造诣较深、知识面广，对我们也很有影响。洪先生出题的论文要求较高，由于平时重文学，所以同学们面对论文题目，都不愿选择语言的论题做论文。当时我是学生干部（校学生会副主席），又是班里仅有的两名中共党员，要起带头作用，别人不愿意做的，我们来做。所以我和郑文贞都选了语言题目。他的论文题目好像是修辞方面的，我的题目是《从汉字形、音、义的矛盾看文字改革的必要性和可能性》。还有其他两三篇语言学题目，如毕业后分配到中山大学，后来又调到暨南大学的陈垂民教授做的是现代汉语语法的题目。没有想到的是我们以后所走的道路与大学期间做的这些论文题目很有关系。说实话，那时候我对语言学研究是不懂的，读书也不多，为了完成论文，于是整天泡在图书馆、阅览室，特别是星期天，查阅了大量的资料。那时候有关文字改革的著作比较多，报纸、杂志上发表的相关文章也很多，条件相对较好。在很短的时间里，大约也就是两三个月的样子，看了不少有关的书和资料，思考了有关问题，最后按洪笃仁先生原定的题目写成论文，被评为优等。论文原稿至今还保存完好。

事实上我的学术背景还是汉语口语和汉语方言。大学毕业以后我留校部做干事，同时担任中文系主任林莺教授的助教，辅导民间文学课。尽管这与后来的语言学研究有距离，但这段经历对我以后的方言研究是有帮助的，可以说是打下了一个无形基础，因为民间文学所接触的民间文化很多、很丰富，与方言有密切关系。在厦门大学工作一年后被调到中国科学院语言研究所。当时罗常培先生任所长，吕叔湘先生任副所长，主持日常工作。吕先生安排我和龚千炎当王力先生的助手，跟王先生学习、研究古汉语词汇。王先生那时兼任语言所的研究员，他具体指导我们研究《论语》词汇，并安排我们在北大中文系进修。几个月后，教育部与语言所合办的“普通话语音研究班”第三期开学，吕先生在征得王力先生同意后，调我们回所参加语音研究学习。我之所以说我的学术背景是汉语口语和汉语方言，是因为在这段时间我接受了语言学的严格训练，而且从此逐步确立了学术研究的方向。当时给我们上课有很好的老师，丁声树先生教我们音韵学，李荣先生教方言调查，徐世荣先生教北京语音，周殿福先生教国际音标，这些位先生都非常尽心，整天都住在研究班教我们。还有两个师资很强的辅导组，比如方言音韵组，有侯精一、张盛裕、金有景、高玉振、白宛如、钱曾怡等，北京语音辅导组有孙修章等。除此之外，经常来讲课的还有吕叔湘先生、朱德熙先生、张志公先生、吴宗济先生等。那时候我们几乎没有休息日，差不多每天都从早到晚接受语言学的严格训练。学习结束后，我被派到方言研究组，跟随丁声树先生、李荣先生学习调查研究方言，从这时起真正开始了汉语方言调查和研究。主要是参加昌黎方言调查。李荣先生认为我是福建人，要想把方言研究好，首先要把自己的母语研究好。他要求我调查研究闽南话和福建方言。那时正好全国进行方言普查、整理，要对已调查的方言材料进行复查，并编写方言概况，我参加福建的这些工作，于是就有机会深入闽中、闽北，在一些县里调查复查方言，并参加编写《福建省汉语方言概况》。方言调查研究，既要研究、分析方言，也要接触了解社会，所以说方言调查研究成为我以后研究社会语言学很重要的一个基础。在这个过程中，我对口语研究也产生了兴趣，因而写了几篇口语方面的文章，如《谈谈口语问题》，以及关于语言美问题的文章，还有1983年在《中国语文》发表的《略论汉语口语的规范》，较早提出了汉语口语的规范及普通话水平分等级的观点，等等。以上这些都是我进行社会语言学研究有利的方面。研究方言首先要进行方言调查，在调查的过程中又要了解当地的人文历史，以及相关的地域文化。方言调查中自然要接触社会，并研究方言变化与社会变化的关系。口语也是一样的，口语是语言表达的重要形式，与社会生活关系密切，口语变异现象非常丰富，这些与社会语言学的研究重点，即语言与社会的共变关系是相吻合的。这些对我研究社会语言学都是非常有利的。

二、我是怎样对社会语言学发生兴趣的

本来我对社会语言学一无所知，虽然读过一些国内有关社会语言学的著作和书，比如罗常培先生的《语言与文化》、赵元任先生的《语言问题》、陈原先生的《语言与社会生活》等，但是读得都不深入。70年代末80年代初，改革开放以后各学术领域蓬蓬勃勃地发展起来，那时在语言所和《中国语文》杂志工作，阅读了国外语言学资料与其他杂志上介绍社会语言学的文章，还有祝畹瑾先生翻译的国外社会语言学的论文，包括她编辑的《社会语言学译文集》。我一看到这些文章就非常感兴趣，不自觉地接受社会语言学的吸引力。由于当时的外文资料很少，加上我的外语水平受限制，不能读原著，因而凡是看到有关的翻译资料都借来阅读研究。深深感到社会语言学是研究语言与社会及文化的关系，是研究社会语言变异现

象，它是很有活力很有发展前途的学科。前面已经讲过，我从小关心社会，个人经历中接触社会也较多，长期以来比较关注方言与口语的研究，在研究过程中，深深感到我国的语言与语言生活丰富复杂，社会语言的变异多种多样，可供研究的课题很多，因此我不自觉地喜欢了社会语言学。

社会语言学的涉及面很广，有宏观社会语言学，也有微观社会语言学，有理论社会语言学，也有应用社会语言学。我本人对两个问题比较关注，就是社会语言变异和语言规划。之所以对这两个问题感兴趣，与我的工作和个人兴趣有关。社会语言千变万化，而我平时较关心社会语言的使用和社会语言的问题，因为我一直认为研究语言主要是为了更好地使用语言。从事社会语言的研究其目的也是更好地使用语言；而语言的使用有各种各样的变化与差异，这就必须进行很好的研究与规范。因此我很关注语言变异与语言规范，在这方面写了一些东西。

20世纪80年代初，我参加关于语言美的活动，并就这方面写的几篇文章就是受这种思想的支配完成的。还与于根元合写了《语言美和精神文明建设》的小册子，罗竹风先生在作序的时候评价说这实际上是一本普及社会语言学的书。在调查研究方言的时候，比较早写的与社会语言学有关的，是1982年与李如龙合写的《碗窑闽南方言岛二百多年间的变化》。那时我同李如龙去福建宁德调查方言，也想了解那里的畲语情况，一个偶然的机会我发现了碗窑闽南方言岛这个值得研究的课题。那时正值春节，我在去参观军港的码头，听到一个小学生说的方言不是当地的宁德话，而是闽南话。就问这个小学生怎么会说闽南话，是不是从闽南来的，他告诉我他们全村都是说闽南话的。当时我就猜测可能是由闽南移民形成的方言岛。于是第二天我先去村里做调查。村子很大，村民大都是从闽南的南安和永春一带来的移民，大都以烧制陶瓷为生，几乎都说闽南话。大家知道闽方言之间的差别是很大的，方言与方言之间不能沟通，闽南话与属于闽东话的宁德话也不能通话，但是这个地方的人们语言能力很强，与当地人基本可以达到沟通的目的。这除了他们学习当地宁德话的原因外，还可能自己的方言已受当地方言的影响而发生变化，后来的调查结果验证了我的猜测。发现碗窑话的语音、词汇系统，特别是韵母和常用词汇的变化很大。就韵母说，年轻人比老年人可能少20多个韵，初步分析与语言的社会应用有密切关系，于是用碗窑话与泉州话的韵书和地方戏曲脚本相比较，发现碗窑地方老一辈人所使用的闽南话比二百多年前的泉州话还要古老，而青年一代的碗窑话发生了很大的变化。一般来说，语言迁移离母地越远，可能保存母地语言的成分越完整，如闽方言在语音方面，粤方言在词汇方面保存中原地区和中古时期的语言成分最多，就是因为离母地远了，母地语言已经发生变化，而迁移的语言受到这种变化的影响较少。当然，在语言的演变上，有些相关的理论可以进一步探讨。我想通过这个例子说明有关碗窑方言岛的研究看似是方言研究，实际也是社会语言学的研究。

后来我又写了一些社会语言学方面的文章。比如《汉语的人名和人名用字》、《略论汉字与汉字文化的关系》、《方言与民俗》、《语言变异与社会及社会心理》、《四代同堂的语言生活——陈延年一家语言使用的初步考察》、《叫卖语言初探》等。《叫卖语言初探》这篇文章是在北京、天津、上海、武汉等地录制叫卖声的基础上做了一些初步的分析后写成的。叫卖语言是一种单向的言语交际，属于社会语言领域的语言研究，过去没有人从语言学角度涉猎这方面的问题。之后，我同胡士云、徐幼军合写了一本研究叫卖语言的书稿，初步探讨了叫卖语言的特点与规律。1998 年，我与许嘉璐先生主编“语言文字应用研究丛书”时要收这本书，但是我自己对它不太满意，觉得书稿有点高不成低不就，要改得好一些，恰逢那时我身体不好，没有修改完成，所以这部书稿一直没拿出去出版，作为未刊稿保存，等以后再说。叫卖语言是一种领域语言，应当对它进行深入的研究。当时有人批评我，不对当务之急的问题进行研究，而去研究叫卖语言是不务正业。听了这些批评我不服气，认为这是对这个研究的价值不了解，对领域语言研究的不理解。近期还写了《略论我国新时期的语言变异》等文章。我总认为，研究语言是为了丰富和发展社会语言生活，在调查研究叫卖语言时也有这种思想。

三、我研究社会语言学的几点体会

首先，研究社会语言学要关注、研究、借鉴国外社会语言学的研究成果与理论方法。社会语言学作为独立完整的学科，是从国外引进的。尽管国外的社会与社会语言生活和中国社会与社会语言生活有很大的不同，但总有某些共同的规律可循。不仅过去对国外社会语言学的理论方法学习、借鉴，今后还要不断地关注、借鉴。当然，这种借鉴要有研究的基础。目前我们的研究存在一个误区，有一种盲目迷信国外学术的倾向，对国外的理论与方法研究不够深入，而是生搬硬套。有些借鉴国外理论、方法的研究性文章内容空空洞洞，让人读来如坠云雾之中，表面上很唬人，但不解决问题，因为没有立足于中国社会和社会语言生活的实际，这对我们的学术研究与学术发展是很不利的。现在我们对国外的研究不够，甚至介绍也不够，也就不可能真正消化、借鉴它。吸收国外学术有用的成分，这应该是我国社会语言学研究的一个重要课题。当然国外的社会语言学理论方法不断变化，总是花样翻新，并非所有国外的东西都有价值，社会语言学也如此，如国外的阶级、阶层理论，有的对我们就不适用。我们在引进、借鉴国外社会语言学成果、理论时，需要进行认真研究与鉴别。

其次，也是一个重要的问题，即我国社会语言学的发展，应立足于国内社会语言与语言生活，随时观察研究社会生活与语言生活的实际，而且要经常化。这种观察能力的培养也是一种个人研究能力的培养。要不断地创新，捕捉社会语言生活中的各种现象，进行调查研究，这样才会有心得、有成果。这个说起来容易，但做起来较难，要从年轻的时候就注意培养。尤其是现在，我国处于社会转型时期，社会生活变化很大，社会语言资源丰富，可供社会语言学研究的问题非常多，如语言生活的变化与语言问题，城市社会方言问题，农村城镇化的语言问题，西部大开发的语言问题，农民工进城的语言问题等。调查研究这些问题，可以对了解、解决社会问题提供帮助。对这个问题的认识可能与我本人比较关心社会且热心社会工作有关，我总不愿意把自己囿于一个狭隘的小圈子里。例如，几代同堂是我们中国家庭生活的传统模式，我们一直关注几代同堂的语言生活，1989 年也写了一篇《四代同堂的语言生活——陈延年一家语言使用的初步考察》的文章，由于当时没有更多的精力进一步进行调查研究，这个问题只能摸一下就放下了，如果有精力的话，这篇四五千字的文章可以做成一篇很有价值的大论文。那时我在闽北调查方言，有一位发音人叫陈延年，他是小学教师，会讲普通话，也会讲闽南话，还会说属于闽北方言的当地顺昌话，他家里的人会说好几种话。对他家的语言生活进行调查后了解到，原来这位教师的家庭关系比较复杂，语言生活非常丰富。他们村里大多数人家是从闽南搬来的，家里的老爷子本人只讲闽南话，而且严格要求家人在家里使用闽南话。老太太是当地人，在老爷子占家庭核心地位的情况下学习使用闽南话。第二代有三个儿子，三个人的职业分别为小学教师、生意人和农民。三个儿子在家讲闽南话，平时与当地人交流都用当地的顺昌话，外出时也说普通话，大儿子还会福州话。三个儿媳的情况比较复杂：一个是福州人，娘家经济比较好，本人又有文化，她会说普通话、福州话，也会说闽南话，同丈夫、儿子一般说福州话，同公公婆婆说闽南话，同其他人一般说普通话；一个是江西人，娘家较穷，本人没有文化，在家中一般说闽南话，也会顺昌话，从不说江西话；一个是当地人，在家中说闽南话和顺昌话。第三代的语言使用情况更为复杂，但总体是讲普通话较多，顺昌话和闽南话必要时使用，可以说是一个过渡代。第四代则基本上是以普通话为主了，而闽南话仅懂一点，同爷爷奶奶交谈时勉强说说，有时还会夹用普通话。就是在这样一个语言环境复杂的大家庭里，语言交际却是自如运转的。各代使用语言的情况不一样，但可以说闽南话与普通话是势均力敌的，普通话正逐渐成为家庭中的第一语言。如果在他们家庭聚会时，去观察这一家庭的语言使用，一定会发现一些有价值的社会语言学问题。比如复杂的语码转换、语言变异现象、语音混合、词汇语法混用，以及语言交际、语言变异与话题、语境、场合、对象的关系等等。《四代同堂的语言生活——陈延年一家语言使用的初步考察》的研究可以说是为研究方言复杂地区的家庭语言生活摸索路子，即观察社会生活与语言生活的变化趋势，并进一步思考研究社会语言问题。在观察时要善于考虑怎样进行研究，研究哪些有价值的问题。观察研究需要多方面的知识支持，包括语言学、社会学、文化学、心理学等等。只有具备较丰富的专业知识和相关知识，才有可能发现有研究价值的社会语言学问题。

第三，研究社会语言学需要具备较丰富的社会与相关学科知识。知识越丰富，研究的领域越广阔、越深入。这里讲的相关知识，不仅包括语言学理论知识，还包括社会学、社会心理学、文化学、哲学、政治学等理论知识。各方面理论知识修养的高低，对社会语言学的研究创新起很大作用。

最后一点，社会语言学的研究范围是相当宽泛的，研究应当抓住重点。每个人的视野、精力和能力是有限的，因此我主张集中精力深入地研究一两个有理论意义与实用价值的社会语言问题。这种相对集中的研究，可以做出扎扎实实的成果，要比宽泛的什么都研究更有价值。例如国外微观社会语言学的代表人物拉波夫，主要抓住了城市社会方言变异来研究，取得很多有价值的成果，并提出不少重要的理论，对社会语言学的建立和发展做出巨大贡献。而宏观社会语言学的代表人物费希曼主要就语言规划这些专题进行深入的研究，成就也很大。

四、我学术研究的局限性及研究中需要重视的几个问题

首先，我的知识结构不够完整，没有受过严格的社会语言学训练，社会语言学理论准备不足，对社会语言学的重要理论、方法的研究、借鉴不够。

其次，是受到外语能力的局限。我虽然学过英、俄、日三种外语，但是没有一种能自由运用，不能自由阅读。当时受到特定历史条件的限制，新中国成立前学习英语，新中国成立后认为英语是资本主义语言不教了，所以没有继续学。大学及工作后学习俄语，有点起色，能够阅读翻译一般专业著作，又赶上中苏关系恶化，俄语又不用了，久而久之也就丢得差不多了。后来改学日语，能看一般的书报，但碍于面子不肯张口说，口语表达不太行，所以也没有达到自由交流的程度。最重要的是当时社会不需要外语，自己又缺乏远见，外语没有掌握好，研究工作自然受到局限。你们年轻人处于一个开放的社会，交流的机会很多，外语一定要过关，而且尽量多掌握一两种外语。所谓过关就是听说读写都要达到一定水平，最好能自由交流。老一辈学者中有些外语就很好，所以他们能学贯中西，在学术研究上自由飞翔。陈原先生不是学语言学的，他之所以在社会语言学的领域有所建树，很重要的是他的外语很好。加上他的社会知识、文化知识丰富，学术功底深厚，且善于思考，将各学科的知识融会贯通、活学活用，因此才会在引进、建立社会语言学方面做出重要贡献。我讲这些话就是希望你们年轻人一定要丰富自己的知识，重视综合能力，特别是外语能力的训练与培养，这样才能够在学术领域里自由飞翔！

第三，要注重社会语言学的量化研究和分布研究。社会语言学是研究语言与社会的关系，社会有不同的群体，不同群体使用语言会有所不同，语言变异的分布便不一致，这就需要更多地使用定量统计分析的方法去研究语言变异的分布。在我的文章中，虽然也有一些定量的分析，但都不是严格意义上的定量统计分析。因而我要求我的学生要掌握这一研究方法。抽样调查的方法也是多种多样的，比如有随机的，也有非随机的调查。1995—1996年我曾经主持搞过当代语言生活调查，就是按严格的社会语言学随机抽样的调查统计方法，是由专家进行设计的，做了一些准备工作和初步研究，后来因为各种原因而停止，深感遗憾。好在后来国家语委报请国务院批准，在全国范围内进行语言文字使用情况调查。这项调查严格按随机抽样方法进行，获得大量宝贵资料和数据，有很大的意义。我们的研究并不要求所有的都要进行严格的统计学的抽样调查和分析，但是进行社会语言学研究对定量的分析一定要重视，要用数据说话，这是最有说服力的。现在的社会语言学研究学者，最好还能懂得高等数学、统计学，特别是会设计适合社会语言学调查统计需要的程序，这样会大大提高我们的研究和工作效率。

还有一条，就是对重要的外国名著进行深入研究。在这方面我是很不够的，你们一定要熟读本学科的重要论著，而且一定要读透。这一点上，吕叔湘先生和丁声树先生对我的影响最大，他们是我接触最多的两位先生。读书分几类，一类是为了浏览读的，主要是为了扩充知识，熟悉资料，这类的书比较多，读的量要大。另一类是重要的专书，这类的书要熟读，要读懂。所谓读懂就是要能悟出书中的奥妙来。吕先生、丁先生读过的书总是在书页空白处批注得密密麻麻的，标注哪些是重要的、有用的，哪些是用处不大的，哪些应该借鉴，自己对书中观点、材料的看法。在“文革”的时候，有人批斗吕先生说他崇洋媚外，重视外国的结构主义等西方的理论，要他批判这些理论。他回答说：我研究还没有研究好，怎么批判它？先得研究它，弄懂它，知道它有什么错误，怎么错误。吕先生的话很有道理，大家都非常钦佩他在那个特殊的时候敢于讲真话。

再补充一点，做研究要严谨。大家知道丁声树先生学贯古今中外，但是做文章时，却不像现在有些人所说的那样“高产”。他常对我说：“读书要研究书中的价值所在，知道自己在这方面该做什么；读一本书要能对该书之说补充一点有用的，这也是好的，但不能空谈。”在这方面丁先生对我的影响很大。有人批评丁先生不写东西，他并不回应这些批评与指责。一次有机会跟他谈起此事，他才解开了我心中一直存在的疑惑。我问他：“您是大学问家，为什么不大写东西？”他叹口气对我说了一句话，“章太啊，你不懂啊，写文章，难啊！”后来慢慢地在实际研究工作中才体会到他这句话的深意，写文章确实不容易，写好文章更难，先生的一句话让我受益终生。丁先生写东西在动笔行文之前，总是要做大量的调查研究工作，把与文章内容有关的问题都弄清楚才动笔。有时为了写一篇三四千字的小文章，他的背后资料要有几万字。吕叔湘先生治学也非常严谨，他在语言所常说，年轻人到所里工作，应该先到《中国语文》杂志工作一段。那是非常实际的工作，很能锻炼人。在编辑工作中会发现许多值得研究的问题，发现问题就得去解决问题，这对今后的研究工作大有帮助。在《中国语文》杂志社时我任副主编，每期出刊的时候我总是提心吊胆的。每一期文章在认真编辑后都要送给时任主编的吕先生审阅，有时不免还会有这样或那样的问题，吕先生看得很细，连一个标点符号也不放过，发现问题立即严厉批评、指出。我们现在的年轻学者应当继承这些优良的治学传统。

语言文字应用研究所口述历史

——访陈章太先生

郭龙生　李　桃　常文斐

编者按：2014年，适逢语言文字应用研究所（以下简称“语用所”）成立30周年。为了梳理30年来的学术研究之路，总结办所经验和不足，更好地面向未来，所领导决定展开对语用所的老领导和老专家口述历史的研究。8月13日，郭龙生、李桃、常文斐访谈了语用所原所长陈章太先生，以下是陈先生以第一人称讲述的访谈稿。本稿根据录音整理而成。

我在语用所待的时间不短了，是语用所的一员，所以说一点有关情况。语用所是1984年成立的，今年正好是建所30周年，值得我们很好地来庆祝。语用所的成立和发展不仅是国家语委和相关部门的重要事情，也是语言学界和语文战线、社会语言生活中的重要事情。它标志着我国语文现代化、科学化和应用语文学科的新发展，表现出语言研究、语文工作与国家、民族社会和各项事业发展的密切关系，越来越受到国家和社会的重视。作为在语用所工作的成员之一，我感到高兴、激动和欣慰，祝愿语用所越办越红火，在实践中国梦和语言梦当中，发挥应有的正能量。下面就讲一些和语用所有关的情况和问题。

一、我和语用所的关系以及语用所的工作情况

可以说我的后半生与语用所息息相关，有着紧密的关系。这种关系是工作关系、事业关系、情感关系，也是一种缘分。

1983年，我从中国社会科学院语言研究所调到中国文字改革委员会，负责文改会及后来的国家语委的日常工作，直接参与了语用所的筹办和建设，承担着语用所前期的责任。我自己认为，在工作和科研中，我还是尽心尽力的。直到20世纪90年代后期，大概是1996或1997年吧，当时我应该办理退休手续，但是一直没有人通知我，所以到那个时候还一直在工作。那时我已经60多岁了，我是1931年生人。退休以后，人事关系离开语用所，编到了教育部的老干部局，但是我的心从未离开，对外也常常用语用所研究员的名义。长期作为一名老志愿者、编外人员，为语用所做些力所能及的小事。尽管不是什么大事，对语用所也多少有帮助。但是所里一直对我都很爱护和关照，这使我很感动，深深地感受到了语用所这个大家庭的温暖。而我也把语用所作为我的精神支柱、心灵家园和事业的园地，因为我从中得到了关爱和支持，并且得到了很好的锻炼。在为人处事方面，更加坚定了做老实人、办实在事和宽以待人、严于律己的人生观念；在治学、写作上开阔了视野，拓宽了领域，夯实了基础，提高了水平，严谨了学风，收获了成果。所以在语用所这么长时间，从实的到后来的虚的，我可以说是收获很大，很受教育。二十多年来，我主要的论文和著作，绝大部分都是在这期间完成的。

语用所的建立和发展是集体智慧的结晶和辛劳付出的结果。从上到下，有许多人参与了这个所的筹建、发展和建设等多方面的工作，我只是这个集体中的一个成员，在语用所成立和建设的前期做了一些实事。现在回过头来再看往事，那时有些工作还是没做好，有些事情考虑得也不够周到和严密，给后来留下了一些困难和遗憾。这些问题和遗憾有以下几点：

第一，语用所成立以后，当时想申办硕士点和博士点，为此我们前期做了许多筹备的工作。我这里有一些原始资料，比如申办计划、申办文件和附件。但是有些事情做得不够细致，不够周密，原以为只是把这些文件准备齐了，报送学位办就可以了，没有进行更多更细致的后续工作。审查讨论的结果是只通过了我们所的硕士点。据说博士点只差一票没有通过。这不能不说是一个很大的遗憾，也给后来的工作造成了一些困难。

第二，没有跟有关部门极力地争取语用所高级职称的评审权，所以语用所至今没有高级职称评审权，我们还得依附于其他单位。对于研究所来说，这是很不利的。尽管其他单位也给予了我们很多的支持，但毕竟不如我们自己有这种评审权，因为那样做起事来会顺当一些。

第三，普通话培训测试中心原来就属于语用所，后来划归国家语委，现在又并入了语用所。2001 年新语用所组建时，《语言文字应用》杂志社、普通话测试中心和老语用所三部分合并在了一起。当时在成立普通话测试培训中心的时候，曾考虑建立一个普通话培训基地，同时也为语用所开展学术活动的方便而建立一个语言文字应用活动基地。申请时是以普通话测试基地的名义向有关部门申请的，头两关都比较顺利，财政部也准备立项并拨款。但是我们把问题想得过于简单了，没有抓得更紧，没有做更细致的工作，结果是财政部说国家经济暂时发生了些困难，新建的一些设施暂时停止。原来连基地的选址、规划等都做了，结果只差半步事情没办成。直至现在我们也没有自己的培训基地，如果办培训班还得到外面租场地。这直接影响了工作。这几项的缺失，严重影响了语用所的建设与发展，特别是影响了人才的成长、选拔和培养。

还有一点重要的缺误和遗憾，就是语用所成立时在行政上一直依附于国家语委机关，当时为了减少语用所的负担，行政管理由语委机关来承担，所以语用所没有一套完整的管理体制，特别是行政管理体制很不健全。以至在相当长的时间里，语用所没有人事权、财务权，也没有外事权。若要请一个外国学者，或派人出国交流，都很困难，科研管理也不够完善。

对这些缺误和遗憾，在那个时期，我是负有一定的责任的。语用所的所有重要问题，都是党组多次研究过的，但是，我作为一个具体办理人员是应该负有一定责任的，对此我深感遗憾和内疚。

二、语用所的创办情况

1983 年开始筹备创办语用所，1984 年第二次党组会议上讨论了关于语用所筹备的工作，向社科院党组报告、请示（文改会的行政、党务、人事等都由中国社会科学院代管，但业务上是独立开展工作的）。当时讨论的事情，现在还有文件保存着，如第十个问题：

语言文字应用研究所筹备工作正在运行，目前正同社科院党组商议该研究所的领导关系、编制、经费等问题。这是给院党组写的专题报告。拟申请编制 100 人，今明两年达到 60 人，以我会现有的处室为基础，进行筹建。今年的经费由我会和社科院共同提供，其中要求院部提供15万元作为开办经费，以后的经费希望主要由院部提供，其余由文改会来承担。语用所业务人员希望院部能够帮助解决，拟通过院部向国务院学位委员会报告，要求批准我们招收研究生，如获批准，明年拟招收15名左右研究生。

关于招生的计划、考题、参考书籍的提供，包括审查、通过、录取等准备工作，都有详细的资料。这个报告还有其他一些重大事情。其实很早的时候就提出来文改会要成立一个宣传服务部，对外叫社会服务部，编制、经费等都列入了计划。还想成立民间学术团体“文改促进会”。这些工作也是从1983年就开始筹备了。

当时为什么想成立语用所呢？缘由是什么呢？主要有以下几点根据：(1)国家提出政府决策要讲究科学化，讲究高效率。当时正是改革开放初期，又看到除了专门的研究机构中国科学院、中国社会科学院，还有其他各部委等相当多的部门都设有研究机构。当时的国家计委、科委都有研究院或研究所，甚至有些小的部门也有研究所。所以我们考虑如果文改会要进一步发展工作的话，有加强科学研究的需要。(2)直接的依据，当时正在酝酿文改会的定位和改名的问题。胡乔木同志作为中央意识形态的主要负责人，他对文改工作以及后来的语言文字工作是相当内行的，是一位大专家。他当时给文改会的定位是：要有科学研究做基础支撑，是讲究科学性的一个政府行政权力机构。这就明确提出当时的文改工作要加强科学研究，这是最主要的一个原因。(3)我们过去传统的语言学主要是研究语言本体，即语音、词汇、语法等，对语言应用的研究也是存在的，如词典编纂等，但没有给语言应用研究以更重要的地位。改革开放后，国际上应用语言学兴起，发展得比较快，应用语言学逐渐被引进中国，因此当时想到要筹建一个应用语言学研究所。这是最重要的缘由。(4)考虑到原来文改会也做了许多研究工作，有个研究部，许多文改工作的领导者都是这方面的专家，比如当时的行政负责人胡愈之、吴玉章等，负责具体工作的叶籁士、倪海曙、周有光等都是很有研究的。除了一批老专家外，还有一批中青年的业务骨干，因此是有条件来成立这个研究所的。

研究所的创办目的和宗旨比缘由还要具体些。在党组讨论和具体执行时，对办所目的与宗旨心里是比较明确的，并在后来由社科院院部转报给国务院的报告中明确表述为："要加强文改工作以及后来的语言文字工作的科学研究，为国家制定实施语言政策和加强社会语言应用管理，以及语文现代化、规范化，语言生活健康和谐发展服务的大局。"这一宗旨，从文改会的领导、代管单位社科院的领导，到国务院的批示都是非常明确的。

在建所的过程中，参与的人员很多，最重要的是胡乔木同志一直支持这项工作。当时他是中央政治局委员、书记处书记，有关这方面的工作经常与他联系，他也发表自己的意见。(国务院)常务副总理万里同志和胡乔木同志就这方面的问题随时通气。所以说胡乔木同志是很重要的人物。吕叔湘先生是社科院语言所原所长，胡乔木同志、社科院党组书记梅益同志对吕先生非常尊重。还有一位是朱德熙先生，也很重要。我那时和朱先生关系不错，经常向他请教事情。另外还有胡明扬先生。筹建语用所时我与朱先生和胡先生讨论过多次，他们一直很支持。至于会里，从党组领导到主任、副主任都很支持，意见很一致，所以说语用所的建立和发展是集体智慧的结晶，是大家辛勤付出的结果。

关于研究所的名称，最早我提议的是"应用语言学研究所"。

我的思路是参照中国科学院一些研究所名称的设置，他们有数学研究所，好像还有应用数学研究所，我在中关村时看到有应用化学研究所、应用物理研究所，后来可能改名或跟半导体所合并了。50年代中科院有上百个研究所在中关村那一片。再有当时的背景是应用语言学开始引进来了，一个“语言研究所”，一个“应用语言研究所”，两者是可以互补的。这个研究所虽然要以语言本体的研究做基础，但不着重于研究语言本体，而立足于研究语言应用。当时应用语言学还不是很普遍，所以乔木同志不同意。他说，中国应用语言学还不是太普遍，我们中国过去有应用文，用起来可能会有歧义，会让人以为应用语言学就是搞应用文研究的。吕先生开始建议，用语言规划或语言规范来命名研究所。50年代，乔木同志主持写的一篇人民日报社论《正确地使用祖国的语言，为语言的纯洁和健康而斗争》，那里面的主题就是加强语言规范化。当时语言计划在国际上作为一个术语已经通行了，开始时语言计划比语言规划用得还多，所以他认为可以用语言计划或语言规划研究所，这样学术上更接近一些。经过好几个回合的讨论、磋商，为这个事情我跟吕先生请教至少三四次。直到乔木同志当时生病住在305医院，还在讨论这个问题。最后还是吕先生提出来的，说不行就把它倒过来用，咱们叫“语言文字应用”，把“应用”放在后边，作为我们的特色。这个比较实际一些，几个方面的问题都可以避免，后来大家也就都没有什么意见了。所名决定了对学科的发展，也决定了我们对一些问题的认识。吕先生特别提了说要有中国特色，“应用语言学”变成“语言文字应用”，加上了“文字”，因为汉字的问题在中国很重要。中国历史上比较重视书面语的研究，对口语的研究比较晚，所以强调一下也很好，而且跟后来新时期的语言文字工作方针任务也相吻合。

关于研究所的机构设置，基本设想是设立两个核心研究室，一个是汉字研究室，一个是汉语拼音与普通话研究室；这是文字改革的基本任务所要求的。既然定为语言文字应用研究所，就要考虑突出应用，考虑发展应用语言学的学科，所以你们来时有语言应用研究室，还有社会语言学研究室。当时社会语言学也已经逐渐热起来了。我在语言所的研究对象主要是汉语方言学，到这边来之后结合工作，同时也考虑到国际语言学界的新发展，所以逐渐扩大到了应用语言学和社会语言学，并对社会语言学更有兴趣一些。当时请陈原先生过来兼所长，因为他是社会语言学第一本著作的作者，所以他在社会语言学研究室。社会语言学研究室年长的有陈原同志、王均先生，我和陈建民年轻一点儿，算中年吧，对这方面也有兴趣。当时还有语言信息处理研究室，刘连元当主任，还有方世增，后来又把冯志伟老师从科委请过来，他在这方面是有基础、有影响的。刘连元在语言所是搞机器翻译的，也有条件。后来又增设了情报资料室、语言教学研究室。最早的机构设置大概就是这样。领导班子的确定也是经过党组反复磋商研究的，又请示了院部，乔木同志也发表了自己的意见。陈原先生兼所长，他比我大十来岁，还兼着文改会的领导，所以所里的具体工作由我来负责。当时党组讨论还包括研究室主任的确定等。

关于研究所的队伍组建，最早我起草给院部党组书记梅益同志的报告里提出由三个部分组成。首先是原来文改会的业务人员，包括一批老专家和一些业务上比较好的中青年研究人员做基础。其次是请社科院支持，从语言所调过来五六个人。再次就是跟教育部和有关部门协商从其他单位调来的对语言文字有研究的专家和业务骨干，这些人中包括陈原先生、王均先生和曹先擢。曹先擢在北大中文系已经是教授了，并且兼任总支书记。他本人愿意过来，但学校不放。最后我们通过中宣部与北大协商，说要加强这个方面的工作，请他们多支持，他们才肯放人。还有刘照雄、龚千炎和于根元。龚老师原先是语言所的，后来到安徽师范大学去了。我和他一起在《中国语文》杂志社工作了很长时间，他在语法研究方面是很有成就的。于根元也是从语言所过来的。还有李行健、冯志伟、佟乐泉。这三部分人组成了语用所的研究队伍。当时还有一些年轻人，后来招的第一批研究生有不少人毕业后留在了语用所，这些人当时是最年轻的。这样语用所就有了三四十个人了，已经是很不错的了，而且这个队伍老中青搭配得还比较整齐。

关于经费来源问题，当时我们跟社科院商量请他们先支持一部分开办费，申请了 15 万(元)，文改会也给了一部分钱。当时文改会自身的经费也很困难。我刚到文改会来的时候，全年的经费才 35 万(元)，因为当时文改会刚刚恢复工作不久，后来又撤销了。班子重组后刚恢复工作，我们和副秘书长张亢臣到财政部跑了几趟，第一期经费增加了 60 万(元)，最后扩展到 200 多万(元)。语用所的经费主要是社科院支持一部分，文改会承担大部分。虽然不很富裕，但还过得去。有时候还能拉来点儿课题，比如我们申请了一个"七五"规划项目"北方话词汇调查"。那个项目作为国家重大课题，当时给了将近 8 万块钱。那时 8 万块钱虽然不算少，但工作开展起来以后，业务量很大，经费是根本不够用的。当时研究人员没有什么劳务收入，基本都用在研究资料、研究器材上了。

语用所的研究任务当时比较明确，就是继续开展文字改革工作，继续进行汉字简化、普及汉语拼音、推广普通话和加强语言规范化。这是基本的研究任务。同时依据建所宗旨，要发展语言文字应用研究，包括信息处理。还有一项很重要的研究内容，就是规范标准的研制，主要做规范标准制定前期的相关工作，为制定规范标准提供依据和参考。另外还参与了包括开展语言调查、应用语言学调查等相关研究工作。

办研究所就应该创办学术刊物。创办所刊的时候也是比较困难的。我跟于根元老师好几次去找新闻出版署期刊司的司长张伯海，他是我在语言研究所时的同事单耀海的同学，单耀海先和他打过招呼，我去找过他两三次。因当时期刊收缩，在整顿，重新申请期刊不容易。跑了三四次后，于根元接着跑，后来就创办了《语言文字应用》刊物，与所名结合在一起了。一开始考虑要不要加“研究”二字，加上则学术性强些，因为很多研究所的学术刊物特别是社会科学类的基本都加“研究”，像《哲学研究》《文学研究》等，最终因觉得名称太长就没加。没加“研究”二字其实还有一个暗含的意思，就是《语言文字应用》需要普及应用语言学方面的知识，满足社会对语言文字应用的知识的普及需求，这个杂志兼有提高和普及的任务。在普及方面，还有与普及相关的语言文字政策的宣传、落实与推行等任务主要由国家语委主办的《语文建设》来承担。两个杂志的分工相对明确。

关于语用所的学术活动，最重要的一个就是学术研讨，要有学术风气，要活跃学术研究，还要举办学术讲座，请一些有研究专长的人来讲讲他们的研究心得和研究成果，发表见解。再有一个就是全国性的专业学术会议。全国性的学术会议主要由研究所来举办，其中有语言文字应用学术研讨会，这个会最早是在国务院西山招待所举办的。会后出版的论文集厚厚的，很有分量。参加会议的包括欧阳中石、康殷等很有名的书法家。欧阳中石还给我写了几幅字，我现在还留着他们的墨宝，现在都成了文物了。启功也来过一次。王力先生、朱德熙先生、胡明扬先生、胡裕树先生、张斌先生，那个时候还算年轻一点儿的像徐通锵等，都来了，所以那个时候比较热闹。这个研究会一直延续到现在，学术影响不断扩大。“中国应用语言学会”也在那时筹备成立了，并推选我为会长，副会长、秘书长都定了，秘书长是佟乐泉。当时我们把申请材料送到民政部，后来许嘉璐先生、靳光瑾也跑了不少次，但是好长时间没办下来，所以再办会时就加上了个“筹”字，以至于有人开玩笑说我是“伪”会长。成立学会的目的是扩大学术活动的影响，促进应用语言学研究，同时带有学术普及的目的。当时的会议还有全国社会语言学学术研讨会。这两个研讨会一直延续到现在，再后来还有语文现代化学会。另外一个就是国内外的学术交流，这方面咱们也做了一些工作，但是一直开展得不够理想。

语用所成立大会有许多人参加，很隆重，而且领导也给予了很大的支持与鼓励，这与我们得到了社会的认可与支持是分不开的。

三、跟所里业务相关的几件事情

一是选题和研究课题的确定问题。这是办所以后就考虑到的很重要的问题。这对研究所的建设发展是非常重要的。这个所办起来能否对国家和社会有所帮助，能否为国家和社会服务，研究选题的确定非常重要，而且选题的确定一定要遵循办所目的和宗旨。体现出对国家的相关决策、有关具体的语言政策等的制定与实施以及语言应用有帮助的重大课题，我们都应该给予优先安排。

有鉴于此，最开始确定的有几项，如语言应用研究室对语言文字应用、社会应用进行调查，跟后来语言使用的调查不一样。当时就是一般的调查，看看社会对语言文字应用要求的是什么。

社会语言学研究室当时确定了一个北方话词汇调查的课题。这个课题不光作为所的课题，还作为社科院的重点课题，作为国家的社会科学基金的重点课题。汉语普通话的语音是依据北京音系，那个很明确，但是词汇只说了北方话作为普通话的基础方言这么一句。那么北方话的词汇状况怎么样？虽然几十年中有些零星的调查研究，但是从来没有进行过全面的调查，所以选择了这个课题。其目的就是想搞清楚北方话词汇的基本面貌到底是什么样子的。它作为普通话的词汇规范基础，有哪些东西是符合要求的，有哪些问题是需要改进的。调查着眼于包括西南官话、下江官话在内的整个北方话区。我们调查了100多个点，详细记录了每一个方言点的语音系统，然后再记录它的词汇，词汇共选择了3000多条基本词。参加调查的是一个庞大的专家队伍，每个省都有一名专家来负责。最后调查出来的资料有两大柜子，现在都放在图书馆里了。调查完了以后，经过反复核对，有些点的材料做得不太好，所以舍弃了，最后确定了93个点，并依此编辑出版了《普通话基础方言基本词汇集》，厚厚的五大本，有几百万字。这个著作受到学术界特别是方言学界跟应用语言学界的充分肯定。要研究这些问题的时候，都会当作重要的参考书。后来，《人民日报》海外版、《光明日报》，还有一些学术杂志，都有详细的评论和介绍，书评写得很长。这套书受到了学术界的肯定，获得了第三届国家图书奖，国家图书奖是最高的图书奖；同时获得第二届国家辞书奖一等奖。我也写了两三篇文章，我认为这些文章比较重要，因为有大量的素材做基础。通过这一调查和相关研究，北方话词汇的基本面貌不敢说完全理清楚了，但也差不多了。在做了各种数据的分析之后，我们发现北方话词汇跟普通话词汇的相同度比较高，所以它作为普通话词汇的基础是有资格的。没调查时，这个结论谁也不敢下。另外，在北方话词汇中，不同的又有哪些，是什么状况，分成多少类，哪些正在演变当中，通过这一调查也有了比较清楚的认识。这个课题花了相当大的人力、物力和精力，调查人员跑遍了大半个中国，许多人、许多专家都做出了很重要的贡献。现在有好几位专家已经不在了，很值得我们怀念。

语用所的选题原则上要考虑服务大局，服务社会应用，这点是很明确的。当时确定的项目还有审音的调查、普通话读音的调查研究、数字的使用标准等，这些成果都直接为我们制定国家的语言文字规范标准提供了重要的基础。后来还有很多重要的大课题，最大的一个课题就是中国语言文字使用情况调查，调查面更宽了，对整个国家各个阶层、各个群体对普通话的使用和方言的使用、民族语言的使用情况，做了比较全面的实地调查，而且得出了一些重要的结论。这些重要结论对我们国家语言政策的研究、制定非常重要，现在很多东西都是依据这些材料来说话的。当然还有汉语拼音推行过程中的一些问题的研究。史定国、金惠淑他们的调查研究，为继续推行汉语拼音方案方针政策的制定提供了重要基础。从初期这些选题到后来的一些重大课题的确定，都是延续原来的宗旨目的，突出语言服务于国家、社会大局的观点。

语用所还承担了相当一部分国家语言文字规范标准制定的前期工作。现在新修订的正式发表的这些规范标准，语用所承担的研究工作，数量不少。我们要充分看到我们的成绩，研究所这30年来所取得的成绩，增加我们的信心。有些人认为语用所是可有可无的，我觉得需要改变这种看法。

另外我们还编写出版了一部分丛书，如我和许嘉璐先生主编的“语言文字应用研究丛书”，那套书还是有影响的。丛书出来后，获得了第十二届中国图书奖，说明这套丛书受到了学术界和读者们的欢迎。后来所里又陆续出了一些丛书，包括好多学术会议的论文集。有些论文集还是很有影响的。关于编辑学术会议论文集，我认为应该对会议论文进行很好的加工，有些需要进一步提高、深化甚至改写，不能只是单纯地把学术会议上提交的论文稍微整理一下就编辑出版，这个没有好处。所里应该做点这方面的工作，提高图书质量，扩大我们的影响。凡是我们所里编辑出版的书，不管是丛书还是专项的学术著作，都要保证相当的质量。

学风建设是研究所的学术根基，学风的严谨度能反映出研究所的水平和治学态度。多年来，语用所里对学风问题是比较重视的。不论是个人还是集体，写文章、出书，都要坚持科学、严谨、求实的作风。说话要有根据，下结论要有数据，要有支撑，要有材料做基础。同时又体现出我们的研究创新，不能仅仅保持原有的研究水平。我经常看咱们所发表的文章或出版的著作，总体上我认为，多年来我们在学风建设方面还是有一定的成就的。不过，存在的少数学风问题比如说话下结论或分析问题、论证问题都不够充分等也不能遮掩。这一点或许和现在整个的学界风气有关，但还是应该严格要求自己，这关乎研究所的未来。

最后要说的就是我们所参与了《中华人民共和国国家通用语言文字法》的起草工作。许嘉璐先生是（全国）人大常委（会委员），后来又到语委来当主任并兼语用所所长。我全程参与了这部法律的起草工作，仲哲明同志参加了部分工作，许多具体工作都是政策法规室的魏丹做的。这部法律的前两三稿都还是由国家通用语言文字、少数民族语言文字和外国语言文字在中国境内的使用等三部分组成，最后全国人大常委会讨论，认为后两部分还不成熟，因此先制定了通用语言文字法。这部法律真的是非常非常重要，影响很大而且很深远，对我们国家的政治生活、社会生活、文化生活乃至科技生活等方方面面都很重要。确定了普通话作为国家通用语言的地位，对我们国家的统一、民族的团结等各方面影响都相当大。但所欠缺的就是这部通用语言文字法还比较粗线条，本身又是软性法，所以在贯彻执行上就不是很得力。因为不管是通用语言文字，还是民族语言文字，或者是其他的外国语言文字的使用，都只能是软性法，不可能太重。除了少数条文可以做硬性规定以外，一般只能做灵活的、软性的规定。我认为这部法律的性质的确定是对的，这是我们的特点，是实事求是的特点。但是，因为规定得比较粗，只能做原则上的规定，所以执行起来就比较困难，因此需要进行修订，并制定一些实施细则。另外，民族语言文字和外国语言文字的使用、域名的规定等，也需要尽快考虑。

四、几点思考和建议

语用所从创办到现在已经30年，能够坚持下来并不断发展，其中还有过比较繁荣的时期，得到国家、社会和学术界的认可和支持，是非常不容易的。关于这一点，我的体会是一定要坚持办所目的和宗旨，把服务国家发展大局跟服务社会大众的语言应用这样的大局坚持下来，这是我们所的生命所在。另外，就是我们在重视语言文字应用研究的同时，不要忽略语言本体的研究，特别是要重视把语言本体研究的成果转化为社会应用。这是借已有的学术成就来扩大我们的学术影响，也是我们学术研究创新的一项内容。因为搞本体研究的把主要精力都放在本体研究上了，对应用会有局限。我们把它转化为应用，可以说是我们的特色，是一种创新的表现。

第二点体会就是一定要培养优秀人才，多出重要成果。这个也是我们要始终抓住不放的。优秀人才的培养跟重要成果的取得是研究所发展的一个具体体现，也可以说是研究所不断发展的一种基本动力。每一个时期都要有一批在学术界有影响力的优秀人才，还要出一些得到学界肯定的学术成果。

第三点体会就是要重视语言文字应用的理论研究和应用语言学科的建设。因为我们研究所不光要考虑具体任务，研究应用跟国家与社会的关系，还要考虑基本理论的发展、基本学科的建设，看看在这方面我们能够做些什么。哪怕是一年做三两件事情，社会都会感觉到这个研究所的重要性。

再有一点思考体会就是要经常关注社会语言生活。因为我们的研究所着重应用，就离不开社会语言生活，离不开社会上的各种人群、各种群体对语言文字的应用、使用情况和问题。同时要加强社会语言的监测与调查研究，对社会语言进行分析，做到心中有数，提供给领导参考也要有依据。如海峡两岸的调查，获得的数据和结论就很重要，这就属于社会语言生活。我一直参加绿皮书《中国语言生活状况报告》的编辑，确定选题和文稿都离不开社会语言生活中的状况和问题。这个本来应该是语用所多承担一点，在这方面多发挥一些作用，但事实上监测调查研究都是语信司、语用司组织各高校在做。他们设立了十几个基地，我们自己还没有一个稍微大一点的语言生活调查研究的基本基地。这样的话，我们对社会语言的使用，应用语言学和相关的法律、政策及一些知识的社会普及，就会缺少发言权，因为我们也应该承担一些调查研究的任务。了解社会生活，提出对社会生活有用的知识并进行普及，这是语用所有用武之地的地方。如果国家语委、教育部或者国务院制定政策时，需要语用所提供有用的数据，而我们拿不出来，那就有点欠缺了。语用所至少要搞一些基本的东西，影响全局的东西。我觉得语言生活普通话使用状况的补充调查就很有用。虽然只是三省区，但能推出现在普通话的变化和发展、语言使用的变化与发展这个带有全局性的成果。

最后，我想提几点具体建议。

一是要继续举办或创办语言应用学术讲座和学术论坛。有些论坛是过去没搞过的，要新创办的。这可以发挥所里成员的积极性。有了这个任务之后，大家就要思考、研究一些问题。这能促进研究所的学术发展，扩大研究所的影响。如果办得成功，比较成熟了，我们还可以吸收所外的人员参与。

二是要编辑出版语言文字应用研究丛书。把我们的重要研究成果和学术讲座、论坛、学术会议的成果，经过加工、深化和提高后，编辑出版，成为系列的语用所研究丛书。

三是想办法建立语言文字应用研究发展基金。现在办事情，没有经济的支撑很难做，光依靠少数人的热情是不够的，因此要想办法建立这样一个基金。建立基金可以考虑和商务印书馆等出版单位或者和其他与语言文字应用有关的企业合作，得到他们的支持。假如我们有一定数额做基础的话，我看这个基金就可以办起来了，然后再逐步扩展，这是开放性的。谁有热情，谁有积极性，谁就可以投入，做出贡献。所里有好的成果，就资助出版发表；外面好的成果，征得同意后，基金也可以资助发表。像商务印书馆的青年基金和另外一个基金就很好，出的几本书都很有水平。

四是要想办法建立普通话培训基地，包括和语言文字有关的人才和干部的培训基地。语言文字工作队伍的干部培训应该是语用司的事，但他们愿意的话，可以和这个基地结合在一起。有自己的房子，有自己基本的活动范围、活动地盘、活动条件，再有部分专职人员来管理、支撑，需要开会、需要办班，马上就能动起来。现在我们的普通话培训、干部培训计划性还有所不够，应该有长期的普通话培训、干部培训，或者语言文字工作干部培训，或者对语言学研究有兴趣、有条件的人才的培训。

五是要继续办好并加强《语言文字应用》杂志。这是我们研究所的招牌，是对外发展、扩大的一个窗口。这本杂志还是核心刊物，评职称、提职务等都会看在这本杂志上发没发过文章。杂志也是几经风雨，维持起来很困难。现在人员太少了，所以现在有新生力量来很好。有时我主动问他们是否还需要我来帮一把，我很同情，太难了。特别是语用所一度发生危机的时候，杂志又不能停，靳光瑾和叶青很累，好可怜，但总算是咬牙顶下来了，能坚持下来很不容易。所以，这个杂志应该给予应有的重视和支持。

最后一点，建议研究建立语言文字应用信息资料库。语用所应该有这样一个资料库，国内国外语言文字应用研究的一些最新成果，还有重要的信息，包括人才状况、他们研究的动向，我们要随时捕捉，随时入库，资料信息不断地更新，不断地充实，不断地发展。这个可以与计算语言学研究室、与网站结合在一起。可以对外开放，适当地考虑有偿服务。资料库一定要有最新的信息和资料，我们的网站现在有些信息就比较旧了，更新和补充还是不够，想查最新信息就是查不到。建立这个资料库就要让它成为一个固定的平台，作为我们整个研究所的基础工程。研究课题的确定、研究的重点，参照整个信息平台里面的资料和数据，这样研究题目是最新的，研究所用的资料是最新的、最可靠的，那么，我们研究所的研究就活起来了。

语用所坚持30年，应该说取得了很大的成绩，是很不容易的。我在这个所里也有很多的收获和受益，我也很感谢语用所，感谢语用所的领导和新老朋友对我的帮助。我作为一位编外的老志愿者，仍然愿意尽一份力量来支持研究所，哪怕做一点小事，我也很愿意。

最后我用这几句话代表我的心声：创办不易，办好更难；几经风雨，渡过险滩；勤奋严谨，成就斐然；为国服务，促学发展；适逢国盛，圆梦正酣；同心协力，继续登攀。

（郭龙生：教育部语言文字应用研究所研究员；
李桃：教育部语言文字应用研究所副研究员；
常文斐：教育部语言文字应用研究所《语言文字应用》编辑）

中国当代语言学家口述实录

——访陈章太先生*

张　宜

受访者：陈章太教授

访谈者：张　宜

整理／注释：张　宜

地　点：北京朝阳门内后拐棒胡同陈章太教授寓所

时　间：2004年6月29日，15:00—17:30

张　宜：陈老师，您好！我们今天的访谈就开门见山谈吧。首先要问，您是怎样走上语言学研究道路的？您为什么要从事语言学研究？

陈章太：这个问题很难确切回答，因为常常受一些非主观因素的影响。我从事语言研究并不是一开始就想好的。我大学时期是先在协和大学（后来并入福建师范大学）中文系、后在厦门大学中文系度过的，并在厦大毕业。那时候，协大和厦大中文系的语言、文学两个专业没有分开，是在一起的。但是大部分同学都喜欢文学，

* 本访谈录音整理稿经陈章太教授审阅认可，他做了一些删节和补正。

我当然也喜欢文学了。

张　宜：你们都是很感性的，喜欢那些小说等文艺作品什么的。

陈章太：是的。我们总认为语言学比较枯燥，文学比较生动，跟生活贴近，而语言学常常游离于生活之外。当时就是这个看法。

张　宜：您是哪年考进大学的？

陈章太：1951 年考入协和大学，1953 年大学院系调整时转入厦门大学。

张　宜：噢，1951 年考进大学，1955 年在厦大毕业的。

陈章太：对，1955 年毕业的。当时老师当中大多数是搞文学的，搞语言学的很少。厦大中文系教语言学的黄典诚老师和洪笃仁老师的学问都很好，他们在语言学界应该说是有一定影响的。那时黄典诚老师由于某些原因没讲课，也就没有直接教过我，但是我知道他有学问，我向他请教过。

张　宜：他是专攻哪一方面呢？

陈章太：他在音韵学、训诂学和方言学等传统语言学方面都很擅长，研究面较广，包括理论语言学这方面也有著作，学术功底深厚。直接对我有较大影响的是洪笃仁老师。他的专长是在现代汉语，尤其在语法修辞方面，但是他古汉语的基础、功力也很好。他的知识面也是比较广的，比如他的词汇学、理论语言学修养也很好，还当过《汉语大词典》副主编。洪老师当时直接教我们的课，并且指导我写毕业论文。我们一个班是二三十位同学，毕业论文做语言学题目的有六七个人，语言学的题目大概占四五分之一。我开始也想写文学论文，但是语言学这几个题目没人做不成啊。班主任、系里领导就提出来了，学生干部、党团员要带头。那个时候我是校学生会副主席，没办法就报了洪笃仁老师的一个题目。

张　宜: 那你自己心里愿意吗?

陈章太: 那时没有太多的想法。什么题目呢?《从汉字形、音、义的矛盾看汉字改革的必要性和可能性》。这个题目应该说是比较大的,但是,在50年代中期,文字改革正处于热潮,整个国家和学界对文字改革非常重视,从中央领导到基层,社会各界都是很重视的。我当时对这个题目的内容了解得很少,也不知道怎样研究与写作。

张　宜: 这是洪老师当时设计的题目?

陈章太: 是的。怎么办?我就到图书馆、资料室查阅资料。那时候厦大有很好的图书馆和资料室。资料室大致上就是按文科理科分类的。文科当中又按某些大的专业设置资料室,报纸、杂志都很全。所以除了上课,很大一部分时间我都在资料室和图书馆里泡着,读了有关的文章、论著,还有老师指导要求读的重要论著。大概磨了两三个月吧,连礼拜天都耗在那里。认真读了一些论著,自然也会思考一些问题,从不懂到逐渐进入门道,并在洪老师的指导下写出了初稿,又认认真真改了两稿,觉得有些意思。尽管文章很不成熟,但是交上去还得了个"优"。老师还有个评语,说这篇文章以矛盾论的观点来看待汉字的形、音、义矛盾,从中探讨汉字改革的路子,资料和论点都是可取的,而且有自己一定的见解。当时写论文,尽管我尽量多从学术方面去考虑,但后来再看这篇文章,还是觉得比较幼稚,而且政治色彩还是浓了一些,所以这一次编语言规划研究的论文集时,本想把这篇论文收进去,但考虑到观点旧了一点,最后还是撤下来了。但是这篇论文我觉得确实像老师说的那样,还有可取的地方。

张　宜: 您才二十多岁,大学还没有毕业就能写成这样的文章,挺不容易啊。

陈章太：写了这篇论文并不等于我走上语言学道路，或者热爱语言学了。其实，这只是为了完成任务，但是论文完成后有一点自我满足，觉得这个问题比较大，难度也比较大，总算是完成了，做出来大致上也还站得住。所以我内心对语言文字学还是亲近了一些，在感情上也亲近了一些。接着轮到毕业分配。那时候我们大学毕业生第一志愿都是绝对服从分配，服从国家需要，自愿到祖国最需要的地方去，这是我们共同的愿望。国家各部门、各单位都派人到大学去挑毕业生。那些重要部门先挑，首先是部队、外交（部）和其他中央机关一些重要部门先挑。然后轮到科研机构和大学等挑选。当时南京军区也到厦大挑毕业生，学校推荐我去南京军区报社工作。因为我有海外关系没有被挑上，我父亲长期在菲律宾谋生。

张　宜：您老家是在福建永春吧。

陈章太：对，我出生在福建永春山区。

张　宜：是侨乡吗？

陈章太：是侨乡，但是这个山区侨乡比较穷，可耕土地和资源都很少，所以村里人许多从小就到海外去谋生。我父亲很早就跟着亲戚到南洋，长期在菲律宾打工。

张　宜：你父亲很早就走了？

陈章太：是的，我父亲走得早，他一生只回来过几次，有了我们兄弟三个。我是老大，老三小时就夭折了，老二高中毕业后回乡务农，“文革”中病逝了。本来按说经济情况可以的话，我肯定也要去菲律宾的，因为我的那些亲戚大多在菲律宾、马来西亚、新加坡等地，大部分都是劳苦人，也有做生意的，较少。我父亲原籍浙江温州，很小的时候家贫被卖到福建我们家。我家那时家境还好，有老舅（祖母哥哥，在菲律宾经商，是富商）支持。我父亲来后读过书，有文化，还能作诗填词，后来去了菲律宾，很长时期里都在我老舅的食品厂做工，当过店员，也摆摊做过小生意，只能维持生计。因为太老实不久就被合伙人骗了，血本无归，落得穷困潦倒。那时老舅已经去世了，我伯父也去世了，无人关照，晚年生活极困难，几乎流落街头。家庭经济他一直顾不上，我们主要是靠我亲舅舅接济。我舅舅也在菲律宾做一般生意，他对我们很好，帮助我家维持基本生活。

张　宜：您母亲就务农呗？

陈章太：谈不上务农，没有多少土地呀。母亲在家里操持家务，种一些青菜、白薯什么的。我懂事以后，家境衰落，家庭十分困难。我从小什么都干过，砍柴、割草、种菜、养猪、挑担什么的。

张　宜：能想象得到。您父亲不在家，您又是长子。

陈章太：所以家庭出身较苦，应该说经历过旧社会，看到许多社会阴暗面，吃过苦，受过很多挫折。我母亲有一点文化，她念过三年私塾。我外祖父是个木匠。在农村，木匠在经济上稍稍好一点。所以，我母亲知道读书的重要，尽管家里很困难，她也想方设法让我念书，一直非常支持我上学。没有我母亲的教育和支持，我不可能上学读书，也不可能有后来的发展。但是我工作以后，因为时间、经济等原因，我除了每月寄点儿钱回去，很少能回家尽孝，更没有很好地照顾她老人家，让她在农村带着有病的弟弟，吃了许多苦，受了很多罪，最后发生意外死得很惨。因为“文革”，我没能回去送终，想起这些，我非常愧疚，心如刀绞，因此患了偏头疼。至今内心也常常不平静，真是对不起我母亲啊！可是我母亲在世的时候，却常对我说(有时写信)：只要你们在外平安、顺利，我就安心、满足了。这就是我的好妈妈！还有我大姨也很疼我照顾我，认为这个孩子很乖、很懂事，脑子也还可以，也很关心我。当时我读书是非常困难的，两次失学都是想办法补进学校的。甚至过了一两个月，没有钱交学费，就借点钱，我大姨也给一些钱。原来学校根本不愿意让我再上学，老校长叶大年支持我。他对教导主任说："他有这个心，还是要让他继续读下去。"我一直感谢老校长和老师们！

张　宜：越是这样，您就会越努力地去读书。

陈章太：就是这样。我们从乡下到县城都是走二十几里地，而且每个星期都是一回家还得下地干活儿，还得砍柴割草。

张　宜：帮妈妈干点儿活。

陈章太：礼拜一早上再挑柴、米和咸菜回学校。老家都腌咸菜，是一年到头的常备菜。

张　宜：这就是一周的生活。

陈章太：对，一周的生活。我与一个堂兄和另外一个亲戚三个人合租一间小民房，自己做饭，生活极清苦。

张　宜：这时就上高中了吧。

陈章太：还没有，是初中。上初中前，我从来没进过县城。考中学的时候，都不知道进城，糊里糊涂的。考得怎么样啊？学费怎么交啊？三个人都不知道怎么办。入学后不久，正闹鼠疫，房东的老伯死了，女儿也死了，耗子死在我们房间里。我们三个人没地方去，就抱着哭。真是的，那时我们要死也就死了。房东家几口人死了三口，也是我们仨命大，三个人都没事。我堂兄，初中毕业后去了菲律宾，现在好像也很不错。另外一位是我堂婶的弟弟，中学、大学一直是全校的优秀生，后来在人民大学和中央党校读研究生，毕业后在中央机关和中央军委工作，不久前去世了。我们三个人就这么经历过来了，路是很曲折的。新中国成立以后，一看到共产党那么好，我就很自然的充满无限深情，决心跟着党走，没其他想法。那时的旧政府太腐败了，我看到许多旧社会的黑暗和苦难，真让人痛恨啊！而新中国成立后共产党是绝对的廉政，使得社会焕然一新！

1951年，我参加第一次全国统考，上了大学，全由国家负担，不交学费，吃住国家包了，我还有助学金。是国家全力培养我们，我们应当报效国家。再由于受家庭、社会的基本教育和优良传统观念的影响，我从小就确立正正派派为人、踏踏实实工作的理念。大学毕业时便想，派我到哪里我就到哪里，只有好好工作，没有其他考虑。大学毕业时部队我没去成，学校挺高兴，认为那更好，就将我留校工作了。开始把我分配在党委办公室做专职干事，我不愿意干行政，就说我到中文系兼课，中文系同意了，学校也同意。在中文系跟着系主任林莺教授，他是民间文学教授，我就给他当助手，辅导民间文学。那时工资不多，买了几本民间文学的书，先好好学习，没有买语言学的书，因为没有想过再搞语言学。

到了1956年，因为某种原因，我调到中国科学院语言研究所（1977年后属中国社会科学院）从事语言研究，这才算是正式走进语言学的领域。1956年11月到北京来。那时科学院规模还不是很大，社会科学研究所很少，只有十来个研究所。我来的时候，语言所里少数民族语言刚刚分出去，但是还有一些关系。到了语言所，算是开始走上语言学道路了，但还不能说语言学入门了。报到的时候，是所长罗常培先生先找我谈话。第一句话就问我："你是厦大来的？你知道我在厦大工作过吗？"我说："我知道，20年代您在厦大当过教授。"他说："你对语言学哪一方面有兴趣？"我说都谈不上，我不知道怎样研究语言学。罗先生说："研究语言学也没什么技巧，你只要认真，对它有兴趣，就可以钻进去，这个路就可以走出来。”他还说：“不要着急，慢慢来。具体工作由吕叔湘先生跟你谈。”

吕先生有吕先生的想法。他认为语言所新来的年轻人、大学毕业生要多做一些具体的实际工作，包括读书、查资料、改文章，要受语言学的基本训练，从语言学入门训练抓起。吕先生就把我和龚千炎派给王力先生当助手。王力先生那时是北大教授兼语言所古汉语研究组的研究员。王先生对我们很好。我们每个星期两个下午到北大燕南园60号小楼王先生家里，王先生每一次准点在客厅里，非常守时。记得第一次同我们谈话时，王先生问：“你们读过什么语言学的书啊？”龚千炎是南京大学毕业的，是方光焘先生的学生，他还能说出读过的一些书，包括方老的、吕先生的一些书。我读过的语言学书很少，就是能说出来几本语言学的教材，普通语言学、语言学概论那几本，包括索绪尔的《普通语言学教程》和苏联维诺格拉多夫、契科巴瓦等的书，还有文字改革方面的几本书，我说的很有限。王先生说：“看来你们读书还是不多啊！这也没关系，咱们慢慢来。”我说：“王先生，那我们怎么做，做什么？”王先生考虑了一下说：“我都替你们想好了，你们跟着我先一边工作一边学习，一边看书一边学习。”他说：“工作呢，就做《论语》词汇研究。”他叫我们两个人看《论语》，然后勾词。那首先要把《论语》都读懂啊。我们就吭哧吭哧地读啊勾啊，还做了一些卡片，有勾对的也有勾错的。说来也好笑，看到我们勾错了，王先生从来没有严厉批评我们，而是和蔼地说：“这个词勾得不对了啊。”为什么不对？他就给我们仔细讲。那时，吕先生找王先生商量，请王先生是不是安排我们两人在北大进修，王先生就把我们安排在北大边工作边进修。

张　宜：那是什么时间？

陈章太：那是1956年底到1957年上半年。

张　宜：在北大中文系？

陈章太：对，到中文系进修。一边进修一边跟王先生工作。进修的主课是王先生的汉语史和古代汉语。汉语史是唐作藩先生当助教，辅导我们。还听其他先生的课。

张　宜：我访谈唐作藩教授的时候，他提到这个事儿了，他说给王力先生做汉语史的辅导。

陈章太：对，他们助教不能开课。

张　宜：他当时好像也住在燕南园60号吧？

陈章太：他好像没有住在那里，但他常去王先生家。我们去王先生家，有时唐先生也在那里。

张　宜：那您主要是听王力先生的汉语史？

陈章太：对，王力先生的汉语史课，还有朱德熙先生的语法研究，林焘先生的工具书及其使用，岑麒祥先生的普通语言学，袁家骅先生的汉语方言学，周祖谟先生的词汇学，我们有时候也去听。北大过去把我也当作校友，校庆时都通知我，因为在那进修过。最近这些年，校庆时就没有通知我了（笑）。我对北大的感情是很深的，在北大有我的老师，还有一些朋友，像唐作藩、郭锡良、王理嘉、徐通锵、叶蜚声、陆俭明、王福堂等，还有几位年轻的朋友，我们这些人关系都很好。我一直对北大的学术风气和学术思想很崇敬。我在语言所，后来到国家语委工作，挑人首先到北大去挑，北大的学生，他们的学风和学术基础一般都很好。

张　宜：您对北大有很深的感情。

陈章太：包括挑研究生，首先要北大的。

张　宜：陈老师，那可不可以说，从这个时候起您对语言学就慢慢地入门了？

陈章太：就是这个时候，还谈不上入门，只是在门边上蹭呢。还不真正知道语言学里头的奥妙和道道儿。

张　宜：那什么时候标志您走上语言学研究道路的？

陈章太：真正的开始是在普通话语音研究班。那是1955年创办的，由教育部跟语言研究所合办，后来加上中国文字改革委员会。因国家语言政策需要，要培训干部，包括为了推广普通话，在全国普查方言，以县为单位。研究班的学员都是哪里来的呢？大部分是大学语言学方面的青年教师，还有中学和师范学校的语文教师。另外还有很少数的铁路、电信、民航等服务性行业，跟语言使用接触比较多的宣传干部。培训班是由吕先生、罗先生同教育部策划办的。这个研究班是真正高规格的培训班。1957年2月研究班第三期开班，吕先生跟王先生商量，能不能让我和龚千炎回到研究班来学习，学完以后再跟王先生继续当助手。王先生同意了。我同龚千炎就回到普通话语音研究班第三期学习。

普通话语音研究班开了这么几门课：一门是国际音标，实际上是普通语音学，当时叫国际音标，是语言所吴宗济先生和周殿福先生开的，主要由周殿福先生主讲，他是国际音标的专家。还有一门课是汉语音韵学，是丁声树先生开的。还有一门叫汉语方言调查，是李荣先生开的。另外吕叔湘先生也来讲过语法。还有一门课是北京语音，是徐世荣先生主讲。他是北京语音的专家。有时候还有语言学理论课，是讲座性质的。这个班除了这些课程是系统地讲授以外，每一门课都结合语言和语言生活的实际，不是纯理论、纯知识的。比如方言课、音韵课、北京语音课、国际音标，还有发音、听音、辨音、记音、音韵分析比较等训练，包括普通话的语音训练，发音不准都不行，还有各种练习和作业。有老师还有辅导员给我们指导、纠正。配备很多很强的辅导员，辅导、训练是非常严格的。从研究班开始，才可以说我对语言学有了一点认识，跨进了一个趾头。

张　宜：您太谦虚了！这应该是您后来从事汉语方言研究和语言学研究的一个开始。

陈章太：一个学期的学习、训练非常充实，白天晚上都学习，连星期天都不休息。从老师到学员都是集中精力，全心全意，效果真好。学完了以后，回到所里。那时语言所要负责指导全国的方言普查，方言研究组要扩充力量，现代汉语也要扩充力量，所以，丁声树先生就找吕先生要人。丁先生跟李荣先生说我是福建人，调查研究福建方言比较合适，于是所领导决定调我到方言研究组，龚千炎就到现代汉语研究组。我到了方言研究组后不久，即同语言所的一批青年一起随同中科院大批青年下放到河北藁城县劳动锻炼一年。1958 年底回研究所工作，跟着丁先生和李先生参加昌黎方言的调查。同时，按照丁先生跟李先生的意见，还要研究我自己的母语方言闽方言。我到福建去调查方言，有时一去就好几个月，常常去的，福建我跑了好多县市。

张　宜：那是 1958 年以后吗？

陈章太：50 年代末、60 年代初，先是调查方言，然后又去编写《福建省汉语方言概况》。后来根据调查研究所得，80 年代我和李如龙合写了《闽语研究》[①]一书，那本书应该说还有一定价值，也有一些影响。

---

① 《闽语研究》，陈章太、李如龙合著。语文出版社，1991 年。

70年代末到80年代我继续到福建调查方言，后来写了一些文章，有的是合作，如《论闽方言的一致性》、《论闽方言内部的主要差异》、《汉语福建大田方言》、《邵武方言志》(《邵武市志·方言志》)、《邵武方言的语音系统》、《邵武方言的入声》、《永春方言志》等。还有一部《福建省汉语方言概况》，那是集体编写的，二三百万字呢，没有正式出版。但是那个书的资料非常丰富，可惜了！大概我研究方言就是这么走出来的。

实际上我到语言所的前一段一直是跟着丁先生和李荣先生研究方言。本来我想将方言继续研究下去的，我已经有兴趣了，而且我在研究闽方言中有些发现，有些心得。过去学术界大多认为福建闽方言是汉语八大方言中的两大方言，分闽北方言和闽南方言，就是闽方言在汉语方言第一层方言分区中占两个位置。丁先生和李荣先生在1955年“现代汉语规范问题学术会议”上做的《汉语方言调查》报告也是这么说的，但是他们论证八大方言时，闽南、闽北两大方言的条件又是基本一致的。后来我们进一步调查材料。因为我一直想，可能过去调查得不够，所以对方言的划分依据常常不是那么充分的。我们调查发现，闽方言在第一个层次上是统一的。而闽方言内部第二个层次，也就是次方言实际上是五个。过去现代汉语教材、方言学教材多是讲八大方言的，我们对此有不同意见，想写一篇文章讨论，但有些顾虑。我跟吕先生说了，吕先生说，学术观点不同，讨论是自由的，你不要有顾虑，只要有根据，讲出道理来，你可以写文章。写文章的事也同李荣先生说了，李先生也鼓励我们把文章写出来，还说“重要的是材料要充分，闽方言是你的母语，你有发言权嘛”。那时候丁先生患脑溢血，很重，不能跟他谈。这样由我执笔写了一篇《论闽方言的一致性》[1]，这是我第一次写这么大的论文，学术性较强的论文，在1982年中国语言学会成立大会暨第一届学术年会上宣读了，收入1983年《中国语言学报》第一期。这篇文章提出在汉语方言第一个层次划分上，闽方言是统一的一个汉语大方言，而不是闽北、闽南两大方言。闽方言统一之后，汉语方言第一个层次是七大方言，那跟原来的八大方言说不一致了。这篇文章在会上宣读，很多学者赞成这个观点。实际上在这之前，40年代、50年代，也有前辈学者持有这个看法，只是没有具体、详细地论证，我们从多方面系统地论证它的一致性。论文发表后，对学术界应该说有一定的影响，主要表现在有的学术著作修改了原来的结论，比如，现代汉语有的教材，还有讲方言的一些论著都提七大方言了。应该说这篇文章是站住了。接着我们写了第二篇《论闽方言内部的主要差异》[2]，是由李如龙执笔的。这篇文章具体论证闽方言第二层次的五个次方言，即以福州话为代表的闽东次方言，以厦门话为代表的闽南次方言，以莆田话为代表的莆仙次方言，以建瓯话为代表的闽北次方言，以永安话为代表的闽中次方言。还有第三个层次，比如说闽南次方言，有台湾闽南话、潮汕闽南话、海南－雷州半岛闽南话等。下面还有第四、五个层次。第二篇文章主要是论证第二个层次的，后来发表在《中国语言学报》第二期上，篇幅也很长。这两篇文章后来都被学术界认可了。所以有些论著、文件汇编引用、吸收进去了。这是研究闽方言的一些情况。

后来，因为我调到国家语委，要考虑语言规划、语言规范化的

① 《论闽方言的一致性》，原载《中国语言学报》第一期（商务印书馆，1983年）。

② 《论闽方言内部的主要差异》，原载《中国语言学报》第二期（商务印书馆，1985年）。

问题。语言规划问题的研究也涉及方言的问题，比如方言变化与语言规范化、方言和普通话的关系。普通话的规范标准很明确，以北京语音为标准音，语法规范也稍微明确一点，以典范的现代白话文著作为语法规范。词汇规范不具体、不明确，只有笼统一句话，以北方话为基础方言。这可以说这个基础方言是整个普通话的基础，也可以理解为词汇规范应该以北方话做基础。而北方话内部差别也不小，它的基本面貌是什么，跟普通话的异同又怎样？过去调查方言从方言和普通话的差异方面去研究，很少全面地研究它的相同跟差异。所以到国家语委以后我就提出是不是对北方话词汇做一次基本调查，课题申报经过国家社会科学基金会评审通过，并立项资助。

张　宜：这是哪一年？

陈章太：1985 年，是“七五”规划重点项目，中国社会科学院、国家社会科学基金会还特别拨了出版经费。因为这个项目规模太大了，社科基金提供的资助经费是不够的。调查一百多个点的材料，整个长江以北，包括广西北部、湖南西部都调查了，最后调查了 106 个地点的音系和 3000 多条词语。参加调查和编写工作的正好 100 人。吕叔湘先生为我们写序了。我们的调查跟一般的方言词汇调查不一样，既调查与普通话不同的，也调查相同的，方言词汇跟方言词汇之间的差别也进行调查。而且不光调查词汇，还调查语音。参加调查和编写的是各地的方言学者，都比较有经验。我跟李行健做主编，从准备工作，拟大纲、体例，一直到组织调查，到后来最重要的整理资料；调查所得的资料太多了，好几柜子，需要认真核对和整理，才能保证资料的可靠和有效。那时候我们全力以赴，又组织了一个班子，前后参加整理核对工作的人有十多位。资料发现有问题就去核对，核对完了还得编写。从策划、调查到核对、整理、编写、修改、定稿，花去了整整十年的时间，最后编出5大卷的《普通话基础方言基本词汇集》[①]，由语文出版社出版。因为有些地点的资料不够扎实，定稿时不得不舍弃了13个地点和600多条词语，最后《词汇集》提供93个地点2645条与普通话比较的方言词汇，还有63幅方言地图，为普通话词汇规范做了一项基础性工作。

《词汇集》出版后，1997年获得第三届国家图书奖和第二届国家辞书奖一等奖，十年辛苦得到了慰藉。后来我根据这部书的资料，又参考其他资料，写了一篇《北方话词汇的初步考察》，发表在《中国语文》1994年第2期。文章做了一些统计分析，有具体数据，说明北方话内部的词汇相对说一致性还是比较大的，北方话词汇与普通话的差别比其他方言词汇与普通话的差异小，所以结论就是北方话词汇是普通话词汇规范的基础。我对方言的研究主要是两个方面，一是闽语研究，二是北方话词汇研究。还有对汉语方言学史也做了一些研究，其他方面就很少了。

张　宜：陈老师，您刚才讲了这么多，基本上我明白了，了解了您是怎样走上研究语言学和汉语方言这条道路的。那么我想问您，在您的学术成长历程中，什么人对您学术研究影响比较大？或者是哪一本书，哪一件事？

陈章太：等一会儿我再回答你这个问题。我想说，我在学术上的研究这是一方面。还有一方面，就是对语言应用的研究。我在语言所待了20多年，主要研究方言，也就是语言本体，还编辑《中国语文》杂志。1960年丁声树先生当《中国语文》主编，副所长石明

---

① 《普通话基础方言基本词汇集》（共五卷），语文出版社，1996年。

远同志当副主编，他们就把我调到《中国语文》了。我是1960年底到《中国语文》的，开始时当秘书，具体负责编辑部的工作。我们把稿子都准备好，送给丁先生审订。这样干了几年，因为“文革”，《中国语文》停刊，“文革”后1978年才复刊。《中国语文》复刊后，吕叔湘先生兼任主编，他让我当副主编，后来让我当常务副所长兼副主编。我跟着吕先生几年，他对我们要求很严，对我的影响和帮助很大。1982年，中国文字改革委员会恢复工作不久，文改工作正处于困难时期，负责具体工作的秘书长唐守愚同志病倒了，其他几位老领导年事已高。胡乔木同志跟吕先生商量，并通过中央组织部，把我调到文改会，先任副秘书长、秘书长，后任党组副书记、副主任兼秘书长，负责日常工作。

张　宜：那是1983年？

陈章太：1982年底1983年初。1982年先借过来一段，第二年才正式下调令。我到文改会时，正是文改工作处于低潮，方针政策需要调整，并适应国家新时期现代化的需要，制定新时期语言文字工作方针任务，组建新领导班子，调整加强组织机构，成立语言文字应用研究所，宣传、促进语文工作，加强语言文字应用研究，加强语言信息化工作。在党中央、国务院领导下，在乔木同志、吕先生和文改会其他老领导老同志的支持、指导下，上述这些工作逐渐展开并且取得了进展，我也具体参与这些工作，受到教育，得到锻炼，取得经验。

调到文改会即后来的国家语委以后，为了做好语言文字工作，我仍然尽量进行语言研究，除了调查、编写北方话基本词汇以外，研究工作转向应用语言学和社会语言学，包括语言规划研究。我搞这些研究，一是需要，二是实际，感到具有社会意义。这可能跟我的出身以及与社会接触较多有关系。那时祝畹瑾等先生翻译介绍了国外社会语言学的理论、成果，语言学杂志也发表社会语言学、应用语言学方面的文章，包括对国外有关研究的介绍，我看了很感兴趣，就结合实际做了一些研究，也有一些心得。但我毕竟没有受过社会语言学和应用语言学的严格专业训练，所以在研究方法、调查统计等方面都有缺陷，尽管后来努力弥补，也还有不足，这是先天不足啊！加上外语没有学好，学过的英语、俄语、日语都不能自由应用，重要的原著不能读，如拉波夫、费希曼、弗里斯、弗格森、豪根、甘柏兹、海姆斯等的重要著作，只能看翻译本，学术发展受到较大局限。对此，我还有点自知之明，并深感遗憾！所以我常对我的研究生说，你们必须重视专业理论、方法的学习和训练，必须学好外语，关注社会语言生活实际和问题，这是搞好语言学和应用语言学的基本条件。

近 20 年来，我差不多把主要精力都放在社会语言学、应用语言学和语言规划这方面的研究上。现在我回答你刚才提的那个问题——在学术道路上对我影响最大的是哪些先生。应该是丁声树先生和吕叔湘先生，还有早期我的老师洪笃仁先生。影响最大的、最直接的、时间最长的应该说是丁先生和吕先生。他们两位是我非常崇敬的老师，人品和学问都非常好，我和丁先生吕先生接触很多，他们对我都很好，但是要求也很严，尤其是吕先生。吕先生在世时，我就写了一篇文章，《学术的导师　道德的楷模》（上、下），先在《语文建设》上发表，《吕叔湘全集》也收进去了。文中我就讲了吕先生对我的教育和影响，比较具体。丁先生逝世后我写了《哀悼丁声树先生》那篇文章。但是那篇文章不长，写得又比较匆促，讲得不够细不够深。可以说丁先生对我的影响很大，他的为人和学问，我认为非常好，非常扎实，我最崇敬他。我结婚的时候，丁先生送我的一张硬木圆桌子，现在还在；我很多家具换了，这张桌子还留着，那是他从美国带回来的。当时他让我挑，有三四件家具。他说：章太你挑吧，我也没有别的礼物送给你，这些旧家具你喜欢的挑一件。我就要了一张圆桌子，到现在还在我的小房间里用着呢，留着纪念吧！丁先生的为人、思想、学问、学风真好……他学贯中西，学风极其严谨，为人极其正派诚挚，非常朴实踏实。吕先生也是这样的人，他也是学贯中西，是大学问家，而且组织领导能力很强，是学术领袖。吕先生对我的影响也很大，包括做人、治学、写文章、改文章、出题目、找资料，甚至在工作、生活、人际关系上，吕先生都给我以具体的指导和帮助。他的学术思想，他的学风，他的做人都给我很深的影响。从丁先生、吕先生和其他几位先生身上，我学习、感悟到为人要正派坦诚，做事要踏实认真，生活要简单朴素，这也是我终生的信念！

张　宣：有没有什么书对您影响大的？

陈章太：丁先生所写的东西虽然不太多，但都很精深。他的《汉语音韵学讲义》和《古今字音对照手册》等音韵学与方言学的一些著作影响都是很大的，还有重要的论文，如《释否定词“弗”“不”》、《谈谈语音结构和语音演变的规律》、《说“匼”字音》、《汉语方言调查简表》等，对我都有很大教益。还有他主编《现代汉语词典》时所做的大量深入、细致、严谨的编写、审改工作，对我都有很大的教育作用。吕先生的《中国文法要略》、《语文常谈》，主编的《现代汉语八百词》，与朱德熙先生合著的《语法修辞讲话》等，对我也影响很大。王力先生的《古代汉语》、《中国语言学史》和《汉语史稿》，李荣先生的《语音常识》、《切韵音系》等，都对我影响很大。

还有索绪尔的《普通语言学教程》，梅耶的《历史语言学和普通语言学》，布龙菲尔德的《语言》等，对我也有很大帮助。社会语言学方面，主要是拉波夫、甘柏兹、伯恩斯坦、海姆斯、特鲁吉尔等的论著，以及祝畹瑾的《社会语言学译文集》等对我的影响是比较大的。语言规划方面，黎锦熙先生的《国语运动史纲》、周有光先生的《汉字改革概论》，还有后来豪根、费希曼的一些重要的文章和著作，我都认认真真读过。我真正喜欢社会语言学，就是读了费希曼、拉波夫和甘柏兹的一些文章和书，我很感激他们。拉波夫前年来北京的时候，我们还见过面，谈得很高兴。我和胡明扬分别写了文章，在他来的时候发表在《世界汉语教学》上。说实在的，因为受外语的限制，我对他们研究学习很不够。

张　宜：陈老师，您在学术研究过程中哪儿的环境对您的研究比较有利呢？

陈章太：应该是语言研究所，它是学术机构。在我们国家搞学术研究很不容易，学术研究特别是社会科学研究常常要依附政治，为政治服务，为政策解释、宣传。其实，科学研究为政治、政策服务，主要体现在从学术角度对政治问题和政策制定做出前期性、基础性的研究，为政治理念确定与政策制定提供参考与依据。我觉得中国科学院和后来的中国社会科学院的研究环境和条件还是比较好的，有一定的指导性任务，但留有个人研究的较大空间，学术空气与学风也较好，主要是为了大家多出对国家、社会和学术有利的成果。后来我们在语委建立语用所，就想树立这种风气。因为乔木同志晚年特别强调国家语委是科学性很强的行政机构，语言文字工作要加强科学研究，没有科学研究做支撑，工作就做不好，就要脱离实际，就行不通。

张　宜： 陈老师，在您的工作经历当中，既当研究员，又做行政工作，后来还当老师，您是怎样处理这三者之间的关系的呢？特别是当行政领导，会不会像您一开始想的那样，担心影响您的时间和精力呢？

陈章太： 说实话，做行政领导不是我的本意，包括我的个性，我的思想。我总觉得我是跟群众生活、接触的，因为从小是从农村出来的。我做一些行政工作，担任某些领导职务啊不是我的本意，几次我都不愿意干。比如说，当语言所副所长，调国家语委，我不愿意，我们全家也都反对。但是有一条，我比较顾全大局，常常为了大局我自己可以服从需要。我长期"双肩挑"，做学生的时候就"双肩挑"。我始终有一个思想，认为我是搞专业的，做学生，你就该念书，念好书，所以我做学生的时候，考试成绩还不错，但读书没有一些同学多，知识没有他们丰富。担任社会工作，必然要花时间和精力，对学习、读书总会有所影响，这就要妥善处理，充分发挥行政工作取得的经验作用，提高专业与学术观察、思考研究能力和水平，把书读活、研究搞实，尽量取得事半功倍之效。做行政工作，我始终守着一条——不离开专业，认为离开专业就丧失发言权。所以最困难的时候，就是行政工作最紧张的时候，同时担任几个实职，我还得抓紧研究、写作。上世纪（二十世纪）八九十年代我的工作最紧张、最困难的那些年，每年都得写几万字的东西，几项较大的成果，如《闽语研究》，北方话词汇调查研究，方言志编写，叫卖语言调查研究，语言规划研究的成果，都是那个时期搞出来的。没有办法，只有充分利用时间，多吃苦，不管家，少休息。这确实很不容易。

张　宜： 那反过来，行政工作对你的科研工作有促进作用吗？

陈章太：有的，我认为有好处。我始终认为做学术研究要占有材料，但不能陷入具体的材料堆里。正像吕先生说的，要有理论的思考，也就是吕先生说的，做馒头的时候要有面粉和发酵粉；你有面粉，还要有发酵粉，否则这个馒头做不好。搞研究要有宏观的思考，有宏观的把握，做社会工作、行政工作在这方面是有利的，对宏观问题的思考与把握是有帮助的，思路会灵活一些，视野会开阔一些，方法、办法也会多一些。刚刚出版的侯精一主编的一套《中国现代语言学家传略》，我还没有拿到书，里面介绍我的时候最后讲到这个问题。对我来说，做行政工作，对宏观问题的思考与把握是有益的。还有一点就是研究语言学，我们的理论基础比较薄弱，跟西方的理论语言学相比，我们还是差一些，基础不够；并不是我们没有研究，而是缺乏深入、系统的思考，理论概括、升华不够。所以我们从《马氏文通》以后，理论上多为借鉴，较少创新，有的"借鉴"还是贴标签式的，所用理论没有跟中国的语言及语言生活实际结合起来，不能真正起到有效的指导作用。我觉得，做学问要有点儿书呆子气，就是要认真读书，掌握资料，深入钻研，但不能做书呆子，钻进去出不来，那有很大局限。

张　宜：就是这两点要结合好。

陈章太：这很不容易啊，我也没结合好，但是我有一点儿体会，有一些甘苦。

张　宜：说得好！陈老师，在您的工作和治学当中，有没有让您高兴和使您沮丧的事呢？

陈章太：当然有。

张　宜：什么时候高兴？

陈章太：比如说对闽语调查研究有点儿新的认识，写了几篇文章，得到学界认可的时候，当然会高兴。比如说我写的一篇小文章《邵武方言的入声》[①]，世界汉语教学学会在北京开会的时候我提交了，就四五千字，但是我把邵武方言入声的基本规律归纳出来了，李荣先生就说我这篇文章很有意思。我体会到文章不在长短，要有真东西，要有新意，又要有实实在在的东西，而且短文章更难写。刚才说的那两篇文章，《论闽方言的一致性》和《论闽方言内部的主要差异》都很长，都有好几万字，但是这两篇文章没有多少废话，里面摆材料、分析特点，而且材料都经过挑选和核对，归纳规律，最后探讨并论述一些带有理论性的问题。

研究方言和社会语言学，我写了一篇《四代同堂的语言生活——陈延年一家语言使用的初步考察》[②]。那是在福建调查方言，一次同方言发音人谈话时，他讲到他的家庭语言使用的情况，以及村里的方言情况，方言跟普通话的使用情况。哎呀！我马上感到这是一个多语家庭，是很有意思的，一个家庭四代同堂，四五种方言和普通话夹杂在一块使用。我就进一步做了具体详细的了解，然后写了这篇《四代同堂的语言生活——陈延年一家语言使用的初步考察》。遗憾的是，我没有到当地进行实地调查，并做更深入、细致的分析与论述。如果那样做，那就更有价值了。还有，我和李如龙合写了一篇《碗窑闽南方言岛二百多年间的变化》[③]。那时我们到福建宁德调查方言，我在一个军港码头附近碰到几个小学生，他们在说

① 《邵武方言的入声》，原载《中国语文》第2期，1983年。又收入《汉语方言论集》，北京语言文化大学出版社，1997年。

② 《四代同堂的语言生活——陈延年一家语言使用的初步考察》，原载《语文建设》第3期，1990年。又收入《言语交际与交际语言》，江西高校出版社，1993年。

③ 《碗窑闽南方言岛二百多年间的变化》（合作），原载《中国语文》第5期，1982年。

闽南话，而当地宁德人都说以福州话为代表的闽东话，我以为他们是军属从闽南来的。我问他们说：“你们怎么说闽南话？”他们说：“我们家里都说闽南话。”我说：“你们家是从闽南来的？”他们说：“不对呀，我们是在村里住的，就是不远那个村子。”我说：“你们是不是在说闽南话，也说福州话和宁德话呀？”他们说：“我们都说的闽南话。”我立刻想到，他们一定是闽南移民，村里的闽南话是方言岛。春节期间我一个人先进村去了，没有在县城过。我去调查，先找老、中、青三辈调查。调查发现这个村是二百多年前从闽南的泉州、永春、南安一带搬过来做碗烧窑的。我跟李如龙一说，他也进村了，还有两位跟我们一起工作的老师。我们进一步调查，发现这个村里老、中、青三辈的闽南话变化极大。老辈人还保留着二百年前闽南方言的主要特点，这些特点有的现在的泉州话已经没有了；而中年人兼有闽南话和当地方言的特点，还有普通话的成分；青年人则是以普通话兼有当地方言特点为主，闽南话成分为次了。语音、词汇、语法都有。三代人之间差别很大，老辈最保守，闽南话保持最好。这一事实又一次验证，离中心地带越远的语言，其母语保持得越好，母语纯洁程度越高。为什么？因为中心地带的母语已经发生变化了，而从母语中心地带迁移外地的老辈人，还顽强地坚持原母语，保持其母语特点。这既是方言学问题，又是社会语言学问题。我们这次调查研究有了心得，当然很高兴。调查后我们讨论了，最后由李如龙执笔写成文章，在《中国语文》发表。每当工作和科研取得一些成绩，受到人们认可与肯定，自然会感到十分愉快和满足。如 1993 年获得国务院颁发的有突出贡献的专家的政府特殊津贴证书时，内心感到很大的欣慰。还有研究有了一点心得时也会很高兴，研究应用语言学和语言规划就是这样。许嘉璐和我主编的“语言文字应用研究丛书”，一套八本，广东教育出版社 1999 年出版，2000 年获得第十二届中国图书奖时，自然也是十分高兴的。我和于根元总主编一套书，叫“应用语言学系列教材”，由商务印书馆陆续出版。其中有一本《语言规划概论》，我具体主编，几个人一起写，基本完稿了。书中把国外语言学规划理论跟中国传统的文字改革、语言规范化、语文现代化、语文运动结合在一起，从中国的实际出发总结语言规划理论，还是有些新意的。我同时从过去写的几十篇文章中挑出二三十篇来，编了一本《语言规划研究》①，有理论有实际，稿子已经交商务了，二十几万字，大概今年 11 月能出版。

张　宜：这个时候是很高兴的。

陈章太：当然。我老伴儿常常说我，说人老了还要什么呀，还要这么干？其实她也知道我做这些工作是在自找乐趣，自我满足，其他什么都无所谓了。说实在的，我的运气不错，从学校到社会，有幸碰到许多好老师、好领导、好同学、好同事、好朋友、好学生，还有好亲人。在他们的教育、指导、关心、帮助下，我的大半生基本上是平常而平稳地走过来了，我很知足，也非常感谢我的这些好老师、好领导、好同学、好同事、好朋友和好亲人，心中时常默默地思念他们！我对老伴儿说过，工作做了，奉献过了，苦头吃了，荣誉有了，生活好了，退休金够了，还想什么呢，可是老了也要做点事，生活更充实一些，也会多活几年。

张　宜：有没有沮丧的事呢？

陈章太：当然有，沮丧的事就是当你做了工作还得不到理解，甚至是被误解、打击，遭受到不公正的对待。我这个人比较温和、

① 《语言规划研究》，商务印书馆，2005 年。

豁达，凡事想得开，不小心眼儿，碰到不顺利、不理解甚至遭到打击的时候，我虽然也会感到沮丧、不满，但我一般不会太多计较，不愿意争吵，把它看作人生的一种历练，从中吸取经验，而我该怎么干还怎么干。我总觉得，生活是复杂的，总会有矛盾和挫折，也常常会有不愉快不如意的事，烦恼、痛苦总是难免的。碰到这种情况时，我总提醒自己，不要纠缠个人恩怨，个人恩怨越结越深，有时不能自拔，那有什么好处？心胸放宽一点儿，人活得也自在一些，何必给自己背上那么多沉重包袱？我还觉得，一个人太顺利了不一定好，多受些挫折，吃些苦，会使人更坚强更奋进。

张　宜：您觉得一个语言学家应该具备什么样的学术素养？

陈章太：我谈不上是语言学家，但作为一个语言学研究者来说，我想应当具备多方面的素养。第一，要有一个学者的修养，在思想道德上要有良好的修养。为什么这么说呢？作为一个学者，首先要有社会责任感，做正派人。很多前辈说这句话，我体会很深。要是没有好的道德观念，就很难做一个成功的学者，想问题不能从国家、人民、社会的利益去考虑，往往会从个人的角度考虑问题——我写这篇文章有没有利益呀，有时候很容易急功近利，治学浮躁。第二，要有比较丰富的知识，多方面的知识。不仅要有扎实的专业知识，还要有相关的知识；不仅要有相关的知识，还要有你专业所需要的一些社会知识、文化知识，包括哲学知识，要有哲学的头脑和宏观的驾驭能力，这是重要基础。所以我老说做研究基础要宽。第三才是专业的核心知识和较强的能力。尤其是搞社会语言学，它是多学科结合的，跨学科的，社会知识要丰富。对社会生活的各个方面都有所了解，才能对社会语言变异有敏感的观察力。第四，要有扎实的专业功底，要善于发现问题，思考问题，解决问题。要经常思考一些你所关心、关注的问题，并选择、确定你主攻的方向，沉下去探索、研究。如果没有扎实的专业功底，不善于思考问题的话，常常会陷入材料堆里，或者连题目都选不好。

张　宜：就是要有敏锐的学术眼光和宽阔的视野。

陈章太：敏锐的眼光跟善于思考，这是很重要的。

张　宜：陈老师，您是怎样看待学术批评的？您的著作和您的观点受到过批评吗？

陈章太：实际上我已经讲了。我认为学术的发展动力，主要是创新性研究和不同观点的学术讨论与批评。学术上的批评只要不是门户之见，或者不是跟学术无关的某种利益掺进来的无端的批评，我是非常欢迎的，再尖锐的批评都能接受。

张　宜：那您觉得在目前的学术界，特别是语言学界里，学术批评开展得怎样？

陈章太：我觉得不够理想，说重一点还存在一些问题。学术风气摆脱不了社会风气，我们语言学界的学术批评也是如此。当前我们的社会风气并不太好，我们的学术批评也难免会有问题。我们的有些学术批评掺杂了学术以外的因素，当然，这些讨论与批评有学术是非，这不能抹杀。我总希望媒体能够引导学术讨论与批评朝着健康方向发展，理性地思考、讨论学术研究中存在的问题，以及如何改进，共同促进学术健康发展。那是功德无量的事情，而不是炒作、夸张、攻击或其他！现在的条件下，要真正做到这样很难，良好的学术批评风气的形成，需要长期构建和积淀，让我们共同努力吧！

张　宜：陈老师，您觉得在中国，当前其他领域也是这样吗？这是不是与我们的文化积淀，以及体制有关系，就是说目前还不容易形成那种健康、科学的学术批评风气呢？

陈章太：是这样的，我们中国传统的学术功底很好，中国传统语文学有非常坚实的学术基础，并跟读经等实用相结合。后来我们借鉴外国各个时期的语言学，包括苏联的语言学，受到较大影响。我们如何把传统语文学跟国外语言学及现代语言学紧密结合，这很不容易。这里有时代的局限，认识的局限，文化、学术的差异等。我们传统语文学基础很好，对国外语言学也有所介绍，对现代语言学比较重视，但对这三方面的研究及三者的结合研究都很不够，与社会生活、语言生活实际的结合也很不够，几张皮没有结合好，结合好的成果不太多。还有理论总结与思考，并重视应用研究，这也很重要。这些结合研究，需要花时间和力气，需要改进方法，要有学术积淀，这才能逐渐形成良好的学术研究与学术批评环境，创造新的学术辉煌！

张　宣：关于语言本体研究与语言应用研究的关系您怎么看？

陈章太：这个问题有些学者发表过不少意见，现在有时还能看见这方面的论述。我没有什么新见，只认为这两者的关系非常密切，语言本体研究是基础，语言应用研究是目的，两者很难截然分开：没有本体语言学的功力，应用语言学难以搞好；不重视语言应用研究，本体语言研究的发展会受到局限。这是事实，也是常识。

张　宣：思路也很重要。

陈章太：是的，思路正确，思维灵敏，视野开阔，吸收得快。但是还要重视应用研究，扎扎实实蹲下去，不计眼前利益，甘坐冷板凳。在这方面比起老辈的学者，我们就差多了，这应该向老辈学者学习。要这么做也不容易，尤其是在现代更不容易，社会诱惑太多太大了。

张　宣：那您的著作和您的观点受到过批评吗？

陈章太：当然有批评，但好像不太多。公开批评、公开讨论看起来不太多，这可能因为我本事不大，成果不多，写的是比较具体的东西，我又比较低调，人家会觉得不值得批评讨论。

张　宜：有一些私下里的讨论吗？

陈章太：自然会有，我觉得在这点上我还有自知之明。为什么？因为我深深感到，我写的文章、书稿会有这样那样的不足和缺陷，我非常希望听到批评意见，哪怕是一个标点符号，你给我提出来，我都非常感激，并诚恳接受，认真修改；即使有的批评意见不一定合适，我也会平静对待，因为人家是好意，对我总有好处，提醒我注意。这也是有例子的。

张　宜：陈老师，您在汉语方言学和社会语言学研究方面，要是归纳一下的话，您这方面研究的特点是什么呢？有哪几点突破呢？

陈章太：我刚才说的方言研究方面，主要在闽语研究和北方话词汇研究。闽语研究方面，主要在闽语的特点和分区上做了一些工作，专著和论文里提出了一些观点、见解，包括分区的方法，也做了一些工作。北方话词汇研究方面，主要是做了一些基础性的调查、研究工作，如北方话词汇调查研究。社会语言学方面，只能说我关注得稍微早一点，有人说这是开创性的，不能这么说，我国老辈学者对社会语言学就有不少研究，如赵元任、罗常培、吕叔湘、许国璋、傅懋勣、王均、陈原等先生，早期还有一些学者。平辈学者如胡明扬、祝畹瑾、陈松岑、戴庆厦、张公瑾、陈建民等先生，研究社会语言学也都比较早比较好。

张　宜：您是探索这个领域的比较早的学者。

陈章太：稍微早一点儿。1984 年语用所成立时，就成立了社会语言学研究室，那时国内还没有这方面的专门机构，我兼任研究室主任几年，提出了一些社会语言学研究课题，做了一些社会语言调查，组织了几次社会语言学全国性的学术研讨会。提出了社会语言学要从宏观和微观两方面结合研究，并从中国语言和中国社会的实际出发去研究社会语言问题。近几年来，我认为要重视并加强社会语言变异调查研究，还就这方面写了几篇文章。在宏观方面，认为应该把西方语言规划理论跟中国语言规划的事实、实践结合在一起，并对我国语言规划史进行系统梳理，在这方面也做了一些探索。还具体指导博士研究生，调查研究农民工语言状况和问题，三峡移民语言状况和问题，商贸语言问题，维吾尔族汉语使用变异问题，汉语方言变异问题，网络语言问题，新词新语问题等，对领域语言研究也有一些收获。

张　宜：陈老师，可不可以把这几块的工作，看作你在语言学上主要的建树和贡献呢？

陈章太：我只是在这些方面做了一些工作，谈不上建树和贡献，这是实际情况。在语文杂志的创刊、办刊方面，我也努力做了些工作，如《中国语文》《中国语言学报》《语言文字应用》等。在筹建中国语言学会和中国应用语言学会时，也尽了自己的努力，做了一些具体工作。遗憾的是，由于种种原因，至今中国应用语言学会未能正式成立，这不利于进一步开展学术活动，也不利于国际学术交流。希望从实际出发，从需要出发，早日成立中国应用语言学会，这件事实在不能再拖下去了！

张　宜：这已经是好几项工作了。

陈章太：加上组织、开展学术交流，担任某些行政工作，负担确实较重，常感力不从心，还要忙忙碌碌，疲于奔命，业务和行政都受到影响，有时会感到压力和苦恼。

张　宜： 陈老师，在您的著作还有论文当中，你本人最看重哪几种？

陈章太： 有《闽语研究》和《普通话基础方言基本词汇集》（主编），还有一本《语言规划研究》，再就是一些观点和内容都还可以的论文，方言和社会语言学、应用语言学方面都有。

张　宜：《语言规划研究》是哪儿出的？

陈章太： 商务印书馆，今年能够出版。社会语言学方面，除一些文章和合写的《社会语言学概论》[①]，有一部专论，正在修改书稿，还有一部论文集也在编辑，我觉得这都有些内容。

张　宜：《语言规划研究》大概能有多少万字？

陈章太： 大概 25 万字。

张　宜： 那也是不小的一本书。听说还有一部《语言规划概论》[②]，也要由商务出版。

陈章太：《语言规划概论》我是具体主编，还写稿，几个人正在编写，是我与于根元任总主编的"应用语言学系列教材"中的一本。还有一部汉语方言学史方面的书稿，我和詹伯慧、伍巍三个人合写，大部分书稿已写出来了，全书还没有完成，希望能出书。

张　宜： 您既是主编，又是主要撰稿人之一。陈老师，那您对我国汉语方言学和社会语言学的现状有何评价？今后的发展趋势又是怎么样的呢？

陈章太： 这些年我对方言没有多少研究，很难发表评论。平时有时想，方言研究恐怕要考虑一个综合和比较研究的问题。过去比较多的是方言语音、词汇、语法的描写、分析。而综合比较研究，包括方言跟方言的比较研究，方言跟民族语言的比较研究，方言同普

---

① 《社会语言学概论》（合作），商务印书馆，2004 年。

② 《语言规划概论》（合作，主编），商务印书馆，2015 年。

通话的比较研究较少。还要重视方言的应用研究，以及方言与地域文化的研究。地域文化离不开方言，方言也离不开地域文化，如地方戏曲、曲艺民俗等与方言的关系等。还有其他方面的应用，方言在推广普通话过程中的地位和作用，以及复杂、多变的边界方言问题。关于社会语言学，我想要重视一个重要问题，就是要重视并加强社会语言及语言变异的调查，这是我国社会语言学发展的基础，我们在这方面做得很不够。还有就是加强理论社会语言学的研究，最近我写的几篇社会语言学方面的文章，如《近期中国社会语言学的几个热点》[①]、《中国社会语言学在发展中的问题》[②]、《略论我国新时期的语言变异》[③]和《我国当今社会语言生活的变化与问题》[④]等，都谈到这些问题。我国的语言和社会语言生活十分丰富多彩，这对社会语言学的研究与发展十分有利。如移民语言的使用及问题，农民工的语言使用及问题，农村城镇化的语言问题，西部大开发的语言关系、语言使用、语言问题，新的社会群体和弱势群体的语言问题，各种语言、方言的关系、变化和问题，等等。可研究和需要调查研究的问题太多了，中国社会语言学大有可为！只要我们执着追求，并肯花力气去调查并进行深入研究，定会取得丰硕成果！

就讲这么多吧，我从没有这么敞开讲过，今天所讲的不一定合适、恰当，只是讲些经历和事实，袒露心声，请多批评。回顾过去，实在耽误得太多了，最好的年华早已逝去，到了年老，有心无力，

---

① 《近期中国社会语言学的几个热点》，原载《世界汉语教学》第1期，2001年。

② 《中国社会语言学在发展中的问题》，原载《世界汉语教学》第2期，2002年；又收入《社会语言学研究论集》，北京语言大学出版社，2002年。

③ 《略论我国新时期的语言变异》，原载《语言教学与研究》第6期，2002年。

④ 《我国当今社会语言生活的变化与问题》，原载《中国教育报》，2006年4月30日第4版。又收入《语言学名家讲座》，中国传媒大学出版社，2006年。

什么事也做不成了，有时不免会有空寂感，只能多少做点儿什么，聊以自慰而已。

张　宜：您能谈这么多真不容易，我觉得您身体不是太好。陈老师，最后我想问一个我个人想问的问题。您对我这种采用口述历史的方法研究语言学家是怎么看的？

陈章太：我觉得这件事过去没人做过，还是很有意义的。但是你要提炼，要有研究；这种访谈是基础，只是素材，你要从中研究一些有规律性的东西。大家谈的，有些是有规律的，有些是没有规律的，你应当想办法把那些带有普遍性和规律性的东西提炼出来，这要花功夫研究，有所归纳，有所鉴别，有所取舍。我今天谈的只作为素材给你提供参考。

张　宜：好的，要研究、归纳、鉴别、取舍和提炼，我会努力去做的。

陈章太：对，经过认真研究以后，还可以选取一些有代表性的人物，写几种类型的人和事，并有所分析和论述。

张　宜：谢谢陈老师。

陈章太：不用客气。

（张宜：沈阳师范大学教授）

陈章太先生访谈录

周　华

受访者：陈章太教授

访谈者：周　华

整　理：周　华

访谈地点：北京市朝阳门内后杨棒胡同陈章太教授寓所

访谈时间：2017年7月3日，上午9:30—12:30

周　华：陈先生，有关您的出生时间，我看到的资料有两个版本，有的说您是1931年生，有的说您是1932年生，请问，您究竟是哪年出生的呢？

陈章太：这里面有个小故事。我实际上是1932年生的，因为当年农村报户口习惯于报阴历，报的是虚岁，所以说他们就一直把我算作1931年，我的户口本、身份证等都是1931年的。而我过去自己写的材料或者人家介绍我的材料都是1932年。现在我承认是1931年的，因为正式材料、证件都是1931年的。

周　华：那我猜一下，您肯定是1931年11月或者12月份出生的，对吗？

陈章太：对，11月28日，我的生日11月28日没变，1931、

1932年都是11月28日，现在填什么材料我都写1931年。

周　华：啊，所以我看这儿还特意改成1931年。

陈章太：我的经历变化比较大，我长期都是以学习为主，还兼着一些社会工作。做学生，中学、大学都当过院、校学生会主席、副主席。我从农村出来，当时在学校里面，比较单纯朴实。我生长在侨乡，下南洋的人很多，大多数人都不是富商，而是穷苦工人、店员。我父亲是偷渡去的菲律宾。什么叫偷渡呢？就是不买船票，但要给船长一点钱，他把你藏在船舱底下带出去。到南洋以后，我父亲实际很穷。但是我老舅公是一个富商，他有很多产业，就把他留在食品厂里头当工人，还当过店员。我父亲非常老实，可以说是无能吧（苦笑）。后来，舅公给他一点点钱，他跟另外一个同乡合伙摆了一个摊子。父亲太老实了，被人坑了，那人把钱拿走了，我父亲几乎流落街头。舅公又死得早，幸亏同村的堂亲都很同情他，这个资助一点，那个资助一点，再打点短工，就这样过生活。他长期都是这样，所以顾不了家。我们家主要靠我亲舅舅，他做生意的，还可以，结果经常接济我家，过一段就寄一点钱给我妈妈；还有我大姨，我上学几次交不上学费，是我大姨给钱交的。我在农村时，农活、杂活、砍柴、割草、种地，什么都干过。抗日战争的时候，吃盐很困难，内地的盐进不去。我跟着村里大人从沿海买一点儿盐挑到山里头去，赚那么几斤盐的工钱。每次挑二三十斤盐，那时候才十几岁。后来我大姨借钱给我上学。新中国成立初期，石家庄有一所军队办的军政干校派人到我们那儿招收学生，培养各种专业干部，包括气象什么的。我凭着一股热情就报名了，被录取了，这都瞒着家里、瞒着我母亲。因为过去我们农村有一种不好的习惯——“好儿不当兵，好铁不打钉”，所以不敢告诉我母亲，偷着报名。跟我一起的另外两个亲戚的儿子也都瞒着家里报了名，也被录取了。

周　华：石家庄干校来招干部，是在你们当地学习吗？

陈章太：他当时没告诉说哪里，就是这个部队干部学校要招干。去了也不是当兵，是入军籍，学专业。当时没说录取的是什么专业，到学校以后才分配。录取了，等着要走的前一天，因为我们离县城还有二十多里，我瞒着我母亲偷偷弄几件衣裳，想吃了午饭就到学校去，就跑了。结果我的两个同学的妈妈知道了，从我姥爷村里头追到我家里来了，告诉我母亲说："你儿子要走了，要去当兵。"哎呀，我母亲一边急一边哭，就一同追到县城。后来我跟部队招干的指导员说了这个情况，指导员说："既然家长不同意你去，那你就放弃吧。"那没办法，我们觉得很惋惜，没去成。结果我的另一个同学没被家长发现，他去了。他在干校学的是气象专业，毕业后分配在南昌气象局工作，因长期患病较早就去世了。

周　华：这是什么时候，上高中时吗？

陈章太：上高中时，大概是50年代初，中华人民共和国刚刚成立。1951年实行全国统一高考，当时国家需要培养人才，放宽政策，高二就可以报考。那时候我已经上高中了，从永春转学到泉州去了，作为高二优秀学生就报名参加了高考，被协和大学中文系录取了。学了两年，因院系调整，1953年我们一批同学转到厦门大学中文系。大学毕业前，国家要挑一批学生去苏联留学，我也被挑上了，通知书已经发下来了，结果因为政治审查，说我有海外关系，不合留苏要求，取消留苏资格。那时南京军区政治部也派人到厦大挑选大学毕业生，我也被挑上，政治审查认为我有海外关系而放弃。厦大人事处说这也好，你就留校工作吧。当时我已经入党了，本来1953年在协和时就准备发展我入党，但是当时政治审查我有海外关系没入成，到1955年厦大毕业前才入党。为什么呢？因为当时我们长期跟海外没有任何联系，不知道我父亲怎么样。后来老家一个堂兄年老从菲律宾回来了。结果人家找他一了解，说我父亲长期都是做穷工、当店员的，具体证明了有关情况，这才批准我入党。

周　华：您1953年正好从协和去了厦大，那时候您是在协和没入成？

陈章太：在协和没入成，在协和我也是学生干部。

周　华：等于最后是在厦大入的党？

陈章太：对。因为有人证明了嘛，证明我父亲成分很好，一辈子都是当职工。结果1955年6月才入的党。厦大对我印象很好，包括校长王亚南，还有卢嘉锡先生。我在当全校学生会副主席的时候，卢先生是厦大的副校长，他是化学系的，非常有名的化学家。他入党也是比较早的，后来调到中国科学院当院长了。所以我在科学院语言所时，几次去看他。他一直很关心我，偶尔还给我打个电话问问。因为在学校，学生会干部跟他们都有接触。留校后，先是把我分配在党委办公室当干事，但是我不愿意搞行政，我说："我是学专业的，还是希望搞一个专业。"两三个月以后，我提了好几次意见，后来我们系主任林莺先生就把我要回中文系当他的兼职助教。林莺教授是民间文学有名的专家。

周　华：您当时搞民间文学是不是挺高兴的？

陈章太：对呀，我搞民间文学有原因的，因为接触社会啊。民间文学必须从社会文化里面来发掘。我偏重逻辑思维，偏重理论性。我后来搞语言也不是自己很愿意的。

周　华：您当时在这儿干了一年的民间文学，给主任当助手，后来怎么就到了北京来了？

陈章太：正好有一个机会，与我同班的同学郑文贞对换，他先分配到中科院语言所。郑文贞不愿意到北京来，我跟他商量："要不然咱们两个换一换。"他同意。我向学校说了好几次，因为人事处长对我印象很好。但是我说："我还是想去北京。"后来他们放了。当时给语言研究所打了一个电报，说给你们分配的是谁，换了个谁，语言所同意了，要求立即来报到。当时郑文贞还没来报到，学校让他晚一点。我收拾行李马上就来了。

周　华：这就成就了您走语言学这条路。

陈章太：当然我来语言所也很高兴，来了以后，马上加紧学习。所长罗常培先生找我谈话，问我："你知道我在厦大当过教授吗？"我说："我知道的。"当时语言所有条规定，新来所的大学毕业生都必须有一个学习的过程，都先不分配到哪个研究室——当时不叫研究室，叫研究组。为了方言普查和推广普通话，1955 年教育部和语言所还有文改会共同举办"普通话语音研究班"，吕先生征得王力先生同意，让我和龚千炎去研究班学习。因为王力先生当时兼任语言所古汉语组的研究员，我和龚千炎刚来语言所，吕先生让我们先跟王先生学习一段时间，当王先生的助手，后来要派我和龚千炎去语音班学习，必须征得王先生同意。我们跟王力先生学习时，王先生主要指导我们研究《论语》词汇，并安排我们在北大中文系听课进修。当时主讲老师有王力、岑麒祥、高明凯、周祖谟、林焘、袁家骅、朱德熙等先生，都是名教授，我们听课进修收获很大。1957 年，我们去学习的是语音研究班第三期。语言所还有一条规定，新来的大学毕业生不要求你的专业如何如何高，但是你要先把基础打牢，语言学的基本功要扎实，所以都得先到研究班去进修。普通话语音研究班前三期培养的大多是各地高校对语言方面有兴趣、有基础的年轻老师。虽然叫普通话语音研究班，但实际上语言学的主要课程都有，第三期老师最好，方言调查、北京语音、音韵学，还有普通语音学，这四门是核心课程。音韵学是丁声树先生主讲，丁先生是音韵学顶尖专家；方言调查是李荣先生主讲，他也是大专家；北京语音是徐世荣先生主讲，他当时是文改会的北京语音专家，也是顶尖的；普通语音学是吴宗济、周殿福先生主讲，那也是普通语音学的最好专家了：都是最顶尖的专家讲课。另外还有讲座，有语法等专讲，罗常培、朱德熙、张志公、吕叔湘、俞敏、肖璋、胡明扬等先生，轮流讲一些专题讲座，那是不定期的；还有一些个案的方言讲座，比如讲上海方言哪、广东方言哪什么的。当时北京高校和社科院里的顶尖专家几乎都在那儿讲过课。语音研究班是教育部和语言所、文改会合办的，我们班主任是叶圣陶先生，叶老代表教育部，丁先生代表语言所，是副班主任。叶老不是老住在那儿，偶尔去一次，日常工作、具体的事儿都是丁先生处理，他白天晚上都住在研究班里，办公楼里有他一间卧室。

周　华：我看资料说白天晚上都上课，周末也不休息，这样连续上了多长时间？

陈章太：三四个月，学习时间很长，而且都很艰苦，北京语音跟普通(话)语音的发音，一个音一个音地校正。还有一批辅导员，侯精一、金有景他们都是辅导员，北京语音的辅导员是孙修章等。一个辅导员最多管几个学生，比如我的方言没有翘舌声母，为了纠正这个翘舌音，辅导员一天到晚盯着我，再发、再发，还不准、还不准。还有普通语言学的国际音标，听音、记音是一个音一个音地抠。所以，张宜问我的时候，说："当时到了语言所以后，是不是你就进了语言学的门呢？"我说："没有，还没有，还在门外蹭呢。"

周 华：我同意张老师的看法，您是太客气了，对自己的要求比较高。

陈章太：不是客气，因为语言学跟文学不一样，不是光爱好、有一种灵感、有一定天分，就可以自己自学写作。语言学要有一些基本训练——发音、听音、记音。为什么要学音韵学啊？其实音韵学对当时调查研究普通话、学普通话、推广普通话、调查方言、研究方言都有重要作用。音韵学研究语音演变历史，(古音)跟现代语音可以对应，所以你必须把音韵学的功底打扎实了，研究它的演变规律。所以学习是非常严格的。到了研究班以后，我才是刚刚在语言学门口那儿蹭呢。

周 华：但是您在到语音研究班之前，已经看了不少语言学方面的书了。

陈章太：对，对。当时在厦大做论文的时候，在图书馆资料室泡了两个多月。那很零碎，没有受系统训练。到了语音研究班，这几门专业才受到最基础的训练，系统训练，这确实很受益。

周 华：这跟您的方言背景也很有关系吧。

陈章太：我为什么又搞方言呢？在北大一边跟王力先生搞《论语》词汇，一边进修，听了好多课，后又进了研究班。回来以后，我们到哪个研究组要重新分配。丁先生对李先生说："正好我们这个组里头几个年轻研究人员没有闽方言的人，陈章太母语是闽南话，我们向吕先生把他要来吧。"他们跟吕先生一说就把我要到方言组。进了方言组以后，说实在的，当时还不知道调查研究应该怎么做，理论上知道一点，但是还没实践。而实践很重要，李荣先生一再说："搞方言研究没什么，你首先要把自己的方言母语研究好，你再去研究其他方言就有基础了。"结果那个时候我做了一些准备后，马上就出去调查，好几次回福建，闽中、闽北、闽东、闽南，跑了好些地方，闽西也去过一两个地方。

周　华：您是福建人，福建的方言很复杂。

陈章太：差别相当大。后来为什么写成《闽语研究》[①]那书，因为跑了很多方言地区，一去就是一两个月，两三个月。你看，闽南话，当然是我自己的母语，我的永春话跟泉州话的音系还有些差别呢，特别是语调差别比较大。我还到过闽南的惠安、南安、晋江、德化等地。福建方言最复杂的两个县，一处是大田县，大田是闽语里几大次方言交界的地方。大田在闽中，大田南部方言底层母语是闽南话，表层是三明永安的闽中话；西部地区跟客家话又有交融。所以，大田方言内部又分为好几个土语。我到大田去过三次，最长的一次蹲了五个月。所以，大田县编写《大田县志》的时候，里面的方言部分请我写。大田方言实际上属于典型的边界方言，跟几大方言都有交融。我有一篇文章到现在初稿还没完成，调查研究不够，语料不够充分，它就是《论汉语边界方言》。还有一处是尤溪，尤溪地处闽东话、闽北话、闽中话、闽南话、莆仙话之中。5 种话的有些特点在尤溪话中都有所反映，所以尤溪话也是典型的边界方言。我研究边界方言多一些。汉语十大方言，有些学者主张把晋方言独立成为汉语方言第一层级的一种大方言，而有些学者坚决不同意，我是半同意半不同意。为什么呢？实际上，它是几大顶层方言交界的地方，晋方言处于华北方言、东北方言、西北方言、中原方言等几大官话方言之中，东边还有山东鲁西方言，所以是汉语方言第一层次的几大方言交界的地方。晋语中几大方言的特点都有，而它内部

---

① 《闽语研究》，陈章太，李如龙合著，语文出版社 1991 年版。

又有其他官话没有或少有的入声和一批独特的词汇等特点，所以划分汉语方言时，把它从北方官话中拎出来作为一个独立方言也可以，或把它作为第一层次的边界方言也可以，我同意原来八大方言之说。

周　华：八大方言，后来您把闽北和闽南方言合起来，就变成七大方言了。

陈章太：对呀。七大方言是中国语言学会第一次年会，我和李如龙发表了一篇《论闽方言的一致性》[①]。写这篇文章又是受丁先生跟李先生的主题报告[②]的启发。主题报告提到十大方言，其中将闽方言分为闽南方言区和闽北方言区，但是在说明其划分标准条件时又基本是相同的。我从那儿得到启发，实际上闽南、闽北方言在第一层面上很难分开，所以，闽语只能是统一的一个，不能把它分为闽南、闽北两大方言区。后来我这篇文章写完以后，没把握，就请丁先生看，请李荣先生看。李荣先生要求很严格，他一看，说："我同意，你只要有根据，你这个立论就能站得住，关键是你论据要充分。你所提的这几条，看上去还是可以的。"他点头，我才敢发表，因为这是大问题。七大方言，后来现代汉语几大教材都改了。我们当时在第一期《中国语言学报》发表了，又在年会上作为主题报告之一宣读。年会上讨论，绝大部分都同意这个意见，发表完了以后，教材及有关论述都改为七大方言之说。

周　华：这真的是中国语言学上的一件大事。

---

① 《论闽方言的一致性》，陈章太，李如龙合作，《中国语言学报》，1983年第1期。

② 指丁声树、李荣在1955年"现代汉语规范问题学术会议"上做的主题报告《汉语方言调查》。

陈章太： 现在十大方言[①]之说基本上是站得住的，晋语、徽语、平话确实有特色，既是汉语十大方言中的独立方言，也是各有特色的大的边界方言。

周 华： 现在的语言生活发生了更大的变化。各个地方的人交流、接触非常频繁，所以不同地方的语言发生了很大的变化。

陈章太： 是这样，所以后来我不是搞"北方话基本词汇调查"嘛，那是国家一个大项目，几百万字，五大卷。那套书，后来他们叫我修订，重新再版，我一直没同意。为什么呢？要再版，必须把现在各个点的语音系统，包括基本词汇、基本语法格式的变化情况弄清楚了，修订完了以后再重新发表，不然出了没意义。方言变化情况没有反映，何必再印呢？没有什么新价值。你给我们稿费也好，扩大发行量也好，没意思。北方话词汇调查存有很多录音带、好多材料，原始资料，我专门在图书馆放了一柜子，但语用所图书馆被毁了。我觉得研究方言必须深下去，过一段，长则二十年、三十年，短则十年、二十年，总得搞一次跟踪调查，特别是一些代表点，比较有典型意义的、比较重要的，要搞一次跟踪调查。

周 华： 您不仅搞了好多调查，听说"大跃进"年代您还下放劳动过？

陈章太： 是的。1958 年整整一年，我下放到石家庄的一个县——藁城县，现在叫藁城市（今藁城区），劳动锻炼。正是三年"大跃进"时期，我兼语言所团支部书记，又是优秀党员、团员代表，结果就让我带队。我带着二十几个我们所的年轻同志，都到那儿去了。下放到那儿干活儿，同吃、同住、同劳动。住在老乡家里，跟

① 十大方言具体指：官话、晋语、吴语、徽语、赣语、湘语、闽语、粤语、平话、客家话。

他们一起吃，按规定交点钱，跟农民们一样干活。“大跃进”时干活，经常在地里干通宵。干完以后，早晨坐在地里看着太阳从地平面上升起来。老乡晚上还回家找补一块白薯，吃一碗稀粥，我们肚子空着。

周　华：通宵劳动，那白天呢？

陈章太：继续干活儿。

周　华：那身体能行吗？

陈章太：还能行，年轻嘛。我的房东是生产队的一个老党员，房东老大娘两口子对我特别好。但是我自己得自觉啊，尽量不要给她添麻烦。在那儿待了一年零一天。干了大半年以后，我们在那儿创办了一所农业中学。当时不是要学文化吗，他们那个地方是平原地区，生产、生活还不错，但总体还是不行，特别是文化太落后，文盲太多，我们想办法在藁城固献公社创办农业中学。他们乡里跟我们说，你们一边干活，一边腾出一点时间教书当老师。我们自己盖房子，有些农民兄弟也帮忙，盖了四排平房教室，这样培养了一批农业中学学生。后来好多年他们跟我们都有联系，有时候打电话，有时候写信。当地老乡也怀念那一批小知识分子。后来回北京时间长了，我第一次回去看看他们，看看老乡、房东，大家都很热情。后来听说这个学校延续办下去了，改称固献中学了。

周　华：您不管到哪儿，都为一方水土一方人做出贡献。

陈章太：谈不上什么贡献，只是做了点实事。我这个人有很多缺点、很多毛病，但是，至少我做人、做事重实在。“做老实人，干实在事”，一辈子就是两句话。

周　华：这是做人的最高境界了。

陈章太：不是，做人的最低底线就是要老老实实。不管在政治、经济、文化、生活各个方面，你不能越过这个底线。我自己知道，干什么事就是要老老实实。做老实人永远站得住，哪怕一时误解，最终也会明白。

周　华：1982年您是借调文改会，1983年关系正式转过来的是吧？

陈章太：1984年初，人事关系才转到文改会，正式任命为副秘书长，后来任副主任兼秘书长。当时文改会跟语言所关系密切，因为最重要的是语言文字中央有懂行的同志领导——胡乔木。50年代文字改革最火、最热的时候，党中央还成立一个文字改革委员会，专门制定政策方针。胡乔木同志当时是毛主席的秘书，兼这个文字改革委员会主任，而且他对语言文字很有研究。你看我写过的那本书[①]里面，我提过的，他如果是搞语言文字研究的话，他一定是一个非常出色的专家。他自己还有一本书，是后来才发现的，是他关于简化字的一个字一个字的意见，很厚的一本手稿。他主张"慎"，要简化，但是也要慎重，要符合政策和学理。那本手稿，当时我来后整理办公室的时候在书架上，后来我还给他女儿胡木英了。

周　华：后来一直没有出版是吗？

陈章太：没出版。我仔细看了一遍，很有见解。他为人很平和，我到文改会来是他提名的。因为当时第二批简化字"弄砸"了，文改会在社会上名声很不好，都反对文改会，说文改会"胡来"，把中国文字搞得"乱七八糟"，文改处于低潮。当时几乎把文改会撤销了，只留了一个文改办公室，设在中国科学院办公厅下，因为郭沫若院长兼过文改会的主任。那时"文革"刚刚结束，国家要重新整顿、重新发展，考虑怎么办呢？"二简"又"搞砸"了，社会上名声

① 指陈章太著《语言规划研究》，商务印书馆2005年版。

又不好，文改会的老领导几乎都病倒了。叶籁士是常务副主任，病倒了；主任是教育部副部长董纯才，也是老教育家，结果，也病倒了；具体主持工作的秘书长，唐守愚同志，他是老革命、老干部，第一他不大懂行，第二那时也病了。文改会没人管了，要散掉了，胡乔木同志着急了。他兼过一段社科院的院长，我是语言所的副所长。吕先生是所长提名我为副所长，主持日常工作，跟乔木同志工作上有些联系，所以他可能有点印象。他就找吕先生商量，吕先生当时还兼文改会的副主任。他说："文改事业整个要垮掉了，机构也散掉了，怎么办呢，是不是你给我一个人呢？"吕先生问他说："谁啊？"他说："把章太给我吧。"吕先生说："章太是语言所的常务副所长，具体工作由他承担，他还兼《中国语文》的副主编。他还年轻，那方面也没经验。另外所里面暂时离不开他，怎么办呢？"吕先生是乔木同志的中学老师。他就跟吕先生说："不管怎么说，你得支持我们。"吕先生说："这个我有点儿为难。"乔木同志说："没什么为难的，从大局考虑，你做点儿牺牲。"吕先生说："那好，先过去吧。"我跟家里商量，跟老伴、孩子一家子商量，都不愿意。我也不愿意来，因为我知道文改会是个是非之地，社会上名声也不太好。我在语言所干得好好的，也基本顺手了。业务上，那时我搞北方话调查大课题，主持《中国语文》日常工作。每一期，从选题、定稿到校对，每一篇文章要看几遍。首先为什么这期要选这些题目，我得跟吕先生报告，我得弄明白了才能说清楚；排出第一遍清稿，要发排了，我得再看一遍，有时还要修改一遍；然后三遍校对。整个程序我自己都得做过。为什么对编辑、校对、文字的东西我搞得比较熟悉，就是从那儿训练出来的。因为吕先生很严，哪一篇文章选得不合适了，或者稍微有一点疑问、不清楚，他就会问："你为什么选这篇？你知道这篇骨头上还有什么可啃的肉没有？选这篇主要参考什么书？”

周　华：吕先生要求确实很严格。

陈章太：我很感谢。我感到幸运的是，一生中，我都有好老师、好领导、好同事、好朋友，还有好学生。我跟他们相处得很好，我很受益。我还有好家人、好亲人，特别是我母亲和我妻子。她们给我很多爱，教育、关心、照顾、支持我，使我一生能够克服种种困难，比较顺利地走过来，为国家、社会做些实事。而我作为儿子，对艰难困苦一生最后意外惨死的母亲没有尽孝，对辛劳刻苦尽力工作、管家现在病魔缠身的妻子没有尽责，我深感愧疚和自责！应该做的事情没有做或没有做好，没有报答领导、老师、同事、朋友、学生对我的恩情，辜负了他们对我的关怀、帮助和期望，真是对不起他们！这些都是我最大的痛！我只能在有生之年尽力弥补了！

周　华：您各方面已经做得很好了，而且心态也很好。

陈章太：人际关系都比较好，什么事情都想得开。我常常会替别人想，你做这件事情有困难，我想办法，不要勉强人家。如果他有困难，力所不能及，我一定给他帮助，不管从哪个角度。尽管经济上那时候工资也很低，但我资助过好几个年轻人。

周　华：您对年轻人的关心，不光是学业上的提携，还有生活上的帮助。

陈章太：还帮了我的远房堂侄。他家里穷得要命，后来他考上北师大的一个大专班，搞艺术设计的。他妈妈死得早，家里极其困难。我当时想资助他，我说：“支持他1000块钱吧。”我老伴说：“咱们自己省一点、挤一挤，给他2000。”她是一个很有爱心的人。这个青年人很有出息，北师大毕业以后，后来参军去了。在部队里表现很好，退役以后在北京打拼，打工、开公司，替客户设计广告、包装等。公司名称叫“东舟公司”，工作开展得很好。

周　华： 您看人看得也很准，您帮助的这些人，第一自己很努力，第二也知道感恩。

陈章太： 你看，培训中心也好，所里的年轻人也好，提职称或者成果鉴定，只要他基本符合条件，我都支持。现在《语言文字应用》杂志的文章，我都无偿帮他们审稿。为什么呢？因为这个杂志是我创办的，我曾经说过一句话，我说我应该对它负责。你们既然相信我，有些文章要我帮着看看，那我就审。但是有一条，不管谁，包括我的学生在内，你的文章基本不合格，我都否定，如果修改能用的，我尽量提出具体修改意见，供修改参考。

周　华： 对质量是要把关的。

陈章太： 对呀，所以叶青跟小常[①]，都常常往我信箱里放几篇文章让我看看。

周　华： 那您是不是经常要熬夜工作？

陈章太： 这没办法，是常有的事。现在我年纪大了，身体不怎么好，一般晚上不工作了。

周　华： 您的心理承受能力真强。

陈章太： 不行，老了，力不从心，做不了什么事情。有些单位、部门的同志也很体谅我、照顾我，有些事儿就尽量不找我了，我也很感谢。

周　华： 您刚才说您是1982年被借调到语委。

陈章太： 叫我来，我不肯来嘛，后来乔木同志打电话说：“那先

---

① 此处指《语言文字应用》杂志社的常文斐老师。

借，以后再说吧。”

周　华：那您当时对这些工作是不是已经有了一些思考？

陈章太：是有些想法，因为我接触比较多啦。当时在语言所和《中国语文》，跟语言学界、跟文改会，包括叶籁士同志，好几位领导有接触。吕先生经常叫我去看看他们，有些事请教请教，所以跟文改会有接触。

周　华：到了这边之后，83 年您去美国夏威夷开会提口语规范的时候，就提出普通话分三级，这说明您已经考虑得很成熟了呀。

陈章太：不是。我在语言所不纯粹是搞本体的。虽然搞方言是基础，以本体为主，但是我从年轻开始接触社会比较多，知道社会当中有很多跟语言有关的问题。所以一接触社会语言学我就热爱它，一下子就能接受，跟这个有关系，跟我的出生、经历，跟我的各个方面都有关系。当时一方面是认为文改工作不能断，这是中国的事情，是国家需要；另外，对社会的文化普及、发展，文改也不能断，普通话必须继续推广、简化汉字必须继续推行，这是国家、社会的需要。乔木同志第一次找我到他办公室去谈话（他那时在中南海），他就说："你知道为什么要请你，为什么叫你过来？"我说："我不知道。"他说："第一，首先你过去要把文改会的状况先稳定住，然后逐渐地组建新的领导班子；第二，还要考虑现在（80 年代）我们国家已经进入新的时期了，现代化发展时期了，中央正在考虑制定新时期的语言文字工作的方针政策，要考虑这些问题；第三，你要想办法组织一批基本队伍，如果需要你提出条件都可以，核心的专家队伍，加强科研。"他还说了一句话很明确，他说："国家当时的文改会也好，后来改名国家（语言）文字工作委员会也好，都是一个专业性很强的，必须以专业研究为基础、为支撑的国家行政领导部门。"

这就是我为什么过来以后设法建立语言文字应用研究所，扩大语文出版社的工作范围，还参与筹备召开第一次全国语言文字工作大会，提出现代汉语规范的方针政策。1984年，我同几个同事，傅永和、于根元、佟乐泉、王凡，在怀柔水库边上宽沟招待所住了较长时间，主要是起草语言文字工作大会的主题报告，还有其他一些文件。

周　华：您（们）几位先生就在那儿住着讨论这些问题吗？

陈章太：对，讨论那些问题。有时累了，讨论不下去了，我就说："停，咱们到水库边上去遛遛，半个小时到一个小时再回来。"回来又有了思路，因为太紧张常常憋住了，憋住就出不来了。当时提出的新时期方针政策的初稿也是我们起草的。

周　华：最开始的想法就是在那个招待所住着的时候想的？

陈章太：对。前不久开会，我们也在宽沟，旧地重游，很有意思。那天傅永和还说："我们去看看当时住的平房，还到水库边上转转吧。"

周　华：我感觉啊，那个报告中关于普通话水平测试问题的论述，就是在您1983年的《略论汉语口语的规范》的基础上提炼的，是不是？

陈章太：是的。

周　华：那您当时为什么提出来要把这个口语的规范分成三级呢？

陈章太：我跟你说，首先为什么要重视口语，这个很重要，普通话就是根据口语来的。因为咱们的汉字是表意的，不表音，历史上我们的书面语跟口语基本脱节，但是口语很重要，又是书面语的基础。口语好的话，记录下来的书面语总体上就比较通顺，改动不会太大。事实上，口语在社会上的应用是大量的，书面语是人们掌握汉字了，有一定文化水平了，才能够使用，所以，我认为口语是第一位的。但是我们中国过去不大注意说话的训练，想怎么说就怎么说。有时候，同样一个意思，一个人三五句话就表达清楚了，有的人要绕半天。昨天晚上电视上有一个人说话，我看三五句话就可以说清楚，可他却绕了个把小时。实际上口语跟书面语有相当大的差别，关系又非常紧密，又是重要基础。

我一直认为过去我们没有重视口语的习惯，我们书面语——写诗、填词、写文章早已有之，从文言文到古汉语一直延续下来，包括历史文献也是这样，总体上自己有一定的标准。虽然没有明确列出来什么样的算是好的，但是都有一个公认的。研究方言以后，在语言所的时候我也想过这个问题，包括在《中国语文》期间，我也接触过要重视口语的文章。我认为口语是书面语的基础，口语好了书面语一般就好，书面语好口语不一定好。还有，口语是大量的，使用面非常广。社会逐渐发展，效率要逐渐提高，你口语水平必须提高才能适应社会现代化发展的需要。我认为：第一，要重视口语；第二，口语要考虑规范。口语规范很难，你规定他说话这么说才行，那么说不行。我在语言所时虽然也重视口语，但是对怎么规范还没想清楚，只知道应该用普通话做基础，才有根据。参加《中华人民共和国国家通用语言文字法》① 的起草工作以后，我对这个问题的认识有了一些提高。

周　华：《中华人民共和国国家通用语言文字法》是 1997 年才起草的吧？但是咱们提普通话水平测试的标准，是 1985 年就提出来了。

陈章太：对，1983 年我提出来的是应该重视口语。后来越来越

① 此处指 2000 年颁布，2001 年正式实施的《中华人民共和国国家通用语言文字法》。

觉得要依据普通话。普通话过去叫国语，清末以来就提倡、推广了，从 20 世纪 50 年代开始才大力推广。国务院发出那个通知[①]以后，普通话逐渐普及了。那么我们就要考虑以普通话做标准，怎么样树立它作为口语的标准。为什么我又考虑分级的问题呢？搞社会语言学以后，接触国外的一些文献，比如，欧盟的语言水平就分为 A、B、C、D 四级，四级下面再各分两等。法语水平测试也有分级，还有一些语言也分级。而多数国家没有分等。我接触了一点之后，看了一点儿翻译的文献，提到要考虑分级的问题，这是思路，但不好掌握，不好评。国内呢，北京语言学会的早期秘书长奚博先他们有个想法，想搞普通话考试的分级问题，但还没考虑分等。我没看到他的原始材料，但是他跟我说过，能不能考虑分成三级。我的想法也是这样，但是我不主张再分细了，要分四级、五级的话，太细，不好掌握。考的人不容易，学的人也不容易，具体描述也不好办，所以我考虑还是分三级。但是在三级基础上是不是再分等，对划分水平可能会好一点儿，三级好像又粗了一点儿，三级是个大的杠杠，所以我考虑三级六等。我在夏威夷那个会上提出来的还是分级，当时还没有分等。回来以后，我去调查方言，当中又有发现。

我有一篇文章写过四代同堂的语言生活[②]，那篇文章有些新意。因为那个发音人的家庭成员由好几个方言区的人组成，我问他："那你们大家都在一起的时候，你们用什么话交际呀？"他说："普通话。"我当时考虑，普通话作为共同交际语的话，方言本身也在变化，随

① 此处指国务院《关于推广普通话的通知》。

② 《四代同堂的语言生活——陈延年一家语言使用的初步考察》，陈章太，《语文建设》1990 年第 3 期。

着家庭成员变。家里原来是闽南话，第一代是闽南话，他[①]的语言感情很深，要求大家都说闽南话。后来慢慢在了解当中，我问他："大家总有共同交际的时候，那怎么办呢？回到自己房间里头去了，两口子还说闽南话吗？"他说："以女的为准，男的如果不懂女的话，往往要学他老婆的话。"那就看家庭地位了，有的是儿子地位比较高一点，他媳妇就坚持学闽南话。但是往往自己会不自觉地学一点其他方言，有时候还要用，所以多种语言交叉，普通话是共同交际语。他们的普通话，有的说得好，有的说得差，使我觉得普通话水平测试需要再分等。那篇文章还有一个重要的新观点，中国语言生活的发展规律实际上是小方言向大方言靠拢，地方方言向中心城市方言靠拢，最终方言向普通话靠拢。我是以他的家庭为例，比较早提出一些带规律性的新观点，学术上也许有点儿价值。因为小方言使用量毕竟少。

周　华：所以，您当时把普通话作为共同交际语的想法，还是受到了这个家庭的启发？

陈章太：对呀。这篇文章归纳有几条。我的研究常常是从实践提升理论，进行理论概括。

周　华：您的理论归纳能力真强，有时候我们看到语言现象也就是看到，但是没有往理论上再深入。

陈章太：我对自己、对学生的要求是做学问，首先基本功要扎实，基本知识一定要掌握得比较全，知识面越广越好，知识越丰富对治学越有利。也就是说，基础越宽、越扎实，学问就越好，就跟造塔一样，塔基越结实、塔座越牢靠，塔身就越高大。二是，你从

① 此处指陈延年老先生。

事研究，其核心部分一定要不断创新、不断有新的思考，突破了一点，你又要扩大、再创新。三是，现在做学问，一定要掌握好外语，至少要懂一门到两门外语。所谓“懂”，就是要掌握，能听、能说、能看、能写，听、说、看、写“四会”必须达到。但是第三条我自己没做到，深感内疚与遗憾。我学了几种外语，但是没有一种能自由运用。新中国成立前我学的是英语，没有学好，新中国成立后又改成俄语了。俄语我学得还可以，还能看些文章，但是很快就不用了，语言不用就忘。我又考虑学日语，因为语言所词典室的一个老先生王立达日语相当好，吕先生也说他日语很好，我向他学日语。他后来给我们开日语课，我日语学得基本上会说、会看。

后来因某种原因，我辞去国家语委和语用所的领导职务，应日本文部省的聘请，去日本国立一桥大学当教授教汉语两年。京都大学人文科学研究所又请我去做研究工作，我没去就回国了。出国前，国家语委领导班子重组，新的主任兼党组书记是国家教育委员会副主任柳斌同志。他来语委后找我谈话，说：“你的情况我们清楚，你受到不公正对待，你受委屈了，你不要走，留下来和我一起工作。”我说：“我不再担任领导职务了，我也很感谢你和组织。”我没留下。

周　华：您从日本回国后做什么工作呢？

陈章太：回国后，我仍在语用所做研究员，兼任所学术委员会主任。这段不愉快的往事已经过去了，我也不想谈它。现在回过头来说“三级六等”这件事。我认为口语是基础，很重要，必须把这个基础打牢，口语水平要提高，同时口语必须规范。因为没有一定规范，各说各的，交流也会有困难。不光是方言交流有困难，表达(如果说话都说不清楚)也有困难。所以，我一直主张加强口语规范。

夏威夷“华语社区语文现代化和语言计划学术会议”——它是以美国国务院的东西方中心的名义开的，请了中国(大陆)的、日本的、韩国的，还有台湾地区的一些专家去。我写了那篇文章，那个时候还没有分等的问题。回来以后，我觉得“级”粗了一点，测试水平有时候可能不大好分，所以想能不能再分等，各加一等。后来大家都同意我这个意见，就采用了。我还有一个“四级”的想法，那是我去香港的时候。香港理工大学请我去过好几次，因为香港要推广普通话，加强普通话教学和测试。我就考虑，光“三级六等”不大能概括香港的社会语言生活。因为还有相当多人是不入级的，但是说的又不完全是方言，说的不是粤语，已经有普通话的味道了，只是还不到三级乙等，所以我就说能不能设一个预备级。目的是从香港社会语言生活实际出发，而且也可以鼓励大部分学习者的劲头，已经到了这个预备级了，已经是准普通话了，而不是方言。

周　华：您的意思是，到了预备级就算是普通话了？

陈章太：可以看成是准普通话，也许还不能算普通话，但至少不是方言了。我叫它地方普通话。我初步想，还是叫作预备级好些。

周　华：陈先生，这个预备级还分不分等了？

陈章太：我认为不用再分等了，再分就太细了，不大好分。我的想法是，大致上不同方言区的人或者不同语言的人，说普通话勉勉强强能够交流，就可以算作预备级。

周　华：我觉得咱们的方言问题，有的还是表现在词汇方面，有时候方言词汇和普通话词汇差异是很大的。咱们的普通话水平测试虽然也测词汇、语法，但主要针对的是语音，对词汇、语法测得比较少，所以我就想咱们是不是可以再改进一下？

陈章太：我想应该的。不光语音，词汇也要考虑。语法句式如果基本意思表达清楚了，大致上能交流。语法差别很小。分级要以语音为主，分等或者具体评分，要把词汇列进去，这个我赞成。北京那个[①]没搞成型，而且它也没有分等，也没有看过它书面的。我问过奚博先，他说："没搞成型。"没坚持搞下去。

周　华：我看您在参考书目中列了，我去问过咱们所现在的一些老师，都说没有见到过。奚老师说他们有这个想法，但是没有成型吗？

陈章太：没搞成型，没形成文字的、系统的。另外，对搞普通话测试方面比较熟悉的有几个人：刘照雄，因为最后确定"三级六等"，他从头到尾都参加了，而且执行他一直在负责；还有于老师、佟老师[②]、厉兵、孙修章、伍巍——他是暨大中文系的，在香港中文大学长期兼课。其实还有两个人在香港，原在(国家)语委的宋欣桥和香港中文大学的林建平，他们对普通话的来龙去脉很清楚。他们中文大学每一年都举行测试、评奖，最后定评都请我跟佟乐泉两个去评审。香港还有岭南大学的田小琳，城市大学的王培光，香港大学的欧阳如颖，理工大学的陈瑞端等。孙修章不在了。

周　华：很可惜。在普通话水平测试方面，您觉得自己哪些学术论文比较重要？

陈章太：有几篇文章我认为是比较重要的，《略论汉语口语的规范》是最重要的，《对普通话及其相关问题的再思考》、《略论普通话教学与测试》是进一步思考，对相关问题谈得比较细，《论普通话水平测试等级标准》是一定要看的，还有《关于普通话水平测

① 此处指文献中出现过的北京市语言学会1982年提出的《普通话等级标准条例草案》。

② 此处指于根元老师和佟乐泉老师。

试的效度问题》。这几篇是比较重要的。《说语言规划》、《论语言规划的基本原则》、《语言文字立法是社会进步的需要》、《当代中国的语言规划》，这几篇的内容不完全是测试问题，是带有理论性的。《语文生活调查刍议》和《再论语言生活调查》是论语言调查的记文。

周　华：陈老师，您刚才说欧盟和法国的测试，他们也是针对母语者的吗？

陈章太：不是。欧盟不是由好多国家组成的吗？他们的语言有一个统一的标准，等于他们通用语言的一个标准，分成四级。

周　华：陈老师，我发现好像就咱们国家有通用语的测试，那普通话水平测试可以说是一项有中国特色的测试，您认为它的中国特色体现在哪些方面？

陈章太：是有中国特色的语言测试，测试的目的是测试普通话作为通用语言在社会应用的水平。首先要适应中国的语言国情和语言生活的实际，这是最重要的，看你能归纳出什么东西来。当代中国语言生活有些什么特色、热点的问题，测试要跟这相结合。还有一个，要考虑各个领域、各个行业对通用语言的需求。教育教学语言，媒体宣传语言，特别是有声媒体的，公共服务语言，最主要这几大领域。

周　华：在国外，包括美国，也是一个大国，方言差异也不小，他们怎么就没有这种通用语的测试？

陈章太：因为它有标准英语。一般到美国去，英语的交际能力都普遍较好。其他国家的人要到他那儿去留学，首先语言要过关，要达到他们的统一要求。如果能达到他们的要求的话，那基本上就没问题。比如，我孙子到德国去，第一关要过语言关。你到美国去，无论生活、工作、学习，英语都要达到一定的水平才行，所以他没有这个特殊的需要。

周　华：咱们的方言差别太大了。

陈章太：我们主要考虑通用语言的问题，其他的就不能考虑了。如果你在广东还要考虑粤语，上海还考虑吴语，这是不可能的。因为这没有必要，而且方言都没有规定标准和等级。我们就搞通用语言的，仅仅把握通用语言。我们民族语言差别太大，方言差别更大，而且还有土语差别。

周　华：是，有时候一个村子隔一条河说方言、土语就不同。

陈章太：我到大田，大田城关话的底层是闽南话，但现在变化很大了。离开城关以后，周围的几个镇，各自的方言、土语都不一样，没法交际。你们到福州、厦门去，经过莆田，从福清到莆田的一座桥，桥北说福州话，就是闽东话，桥南是说莆田话，完全不能通话。最典型的一个例子，莆仙话有一个边擦音 [ɬ]，其他地方都没有，只有莆田、仙游有这个边擦音。你听到说话带 [ɬ] 声音的话，就知道是莆田、仙游人。我跟戴庆夏老师，隔着一个山，他说仙游话，我这边说永春话（闽南话），不能通话。但是当地人语言能力很强，桥北人懂桥南人的话，桥南住的居民也会说桥北人的话，因为经常接触。但是如果各自说各自的话，没法交流。

周　华：所以他们用的是兼有两个地方特点的语言吗？

陈章太：两种情况。一种是混合语，就是兼有两种方言的特点，主要的相同部分保留，不同地方再尽量减少分歧；还有一种，就是你说我的话，我说你的话，这么交流。另外，你提纲中提到林焘先生说语言能远离政治。我觉得搞社会语言学根本离不开，在社会生活中政治是无所不在的，搞语言学不谈政治行吗？文学更敏感，语言学要好一点，但也很难分开。现在如果我们国家没有行政来支持，没有行政统一领导的话，那推普力度就很不一样了。现在推广普通话，一个靠市场经济的推动，因为市场交流现在空前的频繁活跃，没有通用语言作为共同交际工具，怎么谈生意呀，这是民间、社会的力量。还有一个靠行政的推动，通过教育，通过公共活动，通过媒体——有声媒体的促进，这个影响很大。这都与政治有关啊。我搞社会语言学，搞语言测试，国外对我是有影响的。搞社会语言学，最早我也是受拉波夫、费希曼、甘柏兹、海姆斯、韩礼德等影响，特别是特鲁吉尔，特鲁吉尔讲语言与社会讲得比较多、比较具体。国内对我影响比较大的就是北大英语系的祝畹瑾老师。她搞社会语言学搞得最早，所以她的《社会语言学译文集》对我影响最大。但她不搞测试。刚才提到的费希曼、拉波夫的文章、著作都是她翻译过来的，单篇的也有，也有集子。她发表的书都送我，我很感谢她。要说我对普通话水平测试方面做了一点贡献的话，我想一是比较早提出了"三级六等"。

周　华：我觉得不是比较早，是最早提出的。

陈章太：而且还不断有些思考。二是，我紧紧地联系中国的语言实际和语言生活实际，完全结合中国的语言国情和语言生活的国情。三是从实践中进行理论总结。到现在为止，我发现社会语言生活有些变化，我就想办法从理论上做一些解释，做一点概括，从语言学理论上加以解释。我思考的这方面比较多一些。对未来普通话水平测试，我想我们最近这些年一定要紧紧结合现在的《国家语言文字事业十三五发展规划》和《国家中长期语言文字事业改革和发展规划纲要》，根据这些文件来考虑我们的普通话水平测试问题，这是很重要的依据。这两个文件对普通话的规范、推广提得很明确。还有一条就是，尽可能加强理论研究、理论总结。能不能再深入一步，逐步建立我们的普通话水平测试学，作为一门学科，有比较完整的学术体系。

周　华：其实普通话水平测试已经是自主招生的学科了。

陈章太：但是我们还没有正式提出普通话水平测试学，根据我们自己的特点建立一个具体的体系。还有一点，联系整个社会的现代化、信息化、智能化。现在智能化发展非常快，很多事务由机器来做了，但很多事务还离不开语言，当然是普通话的影响最大了。需要的群体越来越大，跟普通话有关的事业越来越广。离开语言的智能化寸步难行，很多事物都是以语言做基础、做媒介。甚至可以说，没有语言的规范化，没有语言的信息化，就没有智能化。你的问题我大致都回答了。

周　华：陈先生，我最近在考虑一个问题。现在的社会语言生活，大家交际中用的是普通话，但是每个人的普通话水平是不一样的。在这种情况下，咱们有没有必要加入听力的测试？但是听力测试是使用带有方言色彩的听力材料。因为听方言色彩的普通话的能力也是你的普通话能力，如果只能听懂标准的普通话，可能，我觉得……

陈章太：从应用角度来说，应该这样做；从技术层面说，难度比较大。但是从需要来说，要坚持，要研究。要说，首先要听，能听懂才能交流。

周　华：陈先生，听说您退休后长期还在工作，是吗？

陈章太：是的，做些力所能及的工作。1996年我已经65岁，国家语委为我办理退休，但仍继续工作，待遇不变。2000年中国传媒大学聘我为兼职教授，在该校播音主持艺术学院招收、培养社会语言学专业博士研究生。我先后招收、培养博士研究生 7 届 11 名，现在已有 5 名博士生任大学教授，1 名任商务印书馆编审并任该馆总编辑，3 名任大学副教授，2 名任讲师。80 年代中期，我在语用所工作时，还培养了 3 名社会语言学硕士研究生。直至现在还经常做些力所能及的工作，实际上是退而半休，并且学习了许多新知识。这就是我一生的主要经历。

周　华：谢谢陈先生。

陈章太：不用客气。

（周华：青岛大学讲师）

邓大夫日记

——记《中国语言生活状况报告2009》审订会

邓庆春

编者按：今天，商务印书馆“语言战略研究”公众号推送了周庆生教授《家国情怀心　亦师亦友情——忆陈章太先生》的文章，陈先生夫人邓庆春大夫阅读后，非常佩服周教授准确的记忆，她查看了当时的日记，并拍照发来全文。

《中国语言生活状况报告2009》由教育部语言文字信息管理司策划，是中国语言生活绿皮书的第五部，分上编和下编。按照惯例，审订会由审订专家和语信司领导出席，绿皮书主编和副主编参加。据“后记”记载：“陈章太先生继续担任课题组的‘常务’审订，从项目策划到成果出版，审阅评议了大量稿件。”

2010年5月26日，在北京国家教育行政学院召开绿皮书审订会，审读2009年中国语言生活状况报告。适逢陈章太先生夫妇的金婚，课题组准备了五十枝玫瑰及百合花，上面有一个红心形小卡片，签有与会人员的名字，由时任语信司司长李宇明送给陈先生夫妇。陈先生夫妇高兴得当众喝了交杯酒，唱了《夕阳红》。

现征得邓大夫的同意，把2010年绿皮书审订会的日记与大家分享，题目是编者加的。

早晨 9:20 王菲师傅来车接我们去大兴国家教育行政学院开会，车上有语信司司长李宇明一同前往。10:30 到达，住专家楼 506 房间。条件挺好，房间宽敞，桌柜卫生间都很好，适宜写作开会。上午在房间看材料。

中午 12 点午餐有 10 余人，还有的未到。这次会议内容主要是《(中国)语言生活状况报告(2009)》(绿皮书)上下册主编、审订人员审稿。

参加(审订会)的有：

语信司(司)长 李宇明，副司长王铁琨及夫人王淑英，

商务印书馆副总编(辑)周洪波，教育部处长陈敏，

(中国社科院)民族学与人类学研究所周庆生，周(庆生)的学生白娟，

北京大学中文系陆俭明及夫人马真，商务(印书馆)蔡长虹，

(中央)民族大学文学院戴庆厦及夫人徐悉艰，(中国)传媒大学侯敏，

北京大学计算(语言学研究所)俞士汶及夫人朱学锋，

加我们共 16+1=17 人。

下午 2 点—7 点继续审稿会。在菊苑吃饭，人员较齐，就李宇明司长下午去部里开会，晚 8 点多才回来。

大家将两个大圆桌拼拢，为我和章太共同庆贺金婚 50 周年。还准备了 50 只(枝)红玫瑰及百合鲜花，上面有一个红心形卡片，有与会人员签名，连司机也签上了。喝白酒、红葡萄酒。大家兴致

很高，互相祝酒，并介绍恋爱的过程。由章太讲，我没有讲什么，只是天有情人有意。这样也带动俞士汶教授讲他们的恋爱婚姻史，很真实朴实耐人寻味。全场祝贺达到高潮，直等（到）李宇明司长快 9 点从城里来，到聚餐点给我们献玫瑰花才完结。这顿饭一直吃到 9:45 散场。这也是有生以来得到快乐（的）一幕，非常感谢为我们祝贺的领导朋友们。我们连（俩）鞠躬以致谢！章太与我共唱歌曲《夕阳红》。

祝贺会由周庆生主编主持，他是位热心人，为我们金婚纪念做出了努力！

（邓庆春：陈章太先生夫人，曾在北京温泉结核病医院
即今北京老年医院当护理部主任）

深切怀念敬爱的父亲

陈　坚

父亲陈章太去世已经两月有余了。这期间，父亲的众多学生、同事和老朋友写了很多悼念他的文章，从父亲生前从事的工作和他对国家语言文字事业的贡献，以及他严谨的专业研究态度直至父亲的为人处世都给予了极高的评价。在大家的眼中，父亲是老师、学者、领导、同事或朋友；而我所学的工科与父亲的专业相距甚远，加上父亲在家中很少谈及，故而对父亲从事的工作及其成就知之甚少。父亲在我的心里一直就只是那个生我养我、爱家爱孩子的老爸。

在父亲去世后的这段时间里，几十年来与父亲相处的情景时不时地像过电影一样一幕一幕地出现在我的脑海里和睡梦中，有儿时与父亲在一起的美好回忆，也有父亲最后在病床上带着期盼望着我的眼神。每每回忆起这些，眼泪就不知不觉地从眼眶里涌出，心如刀绞，并最终意识到我那和蔼可亲的老父亲真的再也回不来了。

两周前，父亲的学生洪波兄问我是否能以家属的视角写一篇悼念父亲的推文。他的建议与我的想法不谋而合，我也一直想把那些深藏在脑海里的对父亲的记忆写下来，生怕自己将来上年岁后会慢慢地忘掉这些珍贵的场景。在此，我也要再次感谢洪波兄在父亲生病及住院期间以及去世前后对我父母的照顾，并付出了大量心血，在长达一个多月的时间里组织大量的推文纪念缅怀父亲。

一

在我上幼儿园时，因母亲在北京市温泉结核医院上班（当时属于北京远郊区），一周只有周日才休息，所以我上的是全托幼儿园。因为母亲回城的路途较远，回到家时一般已是很晚了，每周六下午一般都是父亲去幼儿园接我。那时我最开心的事情就是周六傍晚能在幼儿园的门口看到父亲的身影，但就这小小的期盼有时也会落空。因为父亲总是忙于工作，接我的有时是他的同事侯精一叔叔，有时是他的老乡同事、个子不高的张振兴叔叔。如果某个周六父亲回来得太晚，张叔叔接到我后还要把我“暂存”在侯精一叔叔家，可见当时父亲的工作有多么地忙。不过，父亲虽然平时不一定能按时来幼儿园接我，但他一有空就会抽出时间带母亲和我去郊游，以弥补平时工作忙不能陪伴家人的遗憾。其中给我印象最深的就是去八达岭长城和潭柘寺。记得每次郊游，父亲多半时间都是让我骑在他肩膀上，上长城时也是把我抱在怀里。在我年幼时，父亲在我的眼中就是座大山，他有着无穷的力量，而且无所不能。在父亲的怀里，我的安全感和幸福感能得到前所未有的满足，只可惜这样美好的时刻每次都太短暂了。那时会经常想，如果周一早上不再醒来该多好哇！

1968年，我上小学时，我们住在北京赵登禹路育教胡同5号（2007年已经全部拆迁，从前的胡同已经变成了现代的高楼大厦），那是一栋老式的筒子楼。

上小学与上幼儿园最大的区别是可以天天见到父亲。母亲依旧是同我上幼儿园时一样，每周六晚上才能回家，所以那段时间是我和父亲独处最长的一段时光。我每天放学回家时，父亲大都还没有下班。夏天白天长还好，父亲没回来可以和小伙伴儿在楼下的院子里，边玩儿边等父亲下班回家；冬天外面天气太冷，只能待在家里，一二年级时我年纪小，一个人待在家里非常害怕，脑海里老是浮现出鬼故事中的恐怖场景。记得有一次家里灯泡突然憋了，我在黑暗中等了两个小时后父亲才下班回来。父亲一进家门，我就放声大哭。父亲抱着我，答应我以后要早点下班。从那以后，父亲的确晚回家的次数大大减少了。

父亲不太会做饭，在与父亲独处的那两年，我们基本上吃遍了官园附近的所有小饭馆，记得当时吃得最多的就是炒饼。非常奇怪的是，在幼儿园时天天必吃的白煮蛋和牛奶，在我长大后就完全不再碰了，可炒饼却是我一直比较喜欢的食物，也许是因为小时候经常和父亲一起吃的缘故吧。

"文革"有一段时间，很多单位都不能正常上下班，父亲终于有空闲了。他经常带着我在西城各个有趣的地方转悠，我们去的最多的地方就是离家不远的新街口外的豁口。那时候的豁口与现在完全不一样，有很大一片水域，后来父亲只要有空就带我到那里看别人钓鱼、游泳。大概就是因为那时的耳濡目染，后来父亲和我搬回母亲工作所在的北京市温泉结核医院后都迷恋上了钓鱼，我甚至还瞒着家人，在京密运河里偷偷把游泳学会了。

小学一年级时，有一阵子我对蟋蟀特别感兴趣。我在书里读到过，斗蟋蟀是中国民间的一种娱乐活动，也经常听其他大男孩说，斗蟋蟀如何有趣。出于对蟋蟀的兴趣，我还对蟋蟀的种类做过比较详细的了解，特别希望能有一只活的蟋蟀可以让我近距离观赏，但那个时候偌大的北京城却几乎听不到蟋蟀的叫声。

记得一年秋天的周六，我放学回到家，刚从河南出差回来的父亲十分兴奋地告诉我，他给我带了一件小礼物，随后他小心翼翼地从书包里拿出了一个小瓶子。我惊喜地看到瓶子里面爬着一只我梦寐以求的蟋蟀。我当时心情十分激动，但当我把小瓶真正拿到手里仔细端详时，才发现那不是一只我所期待的蟋蟀，而是另外一种体型比普通蟋蟀大很多的昆虫，北京人称之为“油葫芦”。这种油葫芦也可以用来斗，但它的牙在斗的时候张开的程度不大，精彩程度不能与真正的蟋蟀相比，而且父亲带回来的这只“油葫芦”还少了一只腿，是个“残疾”，刚有的兴奋劲儿顿时消了大半。我不免有些失望，只不过当时的课外生活太单调了，能有一只活物可以养也算是一件不错的事情。在后来的日子里，我精心地照料这只“油葫芦”，直到晚秋来临时看它“寿终正寝”。几年以后我才从母亲那里知道，当年父亲出差在河南时一直想给我一个惊喜。当他在路边看到当地的几个男孩抓到了几只“蟋蟀”，就问那些男孩能不能让给他一只，他还告诉那些男孩，在北京有个小弟弟特别想要一只蟋蟀。那些男孩大概是被这位“北京大叔”对儿子的一片爱心感动了，就送给了父亲一只。一路上父亲像宝贝一样小心看护着，生怕碰坏了，尽管最终还是断了一条腿（蟋蟀的大腿长期在狭小的瓶子里很容易折断）。听了母亲的叙述，想到我那时还埋怨他不够专业，给我带回来的是残了一条腿的“假”蟋蟀，却根本没想到他为了给儿子一个惊喜，拉下脸去求路边的男孩儿，再从河南一小地方耗时两天（那时的交通极为不便）才辗转把油葫芦带给我。那是件多不容易的事情啊，可却没得到儿子的一声谢，我心里觉得特别对不住父亲。若干年后我也做了父亲，每每想到童年时的这件事情，心里充满了对父亲的愧疚。

1969年初发生的一件事情让我至今还记忆犹新。小时候，父亲的形象在我的眼里是高大无比的，好像从来没有什么事情能够难倒他，但有一天我放学回到家里，意外地发现母亲已经回来了，而关着门的卧室里传来父亲极其悲痛的哭声。我很害怕，不知发生了什么事情，因为我从来没见过父亲掉泪。母亲把我拉过去，告诉我祖母因意外去世了。我父亲出生在闽南的大山里，祖父很早就背井离乡出国打工，一走几十年都没有再回来，祖母独自一个人把父亲和叔叔养大，可以想象生活对于祖母是多么地艰难。但即便如此，祖母还是供父亲读书，不仅送到县里上高中，还支持父亲上大学深造。父亲大学毕业后分配在北京工作，并在北京结婚生子，因为工作忙，一直没顾得上回福建老家看望祖母。父亲没想到还没来得及报答祖母的养育之恩，祖母就过早地意外身亡，父亲的心里该是多么地悲伤并充满自责和愧疚。

二

小学的生活虽然平淡但也平静，但这种平静很快就被突如其来的“文革”的新政打破了……父亲去了河南的“五七”干校，家里一下子失去了主心骨，当时还是小孩子的我，不安全感陡然加大，对前途也充满了恐惧。母亲由于习惯性流产，整个怀孕期间基本都是在家卧床静养待产，这样生活的重担一下子就落到了我和姥姥的头上。那年我8岁，姥姥不识字，还是小脚，出门不方便，那时倒屎倒尿、上街买菜的事都落到了我的身上。筒子楼里没有厕所，厕所在楼北面近百米的地方，夏天还好，北京冬天滴水成冰，每次倒马桶都是一种煎熬。好不容易熬到了母亲分娩，刚刚出生的弟弟却突然得了肺炎，医院还下了病危通知，而此时的父亲还在从河南“五七”干校往北京赶的路上。幸好妈妈和我没有同意人民医院把弟弟转到儿童医院救治的建议，否则在北京寒冷的初冬，刚出生的弱小弟弟就有可能在转院的路上夭折。

1970 年底，我们举家搬到了母亲工作的单位北京温泉结核病医院，位于北京的远郊区。到了乡下，我是如鱼得水，那里有很多好玩儿的东西。

“文革”后期，父亲也因落实政策回到了北京。刚回到北京时，单位办公地点没有落实，工作不正常，有大把的时间在家。父亲在“五七”干校练就了一身的手艺，动手能力极强。在家闲居的那段时间里，他自己动手给家里打了大衣柜、碗柜和沙发，还帮邻居家打家具。那个年代沙发绝对是奢侈品，那时木材奇缺，为了找到合适的木材，父亲走街串巷，记得沙发的扶手就是他用在村里买的扁担改造的。

那段时间里，父亲还很快把我们以前的垂钓梦想变成了现实。他从合作社买来了搭蚊帐的竹竿，加工做成可伸缩的鱼竿，把竹扫把拆开做成竿梢。渔具做好后就马上付诸行动。夏天为钓鱼父亲和我 3 点就起床，4 点就已经在水边了。在我刚开始学钓鱼时，父亲手把手教我。在新地方钓鱼，他总是冲在前面，确认安全后才叫我过去。记得我第一次钓到甲鱼，我完全不知所措，怕甲鱼咬我，不敢去摘鱼钩，父亲第一时间冲过来，细心教我如何应对。他在钓鱼过程中还潜移默化地教会了我许多做人的道理。很多钓鱼人沉不下心来，在一个地方钓不着鱼就很快换地方，患得患失。父亲钓鱼从不这样，一旦他选好了地点极少再换，也不会人云亦云，坚持自己的选择。无论夏天的太阳有多么毒，站在水里有多久，即使蚂蟥在吸着腿上的血也从不退缩。有时在水里一站就是六七小时，不吃不喝。每年的9月底，邻居朋友常去淘鱼，就是用水桶一桶一桶地淘干再捞鱼。这是非常重的体力活，父亲总是抢在前面做最重最累的活儿。他的这种独立思考、勇于担当、吃苦耐劳精神潜移默化地影响着我，我成年后尤其是在德国自费求学初期那些非常艰辛的日子，就是靠着小时候从父亲那学到的这些坚持下来的！

1976年7月唐山发生的大地震，在北京也有强烈的震感。地震那天晚上父亲恰巧不在家，大地震把碗柜里的碗勺震得山响，当晚大家都不敢再留在室内了。父亲第二天很快从城里赶回家中，并着手搭建地震棚。他不只给自家搭建，还帮邻居，把两家搭建成一个背靠背连体的抗震棚。抗震棚墙壁是干打垒的，劳动强度很大，那时的我虽然已上中学，但一向多病，身体比较弱，只能做一些小工的活儿，主要工作像夯土墙、搭屋顶等，基本都是父亲独立完成的。他对待搭地震棚这样的工作也非常认真，每开始一项工作前都要左看右看，反复思考后才动手干活。最后我家的地震棚盖得从外面看像正式的房子，比其他地震棚要坚固漂亮许多。

在温泉（母亲工作的地方）上小学和中学时，我的身体不是这里就是那里一直有问题，家里的家务活一直是母亲操劳，父亲是每天很晚才从城里下班回来。当时交通不便，从颐和园只有一路346公交车到温泉，车次间隔也很长，还时常传出有交通事故。父亲亲口给我讲述过他的一次惊险经历：公交车因为会车，滑到沟里，父亲命大，幸好没事，而且没受任何伤。所以那时只要父亲晚上7点没有到家，家里就弥漫着焦虑的气氛。在这种氛围里，我在家里根本坐不住，忍不住地一次次去公交站等他。每当看到最后一位乘客下车还见不到他时，心里充满了失望，有时甚至绝望，脑子总是往坏的地方想。当看到父亲下车时，所有失望和绝望又一下子烟消云散。每当父亲看到我来接他时，他都会第一时间抓住我的手，安慰我不要担心。

1978年恢复高考后，我也希望自己能考上大学。由于贪玩，我学习上欠账太多，尤其是我的语文成绩一直不是太好，特别是作文一直找不到正确的写作方法。父亲就耐心地为我辅导，教我如何写好作文，并多次亲自给我批改作文。在他的帮助下，我逐渐在作文上找到感觉并取得了突破，我写的一篇说明“为什么冰刀可以在冰上飞速滑行而在同样光滑的玻璃上却不行”的作文在全班被老师作为范文，后来在高考中语文也没有拖总分的后腿。

我考上大学后，父亲的工作也逐渐进入了正轨。父亲在中国文字改革委员会担任了领导工作。大学期间我有时会去父亲那里打乒乓球，每次他都要求我等到单位的同事都离开后才开始打球，生怕影响其他人工作。

三

大学毕业后，我对工作不是十分满意，决定去德国留学深造。父亲和母亲也积极支持我，拿出他们几乎所有积蓄资助我。我从小到大从未远离过父母，我的出国对他们影响很大。后来回国母亲才告诉我，父亲在我出国后非常不适应。由于我是乘坐火车去的欧洲，刚到德国赶上暑假忙于打工养活自己，加上当时国际信件往来耗时较长，我走后父母一个多月一直得不到我的消息，非常着急。父亲常常夜里爬起来含着眼泪给我写信，但又不知道寄往何处。现在想起来我心里还像撕裂一样，父爱伟大！

1993年，父亲在日本一桥大学任教时，我们在德国的学习生活状况还十分艰难，父母为解思子之情，便资助我和妻子到日本团聚。

晚年的父亲脾气非常好，至今我不记得他发过什么脾气。在我的眼中，他在与母亲相处的几十年里，始终是处于“被动”的状态。父亲的性子比较慢，母亲却是个急性子的人，加上手脚非常麻利，往往她让父亲干的事情，父亲还没开始做，母亲就等不及自己做完了，所以家里的活儿大多是母亲一人在做。母亲有时免不了对父亲有些怨言，我们回家时母亲会跟我们“倒倒苦水”，每当这时，父亲就会笑呵呵地说：“是，是，是我不好。”我有时会开玩笑地对父母说：“爸的许多毛病都是妈惯出来的。”父亲会笑着应道：“对啊，是她惯坏了我。”母亲退休前是医务人员，对父亲的饮食一直控制得比较严格。1997年在外出开会的途中，父亲突发中风，幸好有母亲跟随及时就医治疗，才没落下什么后遗症。从那以后，母亲除了做饭控制油盐的用量以外，还限制父亲吃油腻、盐多的食物。父亲是个喜欢美食的人，每次我们带孩子回家时，母亲会做几个荤菜给我们，父亲会趁着母亲没看见的时候“偷偷”地先吃上一两块肉。

我的两个儿子小的时候，每次我们带孩子们回家看望父母，母亲会提前半天就开始张罗一大桌子饭菜，而父亲每次总是乐呵呵地煮上一大锅香喷喷的白米饭。他总说他煮的米饭最好吃，并且想方设法地为孙子准备各种零食，还时不常地偷偷塞给他们零花钱。吃饭时父亲会乐此不疲地为孩子们夹菜，嘴里还念叨着：“这是洋洋（老大）最喜欢的，这是飞飞（老二）最喜欢的，多吃点。”吃完午饭，父亲会亲手削几个苹果或梨给孩子们，冬天父亲还会溜出家门给孩子们买回一包热乎乎的糖炒栗子。每年春节及孩子们的生日，父亲母亲会为他们每人包一个红包，儿子们上学后还会在红包上面写上祝福及鼓励的话语，并教育他们要为人正直，要孝敬父母。

因我和弟弟都不在北京工作（我晚上和周末在北京），父亲母亲为不给我们增加负担，不但家务事不让我们承担，就是他们自己生了“小病”也从不告诉我们。无论二老他们哪位生病了，大都是老两口相扶着或坐公交车或打的自己去医院看病拿药。事后提起来，总让我们做子女的内心十分愧疚。其实2018年前，我们住的与父母家只隔着一条街，即便是这么近，父母也几乎从不让我们为他们做任何事，反而是父亲经常帮着接孩子下学。2015年母亲心脏病发作时，父亲依旧没有打电话给我们，又是父亲自己陪着母亲去了阜外医院，大概是因为母亲的状况不好，父亲十分担忧，才在医院给我们打了电话。我们当即赶到医院，大夫诊断后立即留母亲在医院观察，晚上父亲一定要留在医院陪母亲，我和妻子自然是不答应，夜间陪护怎么也轮不到80多岁的老父亲。我们好说歹说才把父亲劝回去，可第二天一大早父亲自己就又跑到医院，一陪就是一整天。从那次以后，我们才意识到父亲和母亲都真的是老了，需要子女的关爱。所以这些年来我们也尽可能地多关心父母，但我们发现无论为他们做多小的事，都会让他们感到不安，他们都要反复说“谢谢”，虽然我们多次跟他们说是我们心甘情愿的，而且都是举手之劳。事后他们总会以各种形式来回馈我们，每年我妻子和孩子们过生日时，他们会在给我们的生日红包上写满感激的话语，每次都让我们十分感动又十分愧疚，因为我们只是做了为人子女都会做的事情。

四

虽然我和弟弟的工作都比较忙，但我们还是想方设法抽出时间和父亲母亲在一起。

1999年元旦和春节，我把父母邀请到厦门全家人团聚，享受天伦之乐，并和二老一起走访了父亲的祖籍福建永春以及他上过的中学和大学。

2010年，我们出资请父母到日本故地重游，让他们多看看这个世界。

2015年8月，我们带父母在北京古北水镇小住，二老非常开心。

2018年我弟全家陪父母坐世界上最大的邮轮去日本旅游，还特意给他们老两口预定带大阳台的海景房间。从发回的照片可以看到，父亲十分享受。他说，他从来没有这么放松这么长时间地看过大海。母亲告诉我们，父亲每天在阳台上的躺椅上一躺就是几个小时，非常高兴。能看到习惯于劳累的父母这么开心，我们做儿女的也感觉到十分欣慰。

最近两年，父亲健康状态急剧恶化，背越来越驼，走路开始打晃。每次我们回家看他，走的时候他都执拗着要亲自下楼送我们，直至我们的车离开他的视线。从汽车后视镜中看到老父亲站在院子里目送我们，眼泪不知不觉地就润湿了眼眶。我想他知道自己的时间不多了，想尽可能地多看我们一眼。今年在他最后的几个月里，我尽可能多陪父亲，用轮椅推他晒太阳，搀扶着他练习走路。现在想起来幸好当时做了这些，否则我会后悔一辈子的。

8月20日，本来和父亲约好第二天带他去北海和景山，但这最后约定却因父亲当晚的病情恶化，非常遗憾地没能兑现。现在想起来，当时要是早回去一天该多好呀。

在父亲最后一段的时间里，我每次带他去医院换尿管都不忍心直视，我会转过头去或躲到诊室外，我不想看到父亲痛苦的样子。插导尿管时，父亲经常忍不住疼痛会叫出来，但事后他从不在我们面前抱怨，他怕我们担心，给我们增加心理负担。在救护人员抬着担架送他去医院的路上，他紧紧抓住我的手，生怕一松开就再也抓不到似的，那情景就如同我小时候抓住他的手一样，那时候父亲是孩子的天，现在父亲老了，孩子就是他的天。

在最后住院的日子里，每一次母亲和保姆给他换弄脏的内衣和尿垫时，从他表情可以读出，他是那么地不情愿去麻烦别人，但现实他又没有能力去改变，只能默默接受，内心的煎熬程度是可以想象的。

10 月 14 日我出差在外，保姆在医院给我打视频电话，在视频里我看到父亲那期待和绝望的眼神，他已经不能说话了，但他的眼神告诉我他将要离开我们了。我毫不犹豫地买第二天最早的一班机票赶回北京，并和弟弟一起赶去医院。此时父亲已经完全没有了反应，大口地喘着气，心跳在每分钟 150 次以上，最高达到 190。正常人运动时这样的心跳也坚持不了 1 个小时，可父亲却生生坚持了近两天，他的生命力是那样地顽强！父亲在家里有过无数次的跌倒，但他在母亲的帮助下奇迹般地又站起来。有多少老人跌倒一次就永远再也站不起来了。他是多么渴望能挺过这一关，就像他在家里跌倒又站起来一样，活下来，同他的亲人在一起。

10月 17日凌晨，父亲走了。愿父亲在天堂不再有疼痛和痛苦！您的嘱咐我们会牢记在心中，好好做人，不辜负您的期望。

（陈坚：陈章太先生长子，任职于 PPM 集团公司）

仙夹镇唁电

尊敬的陈章太先生家属：

惊闻噩讯，家乡父老无不震惊与痛惜！先生之优秀，乃仙夹之荣光；先生之贡献，恩惠满仙乡。先生十分热心家乡公益事业，关心家乡发展，受到家乡父老的尊敬与爱戴。赖先生之善举，家乡人民生活幸福、家乡事业节节攀升。

今先生驾鹤西去，令人惋惜不已。在此，谨代表仙夹父老乡亲寄去哀思，万望您与家人节哀顺变，保重身体！

仙夹镇党委会

仙夹镇人民政府

2021 年 10 月 19 日

陈章太先生著述目录

著作

1.《福建省汉语方言概况》(上、下册，与黄典诚等合著)，福建省汉语方言调查指导组铅印，1962年。

2.《语言美和精神文明建设》(与于根元合著)，上海教育出版社，1985年。

3.《永春方言志》(与林连通合著)，语文出版社，1989年。

4.《闽语研究》(与李如龙合著)，语文出版社，1991年。

5.《邵武市志・方言志》，群众出版社，1993年。

6.《普通话基础方言基本词汇集》(共五卷，与李行健共同主编)，语文出版社，1996年。

7.《大田县志・方言志》(与许长安合作)，中华书局，1996年。

8.《世纪之交的中国应用语言学研究》(与戴昭铭、佟乐泉、周洪波共同编写)，华语教学出版社，1999年。

9. "语言文字应用研究丛书"(与许嘉璐共同主编)，广东教育出版社，1999年。

10. "应用语言学系列教材"(与于根元共同总主编)，商务印书馆，2003年。

11.《语言规划研究》，商务印书馆，2005年。

12.《语言规划概论》(主编)，商务印书馆，2015年。

论文

1.《毛泽东同志对语言科学的伟大贡献》(与龚千炎等合作，署名伍青文)，《中国语文》1960 年第 11 期。

2.《福建汉语方言分区略说》(与潘茂鼎、李如龙、梁玉璋、张盛裕合作)，《中国语文》1963 年第 6 期。

3.《有关普通话词汇教学的几个问题》(与侯精一合作)，《文字改革》1964 年第 10 期。《汉语拼音小报》转载。

4.《"同志，请讲普通话"——闽乡见闻录》(署名《光明日报》通讯员)，《光明日报》"文字改革"副刊 1975 年 10 月 24 日第四版。又载《积极推广普通话》，文字改革出版社，1976 年。

5.《在"俄语至上论"的背后》(署名语言所、华北无线电厂大批判组)，《人民日报》1976 年 9 月 3 日。

6.《党的语文工作不容破坏》，《中国语文》1978 年第 2 期。

7.《批判"两个估计"：商讨语言学科发展规划座谈会会议纪要》(署名本刊记者)，《中国语文》1978 年第 2 期。

8.《谈谈语言学研究跟四个现代化的关系》(与于根元合作)，《安徽师范大学学报》1978 年第 2 期。

9.《关于语文教学的几个问题》，《山西教育》1979 年第 2 期。

10.《在山西省语言学科发展规划座谈会上的报告》，《山西社会科学通讯》1979 年第 8 期(增刊)。

11.《语言研究的现代化及其他》，《语文研究》1980 年第 1 期。《晋阳学刊》1980 年第 2 期转载。

12.《语文教育家介绍：吕叔湘》(署名洪平)，《语文战线》1980 年第 3 期。

13.《1979 年的语言研究和语文工作》，载《中国百科年鉴

1980》，中国大百科全书出版社，1980年。

14.《反对"语言污染"，加强"语言美"教育》（署名梁仁），《中国语文通讯》1981年第1期。《新华文摘》1981年第4期转载。

15.《谈谈语言美》，《中国青年报》1981年3月24日。又载共青团中央宣传部编《宣传教育资料》1981年3月专辑。

16.《关于"语言美"和"语言美"教育》，《汉语拼音小报》1981年4月1日。

17.《语文教学中的两个基本问题》（署名洪平），《语文教学与研究》1981年第2期。

18.《谈谈口语问题》，《语文战线》1981年第10期。

19.《中国语言学会筹备经过》，载《把我国语言科学推向前进》，湖北人民出版社，1981年。

20.《方言岛》，载《语言漫话》，上海教育出版社，1981年。

21.《语言研究和语文工作》，载《中国百科年鉴1981》，中国大百科全书出版社，1981年。

22.《全国汉语方言研究班结业》（署名钟雨），《中国语文》1981年第6期。

23.《继续坚持和完成文字改革的方向和任务》（与于根元合作），《语文研究》1982年第1辑。

24.《吕叔湘先生小传》（署名洪平），《语言美》小报第1期1982年1月10日。

25.《座谈会上的发言·要重视语文教育和语文运用》，《新闻战线》1982年第4期。

26.《1981年语言研究和语文工作概况》，载《中国百科年鉴1982》，中国大百科全书出版社，1982年。

27.《中国语言学会首届年会》(署名钟雨), 载《中国百科年鉴1982》, 中国大百科全书出版社, 1982年。

28.《第66届国际世界语大会》(署名洪平), 载《中国百科年鉴1982》, 中国大百科全书出版社, 1982年。

29.《碗窑闽南方言岛二百多年间的变化》(与李如龙合作),《中国语文》1982年第5期。

30.《论闽方言的一致性》(与李如龙合作),《中国语言学报》第1期, 商务印书馆, 1983年。

31.《和气·文雅·谦逊——关于语言美的内容》,《学语文》1983年第2期。

32.《谈谈写作中的语言美问题》,《安徽日报通讯》1983年第6期。

33.《邵武方言的入声》,《中国语文》1983年第2期。又载《汉语方言论集》, 北京语言文化大学出版社, 1997年。

34.《略论汉语口语的规范》,《中国语文》1983年第6期。

35.《一次汉语规范化和文字改革的国际会议——记夏威夷"华语现代化"学术会议》(署名钟雨),《人民日报》1983年12月29日。后又以《一次汉语规范化和文字改革的国际会议》为题(署名H.P.), 发表在《文字改革》1984年第1期。

36.《我国有多少种语言文字》, 载《语言学百题》, 上海教育出版社, 1983年。

37.《汉语有多少种方言》, 载《语言学百题》, 上海教育出版社, 1983年。

38.《学习语言学有哪些基本的参考书》, 载《语言学百题》, 上海教育出版社, 1983年。

39.《邵武方言的语音系统》,《语言研究》1984年第1期。

40.《首届汉语拼音电脑击键竞赛胜利结束》(署名H. P),《汉语拼音小报》1984年7月20日。

41.《这是真的!》,《汉语拼音报》1984年9月3日。

42.《在黑龙江省"注音识字,提前读写"汇报会上的讲话(摘要)》,《汉语拼音报》1984年9月3日。

43.《〈语言教学与研究〉创刊五周年座谈会发言(摘要)》(与吕必松等合作),《语言教学与研究》1984年第3期。

44.《我国的汉字整理与简化》(在中日民间人士会议第二次会议上的专题发言),摘要载《文字改革》1984年第4期。

45.《开幕式上的讲话·中国文字改革委员会副主任陈章太》,《文字改革》1984年第5期。

46.《折敷濑兴教授应邀来华进行学术访问》(署名H.P.),《文字改革》1984年第6期。

47.《关于当前文字改革工作的意见》,《汉语拼音小报》1984年12月20日。又载《文字改革》1985年第1期。

48.《1983年语文工作略述》,载《中国百科年鉴1984》,中国大百科全书出版社,1984年。

49.《中国语言学会第二次学术年会》(署名洪平),载《中国百科年鉴1984》,中国大百科全书出版社,1984年。

50.《一份好的拼音报》,《小学生拼音报》1985年1月22日。

51.《论闽方言内部的主要差异》(与李如龙合作),《中国语言学报》第2期,商务印书馆,1985年。

52.《关于新时期的文字改革问题——陈章太同志谈当前的文改工作》,《中国语文通讯》1985年第1期。

53.《开创语言研究的新局面》,《语文导报》1985 年第 1 期。

54.《语言文字配合“四化”》,(新加坡)《海峡时报》1985 年(日期阙如)。

55.《叫卖语言初探》,《语言教学与研究》1985 年第 3 期。

56.《汉语福建大田方言》,(日本)《国立一桥大学学报》(人文社会科学版) 1985 年总 26 期。

57.《普通话词汇教学和词汇规范》,《普通话》丛刊第一集,1985 年。

58.《中国文字改革委员会副主任兼秘书长陈章太答本刊记者问》,《文字改革》1985 年第 3 期。

59.《汉语的人名和人名用字》,《语文导报》1985 年第 7 期。

60.《关于普通话教学和测试的几个问题》(1985 年 5 月在香港举行的“普通话教学与测试研讨会”上的发言稿),香港《语文建设通讯》1985 年 8 月第 18 期(刊载摘要);又载《汉语拼音报》1985 年 7 月 18 日;《普通话》1986 年第 3 期;《普通话测试论文集》,香港普通话研习社、香港中国语文学会编辑出版,1988 年。

61.《谈社会用字的规范》,《光明日报》1986 年 3 月 18 日。

62.《语言美是文明人的身份证》,《合肥晚报》1986 年 5 月 11 日。

63.《全国语言文字工作会议的总结发言》,《语文建设》1986 年第 1、2 期合刊。

64.《略论“注音识字,提前读写”——在山西省“注音识字,提前读写”教学实验研讨会上的讲话》,山西教育厅《教学研究》1986 年 2 期。

65.《深切怀念王力先生》,《语文研究》1986 年第 3 期。

66.《祝贺〈语言美〉报创刊五周年》,《语言美》1986 年 8 月

25日。

67.《对新时期语文工作方针任务的几点认识》,《语文学习》1986年第5期。

68.《社会用字的混乱应当纠正》,《福建日报》1986年8月1日。

69.《国家语委负责人发表谈话指出:汉字简化应认真研究谨慎处理》,《光明日报》1986年9月28日。

70.《首届青年现代汉语(语法)学术研讨会:陈章太先生的讲话》,《华中师范大学学报》(哲社版)1986年第6期。

71.《关于我国当前的语言文字工作——陈章太答本刊记者问》,《瞭望周刊》1986年第14期。

72.《中国文字改革委员会为什么改名》(署名洪平),《汉语拼音小报》1986年第354期。

73.《语言学观念的更新和语言文字工作》,《语文建设》1987年第1期。

74.《关于"香港语言政策和语言计划研讨会"的情况》,《语文工作动态》1987年第2期。

75.《在高等师范院校推普工作会议上的讲话》,《普通话》1987年(期数阙如)。

76.《关于社会语言学的几个问题》,《光明日报》1987年12月22日。

77.《关于新时期语言文字工作方针任务的一些问题》,载《教学语法系列讲座》,中国和平出版社,1987年。

78.《语言变异与社会及社会心理》,《厦门大学学报》(哲学社会科学版)1988年第1期。又载《语言·社会·文化》,语文出版社,1991年。

79.《从我国语言实际出发研究社会语言学》(与陈建民合作),《中国语文》1988 年第 2 期。又载《中国语文 200 期纪念刊文集》,商务印书馆,1989 年。

80.《中国主要语言学科学术团体》,载《中国大百科全书·语言文字卷》,中国大百科全书出版社,1988 年。

81.《中国主要语言研究刊物》,载《中国大百科全书·语言文字卷》,中国大百科全书出版社,1988 年。

82.《中国主要语言研究机构》,载《中国大百科全书·语言文字卷》,中国大百科全书出版社,1988 年。

83.《新时期的语言政策和语文建设》,《武警乌鲁木齐指挥学校校刊》1988 年第 2 期。

84.《语言文字学研究·概述》,载《当代中国社会科学手册》,社会科学文献出版社,1988 年。

85.《〈闽南人学习普通话手册〉序》,载《闽南人学习普通话手册》,福建人民出版社,1988 年。

86.《论语言生活的双语制》,香港《普通话》1989 年第 1 期。又载《双语双方言》,中山大学出版社,1989 年。

87.《一位品格高尚、学问精深的杰出语言学家——哀悼丁声树先生》,《语文建设》1989 年第 3 期。

88.《要全面深入地研究汉字》,《汉字文化》1989 第 Z1 期。

89.《谈谈语法研究的观念》,载《语法求索》,华中师范大学出版社,1989 年。

90.《四代同堂的语言生活——陈延年一家语言使用的初步考察》,《语文建设》1990 年第 3 期。又载《言语交际与交际语言》,江西高校出版社,1993 年。

91.《关于普通话与方言的几个问题》,《语文建设》1990 年第 4 期。

92.《纪念〈汉语学习〉创刊十周年笔谈会——祝贺〈汉语学习〉创刊十周年有感》,《汉语学习》1990 年第 5 期。

93.《第三届国际汉语教学讨论会在北京举行》(署名洪平),《语文建设》1990 年第 6 期。

94.《当代中国文字使用的情况》,(日本)《中国》(原刊名『しにか』)1990 年第 4 期。

95.《繁体字与简化字》,(日本)《中国》(原刊名『しにか』)1990 年第 5 期。

96. Sociolinguistics Research based on Chinese Reality(与陈建民合作), *International Journal of the Sociology of Language* 1990 (81)。

97.《现代汉字的整理与“四定”》,(日本)《中国》(原刊名『しにか』)1990 年第 9 期。

98.《扫盲与识字》,(日本)《中国》(原刊名『しにか』)1990 年第 10 期。

99.《〈汉语拼音方案〉的应用及完善》(上、下),(日本)《中国》(原刊名『しにか』)1990 年第 7、8 期。

100.《什么是语言政策?》,载《语言学百题》(修订版),上海教育出版社,1991 年。

101.《略论汉字与汉字文化的关系》(1991 年 11 月 4 日在日本横滨举行的“汉字文化圈国际会议”上的报告),载(日本)《汉字文化圈的历史与未来》,大修馆书店,1992 年。

102.《论汉字简化》,《语言文字应用》1992 年第 2 期。又载

《现代汉字规范化问题》，语文出版社，1995年。

103.《〈永安方言〉序》，载《永安方言》，厦门大学出版社，1992年。

104.《〈郑州方言志〉序》，载《郑州方言志》，语文出版社，1992年。

105.《〈中国语文〉的风格》，载《中国语文研究四十年纪念文集》，北京语言学院出版社，1993年。

106.《深深怀念我所敬重的朱德熙先生》，载《朱德熙先生纪念文集》，语文出版社，1993年。

107.《语文生活调查刍议》，《语言文字应用》1994年第1期。

108.《北方话词汇的初步考察》，《中国语文》1994年第2期。又载《语言文字应用研究论文集》，语文出版社，1995。

109.《〈大冶方言语法研究〉序》，载《大冶方言语法研究》，湖北教育出版社，1994年。

110.《关于北方话词汇调查、整理、编纂的几个问题》（与李行健合作），《语言文字应用》1995年第2期。

111.《我谈语文规范化》，《语文建设》1995年第4期。

112.《普通话基础方言基本词汇集·前言》，载《普通话基础方言基本词汇集》第一册，语文出版社，1996年。

113.《普通话词汇规范问题》，《中国语文》1996年第3期。又载《庆祝中国社会科学院语言研究所建所四十五周年学术论文集》，商务印书馆，1997年；《〈现代汉语通论〉参考文献精选》，上海教育出版社，2002年。

114.《论普通话水平测试等级标准》，《语言文字应用》1997年第3期。

115.《探索语言规律追求更高层次——“主持人语言”研讨会发言摘要》,《语言文字应用》,1997年第4期。

116.《学术的导师　道德的楷模》(上、下),《语文建设》1997年第4、5期。

117.《胡乔木同志对语言文字工作的特殊贡献——怀念乔木同志》,《语文建设》1997年第7期。

118.《怀念老校长叶大年先生》,《崇贤》1997年总第11期。

119.《〈绘图小学生实用字典〉序》,载《绘图小学生实用字典》,福建少年儿童出版社,1999年。又载《语言文字报》1998年9月6日。

120.《第二届全国语言文字应用学术研讨会闭幕词》,《语文建设》1998年第10期。又载《世纪之交的中国应用语言学研究》,华语教学出版社,1999年。

121.《二十世纪的中国社会语言学》,载《二十世纪的中国语言学》,北京大学出版社,1998年。

122.《贺伯慧》,载《立说传薪风雨人——庆祝詹伯慧教授从教45周年》,暨南大学出版社,1999年。

123.《〈语言规范精要〉序》,载《语言规范精要》,华中师范大学出版社,1999年。

124.关于“制订语言计划的基本原则”的对话的发言,载《语言哲学对话》,语文出版社,1999年。

125.《再论语言生活调查》,《语言教学与研究》1999年第3期。

126.《关于应用语言学系列教材的几个问题》,《语言文字应用》2000年第1期。

127.《“香港普通话水平考试(PSK)”在港通过专家审定》,《语言教学与研究》，2000年第1期。

128.《〈语言文字应用〉编委发言摘登·几点想法和建议》，《语言文字应用》2000年第2期。

129.《语言研究的一项重要的基础工程——评〈现代汉语方言音库〉》，《语言文字应用》2000年第3期。《人大复印报刊资料》2000年第12期全文转载。

130.《〈导游语言概论〉序》，载《导游语言概论》，旅游教育出版社，2000年。

131.《〈龚千炎语言学论集〉序》，载《龚千炎语言学论集》，京华出版社，2000年。

132.《对普通话及其相关问题的再思考》，香港《语文建设通讯》2000年总第64期。又载《语文测试的理论和实践》，商务印书馆（香港），2001年。

133.《〈语言活性——汉语及其应用研究〉序》，载《语言活性——汉语及其应用研究》，吉林教育出版社，2001年。

134.《近期中国社会语言学的几个热点》，《世界汉语教学》2001年第1期。

135.《语言文字立法是社会进步的需要》，《中国语文》2001年第2期。

136.《一部科学、实际、可行的法律》，《语文建设》2001年第3期。

137.《〈语言文字法〉的施行与规范标准· 依据标准 不惟标准》（“《语言文字法》的施行与规范标准”座谈会发言），《语文建设》2001年第3期。

138.《汉语方言地图的绘制》（与詹伯慧、伍巍合作），《方言》

2001 年第 3 期。

139.《〈福建人学习普通话指南〉序》，载《福建人学习普通话指南》，语文出版社，2001 年。

140.《“六·六”社论给我们的启示》，《现代语文》（高中版）2001 年第 7 期。

141.《略论现代汉语词汇规范》，在“第一届朝鲜语（韩国语）规范化国际学术研讨会”上的报告，收入会议论文集，2001 年。

142.《21 世纪汉字工具书的新突破——〈汉字标准字典〉四人谈》（与许嘉璐、王均、李建国合作），《中国图书评论》2001 年第 10 期。

143.《关于普通话水平测试的效度问题》，香港《中国语文测试》2002 年第 1 期。

144.《中国社会语言学在发展中的问题》（在“社会语言学理论和中国社会语言学研讨会”闭幕会上的发言），载《世界汉语教学》2002 年第 2 期。又载《社会语言学研究论集》，北京语言大学出版社，2002 年。

145.《说语言立法》，《语言文字应用》2002 年第 4 期。又载《语言文字应用研究论文集（Ⅱ）》，语文出版社，2004 年；《语言与法律研究的新视野》，法律出版社，2003 年。

146.《应当重视并加强广播电视语言研究》，载《媒体与语言——来自专家与明星的声音》，经济科学出版社，2002 年。

147.《略论我国新时期的语言变异》，《语言教学与研究》2002 年第 6 期。

148.《应用语言学系列教材总序》（与于根元合作），《语言文字应用》2003 年第 3 期。

149.《〈都市语言研究新视角〉序一》，载《都市语言研究新视角》，北京广播学院出版社，2003年。

150.《高考不宜提倡文言写作》，《光明日报》2003年8月28日。

151.《推广普通话任重而道远——答〈光明日报〉记者问》，《光明日报》2003年9月24日。又载《语言规划研究》，商务印书馆，2005年。

152.《语境研究的新篇章——〈现代汉语语境研究〉评介》，《语言文字应用》2004年第3期。

153.《吕叔湘先生与中国的语言规划》，《中国语文》2004年第5期。

154.《〈心香一瓣——黄典诚教授九十冥诞纪念文集〉序》，载《心香一瓣——黄典诚教授九十冥诞纪念文集》，21世纪人文出版社（香港），2004年。

155.《〈汉语应用研究〉序》，载《汉语应用研究》，中国传媒大学出版社，2004年。

156.《〈第三届全国语言文字应用学术研讨会论文集〉序》，载《第三届全国语言文字应用学术研讨会论文集》，香港科技联合出版社，2004年。

157.《〈苏州评弹记言记谱〉序》，载《苏州评弹记言记谱》，九州大学平成14—15年度科学研究费补助金［基础研究（c）（2）］研究成果报告书，2004年；又载香港《中国语文通讯》，2004年第3期。

158.《关于普通话与方言》，《语文信息》2005年第4期。又载《〈上海市实施《中华人民共和国国家通用语言文字法》办法〉学习读本》，上海教育出版社，2006年。

159.在“普通话与方言”座谈会上的发言，《中国教育报》

2005年3月27日。

160.《关于推广普通话的对话》，中央人民广播电台"中国之声·新闻观潮"专栏，2005年4月8日，晚上9:00～10:00。

161.《当代中国的语言规划》，《语言文字应用》2005年第1期。

162.《论语言规划的基本原则》，《语言科学》2005年第2期。

163.《周有光先生的七个"最"》，《现代语文》2005年第2期。又载《一生有光——周有光先生百年寿辰纪念文集》，语文出版社，2007年。

164.《继续做好新时期的语言规划工作》，《语言文字应用》2005年第3期。

165.《普通话：让交流更顺畅》（热点对话，作者董洪亮），《人民日报》2005年9月13日。

166.《老生常谈化行动——著名语言学家陈章太先生访谈录》（作者罗明钢），《语文世界》（高中版），2005年第5期。又见《老生常谈化行动——访著名语言学家陈章太先生》，《语文世界》（初中版），2005年第5期。

167.《纪念〈中华人民共和国国家通用语言文字法〉颁布实施5周年在线访谈》（被访谈人之一），教育部网站，2006年2月24日。

168.《〈现代汉语词典〉及其第5版的收词》，《语言文字应用》2006年第1期。又载《坚持科学发展观，构建和谐社会——党政干部理论学习文选》，红旗出版社，2007年。

169.《我国当代语言规划史上的两件大事》，《光明日报》2006年3月29日。

170.《我国当今社会语言生活的变化与问题》，《中国教育报》2006年4月30日。又载《语言学名家讲座》，中国传媒大学出版社，2006年。

171.《为上海语言文字立法叫好》，《语言文字周报》2006年7月12日。

172.《走过50年　迈向“书同文、语同音”时代》（纪念国务院发布《汉字简化方案》和《关于推广普通话的指示》50周年活动座谈会发言）（作者潘国霖、金惠淑），《中国教育报》2006年3月30日。

173.《〈实用现代汉语〉序》，载《实用现代汉语》，高等教育出版社，2006年。

174.《中国濒危语言研究的新突破——〈中国濒危语言个案研究〉评介》，《语言科学》2006年第4期。

175.《秘书工作者必须正确使用祖国的语言文字——访著名语言学家、国家语委原常务副主任陈章太》，《秘书工作》2006年第5期。

176.《弘扬学术民主的范例——忆乔木同志和我们的一次谈话》，《秘书工作》2006年第6期。

177.《语言国情调查研究的重大成果》，《语言文字应用》2007年第1期。

178.《〈闽南方言大词典〉是一部创新之作》，《福建日报》2007年4月2日。

179.《语言规划的理论与实践·前言》，载《语言规划的理论与实践》，语文出版社，2006年。又载《现代语文》（语言研究）2007年第8期。

180.《我国的语言资源》，《郑州大学学报》（哲学社会科学版）2008年第1期。《新华文摘》2008年第7期转摘。

181.《论语言资源》，提交2007年9月“国家语言资源与应用语言学高峰论坛”大会发言。又载《语言文字应用》2008年第1期；《中国语言资源论丛（一）》，商务印书馆，2009年；《语言文字应用研究论文集Ⅲ》，语文出版社，2014年。

182.《〈考辨泉州话〉序》，载《考辨泉州话》，中国戏剧出版社，2008年。又载《泉州学林》2007年第4期。

183.《语言是一种特殊的社会资源（节选）》，《现代语文》2008年第2期。

184.《〈汉语拼音方案〉的功绩、发展及问题》，《语言文字应用》2008年第3期。

185.《〈湖南方言系列〉总序（二）》，载“湖南方言系列”各书，湘潭大学出版社，2016年。

186.《祝贺与期望——在“中国语言资源开发应用中心”成立揭牌仪式上的讲话》，载《中国语言资源动态》，商务印书馆，2009年第1期。

187.《现代汉语方言研究的宏伟画卷——〈汉语方言地图集〉评介》，《文化读书周报》2009年3月27日。又载《中国语言资源动态》，商务印书馆，2009年第2期。

188.《汉字规范与汉字社会应用》，《光明日报》2009年9月4日。

189.《语言资源与语言问题》，《云南师范大学学报》（哲学社会科学版）2009年第4期。

190.《语言文字工作稳步发展的60年》（与谢俊英合作），《语言文字应用》2009年第4期。又载《中国语言生活状况报告2009》，商务印书馆，2010年。

191.《品格学问俱佳的“丁圣人”——追怀丁声树先生》，载《学问人生　大家风范：丁声树先生百年诞辰纪念文集》，商务印书馆，2009年。

192.《〈刘兴策文集〉序》，载《刘兴策文集》，武汉大学出版社，2010年。

193.《〈国家通用语言文字法〉的成就与发展》，《语言文字应用》2010年第3期。又载《语言文字报》2010年8月4日。

194.《新中国的语言政策、语言立法与语言规划》，《国际汉语教育》2010年第3期。

195.《心中的凤山——〈美哉凤山〉序》，载《美哉凤山——作家笔下的凤山寺》，大众文艺出版社，2010年。

196.《〈汉语与中国传统文化（修订本）〉序》，载《汉语与中国传统文化（修订本）》，商务印书馆，2010年。

197.《关注中国语言生活国家语委前副主任、语用所前所长陈章太访谈录》（作者高媛媛、崔乐），电子杂志《中国语言生活》2010年第3期。

198.《语言生态和自然生态一样，通用语和方言的发展变化是自然的——关于普通话与方言的访谈录》，上海复旦大学《雅言》小报2010年第3期。

199.《加强研究，适应发展——纪念〈国家通用语言文字法〉颁布十周年》，《光明日报》2010年12月19日。

200.《〈美国语言政策研究〉序》，载《美国语言政策研究》，外语教学与研究出版社，2011年。

201.《中国语言生活专家谈·关注中国语言生活》，《北华大学学报》（社会科学版）2011年第5期。

202.《社会语言生活与字母词》,《中国社会语言学》2012年第2期。

203.《坚定前行　走向辉煌——〈语言文字应用〉创刊20周年感言》,《语言文字应用》2012年第2期。

204.《创新发展,再创辉煌》,《语言科学》2012年第11期。

205.《〈国家中长期语言文字事业改革和发展规划纲要〉与国家语言生活》,《语言文字应用》2013年第1期。

206.《紧密联系社会语言生活实际——读〈现代汉语词典〉第6版》,《中国辞书学报》(第一辑),商务印书馆,2015年。

207.《构建和谐语言生态》,《语言战略研究》2016年第2期。

208.《"中国语言学七十年"多人谈·文改会改名与国家语委创建》,《语言战略研究》2019第4期。

209.《方言田野调查的艰辛与愉悦》,载《輶轩使者——语言学家的田野故事》,商务印务书馆,2020年。

210.《十五年,又是新起点》(在"中国语言生活皮书"编纂十五周年暨第三届中国语言生活学术研讨会上的发言),"语言战略研究"微信公众号,2020年11月7日。

211.《谈谈我的社会语言学治学之路》,2004年5月20日在语言文字应用研究所做的学术讲座,载《语言战略研究》2022年第1期。

未刊稿

1.《20世纪汉语方言调查研究——汉语方言学史》(与詹伯慧、伍巍合作)。

2.《地方普通话初探》

3.《我国社会语言学的引进和发展》

4.《方言与民俗》

5.《地名与语言学》，在民政部举办的各省市地名办主任研究班上的报告。

6.《第二届全国社会语言学学术讨论会总结发言》，其中的一部分作为“代序”载该会议论文集。

7.《“湘方言”的成立与汉语方言的划分》，1964 年。

8.《我和书》

9.《求知与藏书》

10.《当前语文工作中的一些情况和问题》，1978 年 12 月 30 日在湖北省语言学会代表会议上的讲话。

11.《在语用所课题讨论会上的总结发言》，1986 年 2 月 25 日。

12.《新中国的语言计划》，在香港语言学学会举行的非公开性研讨会“香港语言政策和语言规划”上的发言，1986 年 12 月。

13.《中国的语文生活与语文现代化》，在日本 NHK 电视台 1991 年 6 月 11 日及 8 月 15 日的谈话稿。

14.《闽方言与闽方言研究》，在日本京都大学人文科学研究所的报告，1991 年 10 月。

15.《关于中国语文现代化的几个问题》，在日本中国语学第 41 届全国大会上的讲演稿，1991 年。

16.《与普通话有关的若干理论问题的探讨》，在中央普通话进修班第十九期的报告，1993 年 11 月。

17.《社会语言学的引进、发展与东西方文化交融》，在北京第二外国语学院举办的研讨会上的发言提纲，1996 年 5 月 17 日。

18.《学风是学术的生命》，在北大、北师大、语言所举行的学风问题座谈会上的发言，1997年10月26日。

19.《在第四届应用语言学学术讨论会暨北京广播学院应用语言学系揭牌仪式上的讲话》

20.《试论香港传媒使用中文字体的问题》，在香港、大陆、台湾三地传媒用字学术研讨会上的发言。

21.《标点符号及其用法》，在劳动出版社编校人员研讨班上的报告。

22.《叫卖语言研究》（与胡士云、徐幼军合作）。

23.《社会语言学讲稿》，为中国传媒大学应用语言学系博士生讲授"社会语言学专题研究"课程的讲稿。

24.《再创辉煌》，在庆祝语用所建所20周年大会上的发言，2004年10月16日。

25.《我国语言立法的实践与思考》，2005年9月22日在上海市人大常委会讨论上海语言立法会上的发言稿。

26.《博学严谨与学以致用——丁声树先生的治学特点》，在丁声树先生百年诞辰纪念暨第五届官话方言国际学术研讨会上的大会发言，2009年10月24日于开封河南大学。

（吴小芬　整理）

后　记

2021 年 10 月 17 日凌晨，敬爱的陈章太老师驾鹤西去，永远地离开了我们。当天下午，李宇明、郭熙夫妇和我一行四人相约到了陈老师家，看望师母邓大夫。当时新冠疫情还很不稳定，为了保障师母的健康，我们与(其)家人商定，待丧事办完后再发讣告。18 日晚上，宇明兄在微信里叮嘱我，希望在 19 日陈老师遗体告别仪式后，以“语言生活 π”群为主，陆续推送一些纪念陈老师的文章、照片等，“好好送送先生”，并希望陈老师的学生人人动笔，每人至少写一篇。我当即就向陈门弟子转达了宇明兄的建议。

陈老师逝世的消息不胫而走，学界众多师友、后辈纷纷以各种方式悼念陈老师。17 日，冯志伟先生在“语言生活 π”群里首发了陈老师逝世的消息，并哽咽着吟唱了歌曲《怀念战友》，“痛失挚友，只能无声地哭泣!”光明网、搜狐网、今日头条、澎湃新闻、今日语言学、语言治理、语言战略研究等新媒体先后报道了消息。18 日，浙江师范大学王辉在“语言政策研究”公众号上发表了《深切悼念陈章太先生》一文。19 日，师弟张黎兄在“商务汉语”公众号上发表了《缅怀导师陈章太先生》一文。20 日，宇明兄在“汉语堂”公众号上发表了《悼陈章太先生》的诗文。他们为“好好送送先生”开了个好头。

在商务印书馆的支持下，我们采取投稿和组稿相结合的方式，先在“语言战略研究”和“商务印书馆汉语中心”公众号上推送，后出版《陈章太先生纪念文集》。很快，当年在语言文字应用研究所工作的年轻同事徐幼军、胡士云、刘一玲、王敏、苏金智、郭龙生来稿了，国家语委的老同事张世平、王晖、魏丹、宋欣桥、王凡、张瑞、张日培来稿了，陈老师在学界的忘年交周庆生、郭熙、伍巍、侯敏、苏新春、何群雄、王建华、李晓华、周荐、韩荔华、赵世举、邢向东、赵蓉晖来稿了，陈老师的弟子汪磊、朱学佳、夏历、吴小芬、谢俊英、佟秋妹、李伟、毛力群来稿了，还有青年学子娄开阳、郑梦娟、孙浩峰、邹煜、赵树元、张远洋、彭雪等。特别让我感动的是陈老师的老朋友侯精一、熊正辉、张振兴、李行健、戴庆厦、陆俭明、李如龙、冯志伟、田小琳、王希杰、佟乐泉等先生也来稿了，他们都是“80后”的学界大咖，我原本没敢惊动他们。

在组稿过程中，有许多感人的场景。侯精一先生当时身体有恙，女儿问他：如果让您回忆章太老师，您想写些什么呢？侯先生回答：我会写“五七”干校时的事情。最后由侯先生口述，女儿记录，通过手机短信把他想说的话发给了我。王希杰老师接我的约稿信后很快回复：“我理当写。但是，能否写好，没把握，试试看吧。”没过多久，我就收到了王老师的来稿，一如他的王氏风格—— 1978年秋天。我回家，在楼梯口，看到一个陌生人，看了一眼，继续上楼。才走了两三步，后面的声音：“你是王希杰吗？”也许是，“你是王希杰吧？”我停下来，转身，回头，回答：“是，我是王希杰。你……”“我是陈章太。”“陈章太？你就是陈章太！中国科学院语言研究所的陈章太？不久之前咱们通过电话的陈章太？”“是，就是。”没有想到的是，这篇纪念文章竟成了王老师的遗作。

从各位的来稿中，我们还看到了陈老师鲜为人知的一面。李行健老师回忆：在国家语委创建阶段，整体工作比较顺利和谐，后来矛盾却也慢慢暴露出来并逐渐激化。“陈章太领导科研工作，尽心尽力网罗一批学者来搞科研，既不争权，也不谋利。我认为章太心中可能是有委屈的。”据伍巍回忆——那年夏天送陈老师到广州白云机场，我们在贵宾室里选定了一个靠空调的座位坐下。这时走来一个两道杠的军人，不大客气地对我说：“这个位置能否让给我们首长！”口气好像是毋庸置疑的命令。我下意识地起身，可章太老师却一把拉住我，轻声说：“别动！”看也不看“两道杠”。章太老师随后说：“不懂礼貌的人别理他，什么首长？论官职不一定比我大。”一向温柔敦厚的章太老师此刻却表现出嫉恶如仇、当仁不让的性格，令我惊讶。

当然，我们从文章中看到更多的是陈老师和蔼可亲的欢快场面。徐振亚转述了刘一玲提到的一件往事：她们几位同学毕业分配到了“文改会”，安顿下来后说是领导要接见，大家到了办公室坐下，只见有一位长者在给每人沏茶。会议开始时大家才发现，当天要见的大领导就是刚才给大伙儿沏茶端水的章太老师。徐幼军文章中谈到陈老师喜欢钓鱼，他出差时走到哪条河边看见别人支竿钓鱼，就有点儿走不动道了，非要凑上去看两眼，聊两句。李伟谈到陈老师还有一项专职工作就是扫楼梯，从三层周有光先生家门口扫到一层，每周雷打不动。郭熙记录了师母邓大夫对陈老师的饮食盯得很紧，尤其在吃肉喝酒方面控制严格，陈老师对来自邓大夫的“管束”则从来都非常“顺从”。他当然也“馋”，在我们的起哄下也想喝一点儿酒，但章太老师处理得非常有策略，既尊重邓大夫，注意身体，也会有一些“小动作”。这些小动作对“火眼金睛”的邓大夫来说肯定是隐藏不住的，只不过她睁只眼闭只眼，权当没有看见而已。

陈老师的纪念文集是我与胡士云一起主编的，编委会成员有：田立新、李宇明、王晖、张伯江、刘朋建、戴庆厦、陆俭明、李如龙、李行健、冯志伟、张振兴、郭熙、佘桂林、胡士云、苏金智、郭龙生、周洪波、汪磊、毛力群、陈坚。在编辑过程中，我们常常被其中的往事和真情感动着，温暖着，也激励着。我们今天纪念陈老师，要从中汲取什么呢？邢向东给出了答案：一个人的成长道路上，凝聚着许多老师、前辈的心血。……陈老师给我的影响，不仅仅在于直接的指导和提携，更在于他用自己高尚的人格，用自己的正直、谦逊、淡泊、严谨，润物无声地影响了我，使我在取得点滴成绩时能够保持清醒，在年轻人需要帮助时能够竭尽所能，施以援手。我想，这应该是陈老师最希望看到的。张日培也有类似的总结：这些年的“亲密接触”中，先生总是以严谨细致的态度对待我们提交的每一份“作业”，总是以深厚的学养和高站位、大智慧指导我们解决难题，总是从建设性的角度帮助我们不断提升，总是以宽广的胸怀包容我们，总是以亲切的话语鼓励我们，这是先生留给我们的最珍贵的财富。

陈老师病重期间，教育部副部长、国家语委主任田学军通过国家语委办公室表示慰问，教育部离退休干部局主要负责同志、教育部语言文字应用管理司负责同志到医院看望。陈老师逝世后，许嘉璐先生通过国家语委语用司周道娟处长对陈老师的不幸逝世表示哀悼，对陈老师的亲属表示慰问。教育部语言文字信息管理司司长田立新、教育部离退休干部局局长于虹、语言文字应用管理司处长周道娟、北京语言大学原党委书记李宇明、语言文字应用研究所副所长王敏、商务印书馆副总编辑余桂林等参加了遗体告别仪式，学界专家学者以不同的方式表达了哀悼。詹伯慧先生代表暨南大学汉语方言研究中心，并以个人名义，向陈老师家属表示深切的哀悼。华中师范大学、澳门理工学院、青海省语言学会、商务印书馆等发来了唁电，《中国语文》《方言》《语言战略研究》等杂志发了消息，“语言战略研究”“商务印书馆汉语中心”“语言服务”“西去东来中传站”公众号接力推送了系列纪念文章，“今日语言学、汉语堂、语言治理、语言政策研究、语言茶座、中国语情、厦大语言学沙龙”等新媒体做了多方跟进，韩荔华协助家属整理了陈老师十几个书架的全部藏书并盖上赠书章，为捐赠图书做了大量准备工作，陈坚、韩畅、郑佐之、刘海燕、郭龙生、张瑞、苏金智、汪磊、吴小芬、毛力群、徐丽芳等为纪念文集的组稿审稿做了许多努力，在此一并致谢！

周洪波

2023 年 12 月 24 日